成本计算与管理

主　编　伍小玲　朱丽红
副主编　李　娜　王秀芳　张　婷　张付燕

CHENGBEN JISUAN YU GUANLI

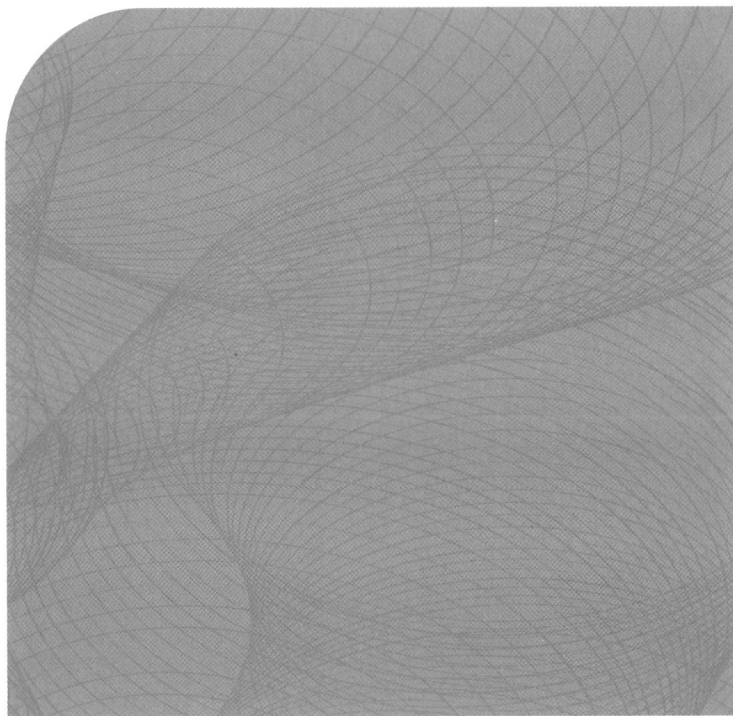

重庆大学出版社

内容提要

本书是编者在总结了多年的教学实践经验的基础上,依据新时代高职高专教育对人才培养的要求,以就业为导向,以培养具有创新能力、创造能力和创业能力为目标而编写的"岗课赛证"一体化教材。本书按制造企业产品成本计算方法分为五个项目,每个项目都以工作过程为主线,设计了工作任务,以强化学生的职业能力。

本书可作为高职高专财经类专业的教学用书,也可以作为经济管理类培训、中高职职业技能竞赛的指导用书。

图书在版编目(CIP)数据

成本计算与管理／伍小玲,朱丽红主编. -- 重庆:
重庆大学出版社,2024.3
ISBN 978-7-5689-4304-8

Ⅰ.①成… Ⅱ.①伍… ②朱… Ⅲ.①成本计算②成
本管理 Ⅳ.①F231.2②F275.3

中国国家版本馆 CIP 数据核字(2024)第 017324 号

成本计算与管理

主 编 伍小玲 朱丽红
策划编辑:鲁 黎

责任编辑:文 鹏 版式设计:鲁 黎
责任校对:王 倩 责任印制:张 策

*

重庆大学出版社出版发行
出版人:陈晓阳
社址:重庆市沙坪坝区大学城西路 21 号
邮编:401331
电话:(023)88617190 88617185(中小学)
传真:(023)88617186 88617166
网址:http://www.cqup.com.cn
邮箱:fxk@ cqup.com.cn(营销中心)
全国新华书店经销
重庆天旭印务有限责任公司印刷

*

开本:787mm×1092mm 1/16 印张:16.25 字数:398千
2024 年 3 月第 1 版 2024 年 3 月第 1 次印刷
印数:1—1 000
ISBN 978-7-5689-4304-8 定价:48.00 元

前　言

2019 年国务院印发的《国家职业教育改革实施方案》明确提出职业教育要坚持以习近平新时代中国特色社会主义思想为指导，牢固树立新发展理念，服务建设现代化经济体系和实现更高质量更充分就业需要，培养适应行业企业需求的复合型、创新型高素质技术技能人才，为促进经济社会发展和提高国家竞争力提供优质人才资源支撑。

"成本计算与管理"是高职财经类专业的一门专业核心课程，主要培养学生在成本计算、成本分析、成本控制等方面的技能，具有很强的操作性。为紧跟时代发展的步伐，培养高素质的会计人才，我们以习近平新时代中国特色社会主义思想特别是习近平总书记关于职业教育的重要论述为指导，以我国现行的企业会计准则为依据，以实际工作过程为导向，与企业深度合作，共同开发编写了本书。本书具有以下特点：

1.融入了思政元素和党的"二十大"精神。随着我国经济的高质量发展，会计人员不但要有过硬的专业技能，还要有较高的职业道德水平。为更好地落实新时代高校立德树人这一根本任务，本书将会计岗位工作任务与职业操守、爱国情怀等思政元素有机融合，实现职业技能与职业素养协同共进、培养高素质技能型人才的目标。

2.融合了"岗课赛证"需求。本书根据成本会计岗位、会计职业技能竞赛所需的专业技能和"1+X"财务共享服务职业技能等级证书(中级)考试、初级会计资格证书考试所需的专业知识选取内容，强化岗位专业知识与技能，实现"岗课赛证"高度融合。

3.以工作过程为导向重构了教材内容。本书以成本会计工作过程为导向，以成本会计工作任务为驱动，以不同制造企业成本计算与管理案例为背景，按不同的成本计算方法将教材内容重构为 5 个项目。除项目一外，其他项目都是一个完整的成本计算与管理工作过程。同时，本书使用大量企业成本计算与管理工作中的真实会计资料代替文字描述，使教材资料更贴近真实的工作场景，从而激发学生学习兴趣，提高学生职业判断能力。

4.开发基于交互需求的立体教学资源。为适应数字技术教育发展所带来的学习模式变革，满足"互联网+职业教育"的发展需求，我们开发了与纸质教材配套的数字化教学资源，形成"纸质教材+多媒体平台"的新形态一体化教材体系。借助数字教学平台，课程学习呈现出开放创新的状态，学生可以突破时空限制，随时随地进行学习，实现个性化、终身化学习。教师可以应用本书提供的数字教学平台和教学资源开展信息化教学。

　　本书由酒泉职业技术学院伍小玲、朱丽红、李娜、王秀芳、张婷 5 位老师和企业财务人员张付燕同志共同编写而成,数字教学资源由酒泉职业技术学院大勇工作室提供技术支持,全书由伍小玲老师负责审核。具体编写分工如下:项目一、项目二由伍小玲老师编写,项目三由张婷、王秀芳老师编写,项目四由朱丽红老师编写,项目五由李娜老师编写,张付燕同志负责各项工作任务的确定。

　　本书是一线教师与校企合作企业员工共同努力的结晶,但由于水平有限,书中难免有疏漏和不足之处,恳请各位读者在使用过程中提出宝贵意见并及时反馈给我们,以便不断修订完善。

编　者

2024 年 1 月

目　录

项目一

基本认知

学习目标

1.了解成本会计的工作组织。

2.掌握成本会计的内容、职能和基本原则。

3.理解企业生产工艺特点、生产组织和管理要求对成本计算方法的影响。

4.了解成本计算的基本程序和设置的基本账户。

5.逐步养成"爱岗敬业、诚实守信、廉洁自律"的职业操守。

思政小课堂

"中国现代会计之父"——潘序伦

潘序伦（1893—1985），我国著名会计学家和教育家，被誉为"中国现代会计之父"。潘序伦一直致力于我国会计理论的革新和会计人才的培养，开创了"立信会计师事务所""立信会计学校"和"立信图书社"三位一体的立信会计事业发展模式，成为中国现代会计学界的泰斗。

潘序伦倡导的"立信"精神

1928年，潘序伦取《论语》中"民无信不立"之意，将事务所和学校更名为"立信会计师事务所"和"立信会计补习学校"，并以建立信用、争取他人对注册会计师的信任为事务所的主旨。潘序伦先生认为"立信"是做人的重要准则，也是"会计之本"，"立信"二字是其忠诚敬业精神的深刻表达。

思考：结合"立信"精神，谈谈会计人员应具备哪些基本职业操守。

二十大精神

广大青年要坚定不移听党话、跟党走,怀抱梦想又脚踏实地,敢想敢为又善作善成,立志做有理想、敢担当、能吃苦、肯奋斗的新时代好青年,让青春在全面建设社会主义现代化国家的火热实践中绽放绚丽之花。

任务一　认识成本会计

工作任务

张欣是一名即将走出校门的大学生,目前准备应聘一家风机生产企业的成本会计岗位。张欣想:制造企业的成本会计需要做哪些工作呢?

知识链接

一、成本与成本会计

(一)成本与产品成本

人们进行生产、生活等活动都要耗费一定的人力、物力和财力等资源,如生产部门在生产产品的过程中要消耗原材料、支付人员工资、支付水电费等。这些为达到特定的目的所消耗或放弃的资源就是成本。随着经济的不断发展,人们对成本的认识不断发生变化,对成本的定义也不断创新。总体来说,成本有广义和狭义之分。

广义的成本是指为实现一定目的而耗费的人力、物力和财力的货币表现,具体包括在生产产品的过程中发生的各项费用和在日常经营过程中发生的财务费用、销售费用和管理费用等。狭义的成本是指制造企业为生产一定数量、种类的产品所发生的各种耗费,即产品成本。理论上认为,在社会主义市场经济中,产品的价值由3部分组成,分别为生产产品耗费的生产资料转移价值(C)、劳动者为自己劳动所创造的价值(V)和劳动者为社会劳动所创造的价值(M)。其中,前两个部分($C+V$)是商品价值中物化劳动转移价值和活劳动中必要劳动所创造价值的货币表现,也是生产经营过程中所耗费的资金总和,即理论上的产品成本。

(二)支出、费用与成本的关系

支出是指会计主体在经济活动中发生的所有开支与耗费,分为资本性支出、收益性支出、投资支出、所得税支出、营业外支出和利润分配支出。

费用是指企业日常活动所发生的经济利益的总流出,强调的是企业一定期间内资源的耗费,一般是指生产经营费用。生产经营费用包括生产费用、税金及其附加,以及经营管理费用等。生产费用是企业在一定时期为生产产品、提供劳务而发生的各项支出,如生产产品消耗的材料费用、生产工人的工资费用、车间为组织产品生产而直接发生的管理费用等。生产费用随着产品的形成、劳务的提供而构成产品成本或劳务成本;经营管理费用即期间费用,是企业在一定会计期间为生产经营的正常进行而发生的各项费用,如销售产品所发生的销售费用、企业管理部门在日常管理中发生的管理费用以及为筹集生产经营资金而发生的财务费用等。

成本是一种耗费,包括广义成本与狭义成本。广义成本是指企业发生的全部费用,即生产经营费用;狭义成本通常仅指产品成本,是对象化的生产费用。如果企业没有在产品,当期生产费用即为当期完工产品成本;如果企业有在产品,则生产费用与完工产品成本的关系为:

期初在产品成本+本期生产费用=本期完工产品成本+期末在产品成本

成本会计
岗位职责
与工作内容

(三)成本会计

成本会计是随着社会经济发展的需要而逐步形成、发展和完善起来的。在大数据时代,成本会计发展成为新型的、以管理为主的现代成本会计。现代成本会计是成本会计与管理的直接结合,它根据会计数据和其他数据,利用现代科学方法或手段,对企业生产经营过程中所产生的成本,进行预测、决策、计划、核算、控制、分析和考核,促使企业生产经营实现最优运转,以提高企业经济效益和市场竞争能力。

成本会计的对象就是成本会计核算和监督的内容。成本会计的对象不仅包括制造企业的产品生产成本和发生的期间费用,还包括其他行业企业的成本和期间费用。成本作为经济范畴,必定遍及各行各业的经济活动,如农业企业、商品流通企业、运输企业、施工企业、房地产开发企业等。这些行业企业在从事经济活动中发生的各种耗费自然构成了成本会计的对象。制造企业成本会计的对象包括生产部门为制造产品而发生的成本即产品的生产成本,以及企业在生产经营过程中进行日常管理、销售产品和筹集资金等所发生的各种期间费用。

二、成本会计的职能

成本会计的职能是指成本会计具有的内在功能,也是成本会计的工作内容。

成本会计最初的职能是通过成本核算,确定产品商品的价格和经营的盈亏。随着经济的发展,生产经营活动日益复杂,市场竞争日趋激烈,使成本会计的职能不断丰富,成本会计的职能进一步扩大到成本预测、成本决策、成本计划和成本考核等方面。现代成本会计的职能包括成本预测、成本决策、成本计划、成本控制、成本核算、成本考核和成本分析 7 个方面。

(一)成本预测

成本预测是指根据与成本有关的各种数据及其各种技术经济因素的依存关系采用一定的程序、方法和模型,对未来的成本水平及其变化趋势作出科学的推测,以有利于选择最优方案,挖掘降低成本、费用的潜力。

(二)成本决策

成本决策是指在成本预测的基础上,按照既定的目标,运用专门的方法,在若干个与经营活动成本有关的方案中选择最优方案,以制订目标成本。

（三）成本计划

成本计划是指根据成本决策所制订的目标成本,具体规定在计划期内为完成经营任务所需支出的成本、费用,确定各个成本对象的成本水平,并提出为达到目标成本所应采用的各种措施。

（四）成本控制

成本控制是指在经营活动过程中,根据成本计划具体制订原材料、燃料、动力和工时等消耗定额和各项费用定额,对各项实际发生的成本、费用进行审核、控制,并及时反馈实际费用与标准费用之间的差异及其原因,进而采取措施,以保证成本计划的执行。

（五）成本核算

成本核算是指对经营活动过程中实际发生的成本、费用按照一定的对象和标准进行归集和分配,并采用适当的成本计算方法,计算出各对象的总成本和单位成本。

（六）成本考核

成本考核是指企业将计划成本或目标成本进行分解,制订企业内部的成本考核指标,分别下达给各内部责任单位,明确它们在完成成本指标时的经济责任,并定期对成本计划的执行结果进行评定和考核。

（七）成本分析

成本分析是指根据成本核算所提供的成本数据和其他相关资料,通过与本期计划成本、上年同期实际成本、本企业历史先进水平,以及国内外先进企业的成本进行比较,分析成本水平与构成的变动情况,研究成本变动的因素和原因,挖掘降低成本、费用的潜力。

三、成本会计工作的组织

（一）成本会计机构的设置

成本会计机构是从事成本会计工作的职能部门,是企业会计机构的有机组成部分。企业要根据生产类型的特点、经营规模的大小、成本管理的要求合理设置成本会计机构。

成本会计机构可以单独设置,也可以并入企业会计机构之中。对单独设置的成本会计机构需要进行内部分工,明确各自的工作职责。内部分工可以按成本会计的职能分工,分设成本核算组、成本分析组等;也可以按成本会计的对象分工,分设产品成本核算组、期间费用核算组等。

（二）成本会计工作的组织形式

成本会计工作的组织形式采用集中工作方式或分散工作方式。

集中工作方式是将本企业所有的成本会计核算、成本计划编制、成本会计分析等工作集中在企业的成本会计机构中进行,车间等其他部门通常只配备成本核算人员,负责登记原始记录、填制原始凭证,并对原始资料进行初步审核、整理和汇总,及时报送企业成本会计机构。这种方式的优点是有利于企业管理者及时全面地掌握成本会计的各种信息,便于集中进行成本数据处理,减少成本会计机构设置的层次和成本会计人员的人数。不足之处是直接从事生产经营的部门不能及时掌握成本信息,影响他们对成本费用进行控制的积极性。这种工作方式通常适用于成本会计工作较简单的企业。

分散工作方式又称为非集中工作方式,是将成本会计的各项具体工作分散到车间等其他部门的成本会计机构来进行。企业的成本会计机构只负责对成本会计工作的指导、监督和成本会计数据的最后汇总,以及处理不便于分散核算的成本会计工作。这种方式的优点与不足正好与集中工作方式相反。分散工作方式通常适用于成本会计工作比较复杂的大中型企业。

在实际工作中可以将两种方式相结合,对部分部门采用分散工作方式,对其他部门采用集中工作方式。

(三)成本会计人员的配置

成本会计人员的素质高低直接影响成本会计的工作质量。企业无论采用何种成本会计工作方式,都要注意合理配置成本会计人员,做到"配齐、胜任"。配置的成本会计人员应当具备与所从事会计工作相适应的专业知识、业务能力和职业素养。作为成本会计人员,在熟悉业务流程的基础上,需要具备爱岗敬业、恪尽职守、遵纪守法、廉洁自律的职业操守,养成严谨细致、精益求精、实事求是的职业素养,才能做好成本核算与成本管理工作,为企业降本增效。

(四)成本会计的法规制度

成本会计的法规与制度是会计法规制度的重要组成部分,是成本会计机构和人员从事成本会计工作的规范。为了统一企业会计核算口径,规范企业会计核算方法,国家制定了"一法、二则、三制度"。"一法"即《中华人民共和国会计法》;"二则"即《企业会计准则》和《企业财务通则》;"三制度"即《企业会计制度》《金融企业会计制度》和《小企业会计制度》。成本会计作为一种以企业成本费用为对象的企业会计,必须在"一法、二则、三制度"的规范下进行工作。

企业作为会计主体,各自存在不同的生产工艺特点和成本管理要求,为规范本企业的成本会计工作,还应当制订适合本企业经营规模、生产特点、管理要求的内部成本会计制度,作为企业进行成本会计工作的操作依据。企业内部成本会计制度一般包括下列内容:

①成本会计工作的组织形式、人员分工和职责权限。

②成本定额、成本计划和费用预算的编制方法。

③成本核算的具体规定,包括成本计算对象的确定、成本计算方法的选择、成本项目的设置、生产费用的归集和分配方法、在产品成本的确认方法、成本核算基础工作的要求等。

④成本预测、成本决策、成本考核和成本分析制度。

⑤成本报表制度,包括成本报表的种类、格式、指标体系、编制方法、编制期限和报送对象。

任务实施

成本会计是对企业供应、生产、销售等生产经营环节中产生的各项耗费进行预测、决策、计划、核算、控制和分析的一项经济管理活动。成本会计的工作任务具体包括以下4个方面:

①正确计算产品成本,及时提供成本信息。

②加强成本预测,优化成本决策。

③制订目标成本,强化成本控制。

④建立成本责任制度,严格成本业绩考核。

边学边练

1.(单选题)成本会计最基本的职能是(   )。

　　A.成本预测　　　　　　　　　　B.成本决策

　　C.成本核算　　　　　　　　　　D.成本考核

边学边练
答案及解析

2.(单选题)企业成本会计工作组织中的(   )管理方式一般适用于成本会计工作比较复杂,各部门相对独立的企业。

　　A.分散式　　　　B.集中式　　　　C.分散式与集中式　　D.统一式

任务二　核算产品成本的原则与要求

工作任务

欣欣食品有限公司4月份发生的各项支出如下:

1.购买面粉厂面粉100袋,支付货款78 000元。

2.支付水电费共计1 200元,其中,生产部门890元,行政管理部门310元。

3.支付本月职工工资43 500元,其中,生产车间员工工资28 500元,企业行政人员工资15 000元。

4.新进烘烤设备一套,支付货款9 300元。

5.购买办公用品支付500元,其中,生产车间领用300元办公用品,行政部门领用200元办公用品。

6.支付行政部门设备维修费用800元。

7.支付电话费700元,其中,生产车间300元,行政部门400元。

8.支付税金(不包括企业所得税)1 320元,其中,增值税1 180元,其他税金140元。

要求:计算欣欣食品有限公司4月份的生产费用和期间费用。

知识链接

一、产品成本核算原则

1.实际成本计价原则

实际成本计价原则是指为了正确反映企业的财务状况和经营成果,必须以实际发生的经济成本进行核算。如果企业采用了定额法或标准成本法核算成本或采用计划成本法对存货进行核算,则在会计期末计算产品成本时,必须将其调整为实际成本,以保证成本与利润数据的真实、可靠和客观。

2.分期核算原则

分期核算原则是指分期归集与分配所发生的生产费用。企业将经营活动划分为若干个相等的会计核算期,便于确定会计期间的各项成本。成本核算期与成本对象的计算期不同。成本核算工作按月进行,而成本对象的计算期则与生产类型有关,可以与核算期一致,也可以与核算期不一致。

3.合法性原则

合法性原则是指计入成本的费用都必须符合国家法律、法规和制度的规定,不符合规定的费用不能计入成本。

4.一贯性原则

一贯性原则是指企业采用的成本计算方法应尽量保持前后各期一致,不得随意变更,以保证各个会计期间的成本信息具有可比性。

5.权责发生制原则

权责发生制原则是指收入与费用的确认应当以收入与费用的实际发生为确认计量的标准。在进行成本核算时,对已经发生的支出,如果其收益期不仅包括本期,而且包括以后各期,就应该在收益期内分期摊销,不能全部作为本期费用。

6.重要性原则

重要性原则是指在成本会计工作中,根据经济业务或会计事项的重要程度,选择不同的会计处理方法和程序,以保证工作的重点,解决企业成本工作中的关键问题。

二、产品成本核算的要求

(一)合理进行费用分类

企业的生产经营过程,资金耗费的形式多种多样,为了科学地进行成本核算和管理,正确计算产品成本和有关费用,应对费用进行科学合理的分类。

1.费用按经济内容分类

生产费用按经济内容不同所作的分类,在会计上称为要素费用,一般包括:

①外购材料。外购材料是指企业为进行生产而耗用的一切外购的原料及主要材料、半成品、辅助材料、包装物、修理用备件、低值易耗品等。

②外购燃料。外购燃料是指企业为进行生产而耗用的外购的各种燃料,包括固体燃料、液体燃料、气体燃料等。

③外购动力。外购动力是指企业为进行生产而耗用的外购的各种动力,包括电力、热力、风力等。

④薪酬费用。薪酬费用是指企业支付给全体职工的薪酬费用。

⑤折旧费。折旧费是指企业按照固定资产折旧方法计算提取的折旧费用。

⑥税金及附加。税金及附加是指企业经营活动应负担的除增值税和企业所得税的各种税金,包括消费税、城市维护建设税、教育费附加、印花税等。

⑦其他支出。其他支出是指不属于以上各类要素费用,但应计入产品成本或期间费用的各项支出,如邮电费、保险费、差旅费、租赁费等。

2.费用按经济用途分类

费用按经济内容分类,只能说明生产经营过程发生了哪些费用,发生了多少费用,但不能说明该项费用的具体用途。为了更好地对费用进行核算和管理,还需将费用按经济用途进行分类。生产费用按经济用途可分为以下几类:

(1)生产费用

生产费用是指一定时期内制造企业生产产品所耗费的物化劳动和活劳动的总和。为具体反映计入产品成本生产费用的各种用途,提供产品成本构成情况资料,将其进一步划分成若干个项目,即产品成本项目。制造企业产品成本一般包括以下3个项目:

①直接材料。直接材料是指构成产品主体,或有助于产品形成或便于进行生产而耗费的各种材料,包括原料及主要材料、辅助材料、外购半成品、燃料、包装物、低值易耗品等。

②直接人工。直接人工是指从事产品制造的生产工人工资,包括生产工人的基本工资、工资性奖金、各种工资性津贴和补贴等。对不直接从事产品制造的其他工人、工程技术人员、企业管理人员等,其工资不属于直接人工范围。

③制造费用。制造费用是指企业内部生产单位为组织和管理生产所发生的各项费用,包括车间除生产工人以外所有人员的薪酬、折旧费、修理费、办公费、水电费、取暖费、租赁费、机物料费、保险费、劳动保护费及其他费用。

其中,直接材料和直接人工都是由产品生产工艺过程引起的,直接用于产品生产的各项费用,即直接生产费用;制造费用则与产品生产工艺过程没有直接联系,间接用于产品生产的各项费用,是企业的间接生产费用。在实际工作中,企业可以根据产品生产特点和企业管理要求,对成本项目进行调整,增设其他成本项目,如"燃料及动力""废品损失"等。

(2)期间费用

期间费用是指企业日常活动发生的不能计入特定核算对象的成本,而应计入发生当期损益的费用。期间费用是企业日常活动中所发生的经济利益的流出,是企业为组织和管理整个经营活动所发生的费用,与可以确定特定成本核算对象的材料采购、产成品生产等没有直接关系,期间费用不计入有关核算对象的成本,而是直接计入当期损益。期间费用包括以下3个项目:

①管理费用。管理费用是指企业行政管理部门为组织和管理生产经营活动而发生的各种费用,包括的具体项目有企业董事会和行政管理部门在企业经营管理中发生的,或者应当由企业统一负担的公司经费、工会经费、待业保险费、劳动保险费、董事会费、中介机构聘请费、咨询费、诉讼费、业务招待费、办公费、邮电费、绿化费、管理人员工资及福利费等。

②销售费用。销售费用是指企业销售商品和材料、提供劳务的过程中发生的各种费用,包括企业在销售商品过程中发生的保险费、包装费、展览费和广告费、商品维修费、预计产品质量保证损失、运输费、装卸费等以及为销售本企业商品而专设的销售机构(含销售网点、售后服务网点等)的职工薪酬、业务费、折旧费等经营费用。企业发生的与专设销售机构相关的固定资产修理费用等后续支出也属于销售费用。设有独立销售机构(如门市部、经理部)的制造企业,其独立销售机构所发生的一切费用均列入销售费用;未设立独立销售机构且销售

费用很少的制造企业可将销售费用并入管理费用。

③财务费用。财务费用是指企业为筹集生产经营所需资金等而发生的费用,包括利息净支出(利息支出减利息收入后的差额)、汇兑净损失(汇兑损失减汇兑收益的差额)、金融机构手续费以及筹集生产经营资金发生的其他费用等。

3.费用按计入产品成本的方法分类

计入产品成本的各项生产费用,按其计入产品成本的方法进行分类,可以分为以下两种:

①直接计入费用。直接计入费用是指可以分清属于哪种产品所使用,能够直接计入某种产品成本的费用,如为生产一种产品耗用的材料费用和支付的工人工资等。

②间接计入费用。间接计入费用是指不能够分清由哪种成本核算对象负担,需要通过一定方法分配计入不同成本核算对象的费用,如生产几种产品共同耗用的材料费用。

4.费用按成本性态分类

成本性态就是成本总额与业务量之间的关系。费用按成本性态分类,可分为以下 3 种:

①固定费用。固定费用也称固定成本,是指在一定的范围内不随业务量变动而变动的费用,如一定期间内房屋设备的租赁费、保险费、广告费等。

②变动费用。变动费用也称变动成本,是指在一定条件下,费用总额随着业务量的变动而成正比例变动的费用,如计件工资、产品耗用材料费用等。

③混合费用。混合费用也称混合成本,是指介于固定费用和变动费用之间,费用总额虽然受业务量变动的影响,但其变动幅度并不与业务量的变动保持严格比例。

(二)划分各种支出费用界限

企业在生产经营过程中发生的支出有不同的用途,需要按照其用途进行划分,确定其最终的归属。产品成本的计算过程实际上是对发生的费用进行不断划分、归集和分配的过程。通过对支出费用的划分,以分清各项支出费用的界限。

1.分清费用性支出与非费用性支出的界限

企业经济活动广泛,发生的各种耗费是多方面的,有的用于生产经营活动,有的用于生产经营活动以外的其他方面。企业的下列支出不得列入成本、费用:为购置和建造固定资产、无形资产的支出;对外投资的支出;被没收的财物,支付的滞纳金、罚款、违约金、赔偿金,以及企业赞助、捐赠支出以及国家规定不得列入成本、费用的其他支出。

在成本核算时,不能把企业所有的费用支出都计入产品成本和期间费用即生产经营管理费用中,而必须按其用途进行合理的划分,以保证成本费用的真实性、客观性。

2.分清生产费用与期间费用的界限

企业在生产经营过程中发生的所有费用性支出,不能全部计入产品成本,而要根据其用途划分为生产费用和期间费用。生产费用是指为生产产品而发生的直接费用和间接费用;期间费用是指企业在某个会计期间发生的直接计入当期损益的管理费用、销售费用和财务费用。

3.分清本期费用与后期费用的界限

成本核算是建立在权责发生制基础上的。为了正确计算产品成本,在正确划分上述费用界限的基础上,还应划清应由本月产品成本、期间费用负担和应由其他月份产品成本、期间费用负担的费用界限。

4.分清各种产品成本的界限

对生产两种及两种以上产品的生产企业,还要对计入当月产品成本的生产费用在各有关产品之间进行划分,以便分析和考核各种产品成本计划或成本定额的执行情况。

5.分清完工产品与月末在产品费用的界限

通过以上费用界限的划分,确定了各种产品本月应负担的生产费用。月末计算产品成本时,如果某种产品都已完工,这种产品的各项生产费用之和,就是这种产品的完工产品成本;如果某种产品都未完工,这种产品的各项生产费用之和,就是这种产品的月末在产品成本。这两种情况都不存在月末划分完工产品和在产品费用界限的问题。但如果某种产品到月末时部分完工、部分未完工,那就要将该产品的生产费用,在完工产品与在产品之间采用适当的方法进行分配,分别计算完工产品成本和在产品成本。

(三)确定财产物资的计价与价值结转的方法

1.直接消耗物资的计价与价值结转

直接消耗的物资主要是企业在生产经营过程中耗用的原材料、辅助材料、燃料、包装物等。对这些物资可以采用实际成本计价,也可以采用计划成本计价。采用实际成本计价时,对消耗物资的价值应当采用先进先出法、加权平均法、个别计价法等进行计量和确认,并将确认的物资消耗价值结转计入当期的成本费用。采用计划成本计价时,对消耗物资的价值先按事先确定的计划成本计入当期的成本费用,到月末再计算材料成本差异率,确认消耗物资应负担的材料成本差异,将计入当期成本费用消耗物资的计划成本调整为实际成本。

2.间接消耗物资的计价与价值结转

间接消耗的物资主要是为企业生产经营服务的劳动资料及其他长期资产,如固定资产、无形资产等。对间接消耗物资的计价包括初始价值计价及磨损价值计价。初始价值通常以历史成本原则计价,即按取得这些物资时所发生的实际支出作为入账价值;磨损价值则依据国家有关规定结合企业实际情况确定计价方法,如固定资产折旧,国家规定了使用年限的控制范围及净残值的控制比例,企业在规定的范围内确定具体的使用年限和净残值比例,并据以按月计提折旧,计入当期的成本费用。

无论是直接消耗物资还是间接消耗物资,都必须正确确定计价方法和价值结转方法,做到既合理又简便。凡国家有统一规定的,应当采用国家统一规定的方法,保证本企业各期成本费用计算的正确性和成本资料的可比性,也便于在不同企业之间进行比较。如果国家没有统一的规定,则应根据企业实际情况,比照国家相近的规定合理制订处理方法。

企业对消耗物资的计价和价值结转方法属于企业的会计政策,一旦确定,不得随意变更,更不能利用任意改变财产物资的计价和价值结转方法来调节成本费用。

(四)做好产品成本核算的基础工作

为了保证成本费用核算的正确性,以便加强成本费用的管理,提供真实可靠的成本会计信息,必须做好成本核算的基础工作。

1.健全原始记录

健全的原始记录是正确进行成本核算的前提。通过原始记录形成反映企业生产经营情况的原始凭证,提供成本核算的原始资料。

健全的原始记录包括材料物资购进、验收、领用与消耗的记录;燃料、动力费用、人工费用的发生与分配记录;辅助生产费用的发生与分配记录;制造费用的发生与分配记录;半成品转移记录;产品质量检验记录;废品的发生与分配记录;产品入库记录;在产品盘存记录等。

企业需要制订原始记录制度,确定原始记录的责任人员,明确记录人员的岗位职责,规范原始记录的传递程序和传递时限,保证原始记录真实、可靠、正确、及时。

2.强化定额管理

强化定额管理是加强企业生产经营管理的重要环节。定额是企业以正常生产条件为依据制订的,用以控制生产经营过程中人力、物力、财力消耗水平的标准。合理制订各种定额,有利于编制成本计划、控制成本水平、分析考核成本管理业绩。

制造企业制订的定额主要有生产工时定额、产品产量定额、材料单耗定额、费用开支定额、资金管理定额等。定额的制订要根据企业生产经营条件的变动、经营管理水平的提高、生产工艺技术的改进,适时进行修订,真正起到定额的作用。

3.严格计量验收

制造企业在生产经营过程中会发生大量的财产物资收发业务,都离不开计量和验收。只有正确计量,才能保证物资消耗的正确计价;只有强化验收制度,才能落实经济责任,保证各项财产物资收发领用业务真实可靠。

严格的计量验收制度应当包括计量器具的配置、检测和校正制度,财产物资的出入库手续制度,有关责任人员的岗位责任制度、财产物资的清查制度等。

4.实施内部结算

为了加强企业内部管理,明确企业内部各单位、各部门的经济责任,便于分析、考核各单位、各部门的工作业绩,检查成本计划完成情况,应当实施内部结算制度。对企业内部各单位、各部门之间发生财产物资的转移和劳务的供应等,可以在合理确定内部结算价格的基础上进行内部结算,计算内部各单位、各部门的经营业绩。采取内部结算方式,可以方便成本费用的核算工作,但内部结算价格背离了材料、物资、劳务的实际成本,必须在月末采用一定的方法,对内部结算价格与实际成本之间的差异进行调整,以保证产品成本和期间费用核算的正确性。

（五）确定适用的成本计算方法

不同的制造企业在产品生产过程中,存在不同的生产组织方式、生产工艺特点和成本管理要求,可以采用不同的产品成本计算方法。我国制造企业的产品成本计算方法主要有品种法、分批法、分步法、分类法及定额法等。正确确定产品成本计算方法,有利于正确及时地计算产品成本,提供准确的成本会计信息。

任务实施

生产费用=890+28 500+300+300=29 990(元)

期间费用=310+15 000+200+800+400=16 710(元)

边学边练

1.(多选题)正确计算产品成本,应该做好的基础工作有(　　　)。

　　A.正确划分各种费用界限　　　　　B.确定成本计算对象

　　C.建立和健全原始记录工作　　　　D.各种费用的分配

2.(多选题)下列项目中属于成本项目的有(　　　)。

　　A.直接材料　　　B.直接人工　　　C.折旧费　　　D.制造费用

边学边练
答案及解析

任务三　核算产品成本的程序

工作任务

　　资料:陈西、李红和林珊大学毕业后合伙开办了一家玩具厂,专门生产玩具。根据需要,他们选定厂址后,购置了一批新型的生产设备,招聘了20多名技术工人和管理人员。玩具厂开张后,摆在他们面前的第一道难题就是,在建厂过程中,他们每天只记流水账,就能知道每天发生的费用。可是,现在玩具厂正式成立之后,因为产品生产每天会有各种成本费用的发生,只登记流水账,根本无法分清各种类别不同型号的玩具成本分别是多少,很难控制每个月的成本费用。那么,到底如何计算产品成本?产品定价是多少?如何做好成本的核算工作?

　　要求:请为陈西、李红和林珊就如何进行合理有效的成本管理提出建议。

知识链接

一、产品成本核算基本程序

　　产品成本核算程序,又称为产品成本计算程序,是指企业在计算产品成本过程中,从生产费用的归集、分配到确定完工产品成本的工作过程。这一工作过程包括确定成本计算对象、确定成本项目、确定成本计算期、审核生产费用、归集分配生产费用、计算完工产品成本。

(一)确定成本计算对象

　　合理确定产品成本计算对象是正确计算产品成本的前提。确定成本计算对象的目的在于明确生产费用的承担者,便于进行生产费用的归集、分配与计算。不同的制造企业,在生产规模、工艺特点、管理要求、管理水平等方面存在差异,其产品成本计算对象的确定方式也不同。

对大量大批生产的产品,通常以产品品种作为产品成本计算对象;对按小批或单件组织生产的产品,通常按产品的生产批次作为产品成本计算对象;对产品生产步骤较多,需要计算各生产步骤半成品成本的产品,则可以按产品的生产步骤作为产品成本计算对象;对生产过程相同、生产工艺相近的同类产品,可以按产品的类别作为产品成本计算对象。

(二)确定成本项目

不同的生产费用对产品成本起着不同的作用。为了正确反映产品成本的经济构成,进行产品成本的比较,加强产品成本的管理,需要对发生的生产费用按其经济用途归集到产品成本计算对象之中。企业在进行产品成本计算前,必须先确定成本项目。产品成本项目一般有3个基本项目:直接材料、直接人工和制造费用,也可以按照成本管理的需要,增加成本项目,如增设"燃料及动力""废品损失"等。

(三)确定成本计算期

成本计算期是指计算产品成本的间隔期间,即间隔多长时间计算一次产品成本,在什么时候计算产品成本。产品成本计算期的确定取决于产品成本计算对象的确定方式。

当企业按产品品种、产品生产步骤、产品生产类别作为成本计算对象时,产品成本的计算期通常与会计期间相同,即在每月月末计算产品成本。当企业按产品的生产批次作为产品成本计算对象时,产品成本的计算期则与一批产品的生产周期一致,即在该批产品完工时计算产品成本。

(四)审核生产费用

审核生产费用是指对发生的生产费用进行审查与核实,审核生产费用是否客观真实、合法合理、正确无误,是否属于产品成本的开支范围,是否符合产品成本的开支标准,把住关口,以保证产品成本计算的真实准确。

(五)归集分配生产费用

对审核无误的生产费用要按产品成本计算对象进行归集,并按其经济用途分别计入各个成本项目之中。归集和分配生产费用遵循谁受益谁承担的原则。

归集和分配生产费用时,能够分清成本计算对象的直接计入费用,直接计入该成本计算对象的有关成本项目;发生的生产费用无法确定承担该生产费用的产品成本计算对象时,则需要以该生产费用的各受益对象的受益程度为标准分配该项生产费用后,再计入各成本计算对象的有关成本项目之中。

(六)计算完工产品成本

到了产品成本计算期,要按规定计算当期完工产品的总成本与单位成本。具体有两种情况:一是到了产品成本计算期末,本期生产的产品已全部完工,则在成本计算期内所归集的生产费用就是完工产品的总成本,总成本除以完工产品数量就是完工产品的单位成本;二是到了产品成本计算期末,还有部分产品尚未完工而存在月末在产品,要运用一定的方法将所归集的生产费用在完工产品与月末在产品之间进行分配,先计算出月末在产品应负担的生产费用,作为月末在产品成本,再确定本期完工产品应负担的生产费用,作为完工产品的总成本,并计算完工产品的单位成本。

二、产品成本核算的账户设置

在产品成本计算过程中,要将发生的生产费用按一定的产品成本计算对象进行归集与分配,最终确定完工产品成本,就必须设置相应的总账账户和必要的明细账户。按照现行《企业会计制度》和《小企业会计制度》的规定,制造企业的产品成本计算账户主要包括"生产成本"与"制造费用"。

(一)"生产成本"账户

"生产成本"账户用来核算企业进行产品生产(包括完工产品、自制半成品生产和提供劳务等)、自制材料、自制工具、自制设备等所发生的各项生产费用。"生产成本"账户下设"基本生产成本"和"辅助生产成本"两个二级账户,分别用来核算企业发生的基本生产成本与辅助生产成本。

1."基本生产成本"二级账户

企业在生产产品过程中发生的生产费用,通过设置"基本生产成本"二级账户进行归集。为了反映不同的成本计算对象所发生的生产费用,在该二级账户下应当按产品成本计算对象分别设置"基本生产成本"多栏式明细分类账,其基本格式见表 1-3-1。

表 1-3-1　**基本生产成本明细账**

总第_____页

明细科目_____

年		凭证字号	摘　要	借方	贷方	借或贷	余额	(借)方 分 析 项 目			
月	日							直接材料	直接人工	制造费用	(略)

"基本生产成本"明细账的登记方法基本同于其他明细账的登记,主要区别是合计数栏不同于其他明细账的余额栏,不是反映本账户的累计数,而是反映本行次成本项目的合计数。

2."辅助生产成本"二级账户

制造企业的辅助生产是指为本企业基本生产车间及其他部门提供产品或劳务的生产。企业在进行辅助生产过程中发生的生产费用,通过设置"辅助生产成本"二级账户进行归集。企业应当按不同的辅助生产车间及生产的产品或提供的劳务分设"辅助生产成本"多栏式明细账。"辅助生产成本"明细账的格式与"基本生产成本"明细账的格式基本相同,见表 1-3-2。

表 1-3-2 辅助生产成本明细账

总第_____页

明细科目_____

年		凭证字号	摘 要	借方	贷方	借或贷	余额	(借)方 分 析 项 目				
月	日							材料费	职工薪酬	折旧费	水电费	(略)

(二)"制造费用"账户

制造费用是企业生产车间在生产产品或提供劳务过程中发生的各项间接费用,如车间管理人员的工资及社保费、折旧费、水电费、机物料消耗、劳动保护费等。制造费用的内容较多,不宜在生产成本账户中分别设置成本项目,需要通过设置"制造费用"账户进行归集,再按一定的标准分配计入各受益的产品成本计算对象。为了反映不同生产车间所发生的制造费用,应当按不同的生产车间分别设置"制造费用"多栏式明细账。对制造费用发生额较少的辅助生产车间,或生产单一产品的基本生产车间,可以不设制造费用明细账。

制造费用明细账一般采用多栏式账页,格式见表1-3-3。

表 1-3-3 制造费用明细账

总第_____页

明细科目_____

年		凭证字号	摘 要	借方	贷方	借或贷	余额	(借)方 分 析 项 目				
月	日							材料费	职工薪酬	折旧费	水电费	(略)

三、产品成本核算的账务处理程序

产品成本核算的账务处理是指在产品形成过程中,进行会计处理的步骤,具体包括:

①审核各种费用凭证,将发生的费用按发生的地点和用途进行归集和分配。

②分配辅助生产费用。

③分配基本生产车间的制造费用。

④确定月末在产品应负担的生产费用。

⑤计算完工产品总成本与单位成本。

任务实施

成本是企业进行生产经营决策的重要依据,是影响经济效益的重要因素。企业要想提高经济效益和市场竞争能力,就必须设立成本管理岗位,加强成本管理。核算产品成本是企业成本管理的基础工作,也是一项重要工作。成本会计核算人员根据企业生产特点和管理要求,确定成本核算对象,设置成本费用总账和多栏式明细账,将生产经营过程中发生的各项费用根据用途合理计入各成本费用账户,采用合适的方法计算出产品成本和期间费用,为全面进行成本管理做好基础工作。

边学边练

1.(多选题)"生产成本"账户是用来核算( )的账户。
　　A.基本生产车间发生的材料费用
　　B.辅助生产车间发生的人工费用
　　C.基本生产车间发生的生产费用
　　D.基本生产车间发生的办公费

2.(单选题)"基本生产成本"明细账借方分析栏一般按( )设置。
　　A.要素费用项目　　B.产品品种　　　　C.产品成本项目　　　D.生产车间

边学边练
答案及解析

任务四　计算产品成本的方法

工作任务

资料:高原并网光伏发电站主要利用电池组件生产电能,项目总投资 61 100 万元,装机规模 60 MV,由 60 个 1 kV 光伏发电单元组成。光伏组件发出的电能通过汇流箱汇集到箱式变压器,箱式变压器将电能升压到 35 kV 后再输送到 110 kV 升压站,110 kV 升压站将电能升压到 110 kV 后再将电能输送到 330 kV 升压站,330 kV 升压站将电能升压到 330 kV 后将电能输送给国家电网。

要求:根据高原并网光伏发电站的生产特点,你认为该发电站应该采用什么方法核算产品成本呢?

知识链接

一、企业生产类型对产品成本计算方法的影响

(一)企业生产的分类

①生产按工艺过程的特点分类,可以分为单步骤生产和多步骤生产两种类型。

单步骤生产也称为简单生产,是指生产过程在工艺上不能间断,或者不便于分散在几个不同的地点生产,如发电、采掘、燃气生产及铸件等。单步骤生产周期一般较短,生产过程中

间没有自制半成品产出。

多步骤生产也称为复杂生产,是指生产过程在工艺上可以间断,可以分散在不同时间、地点进行的产品生产。多步骤生产周期一般较长,在产品生产过程中有在产品、半成品。多步骤生产可以按劳动对象的加工程序划分为连续加工式多步骤生产和装配加工式多步骤生产。

连续加工式多步骤生产是指原材料投入后顺序经过若干步骤的逐步加工制成产成品的生产。这种生产方式除最后步骤生产出完工产品外,其余步骤生产的都是企业的自制半成品,这些半成品主要用于下一步骤继续加工,直至最后加工成产成品。例如,棉纺织企业就是这种类型的多步骤生产。它在生产过程中,先将棉花经过清棉、梳棉、并条、粗纺和细纺等步骤制成半成品棉纱,然后对棉纱经过络筒、整经、装纱、穿经和织造等步骤最后制成棉布。

装配加工式多步骤生产,是指将各种原材料投到不同的加工部门制成产成品的各种零部件,再将零部件装配成产成品的生产。机械制造企业大多数属于这种类型的多步骤生产。例如,自行车生产企业,就是将材料分别加工成车把、前叉、车架和车轮钢圈等零部件,然后组装成自行车。

②生产按组织方式分类,可以分为大量生产、成批生产和单件生产3种类型。

生产组织方式是指企业产品生产的专业化程度,即一定时期内产品生产的重复性。

大量生产是指不断重复品种相同的产品生产。它的特点是陆续投入,陆续产出,不分批次,品种稳定,产量大,如冶金、纺织、造纸和酿酒等企业产品的生产。这类生产专业化程度高,一般要采用专用设备进行生产。

成批生产是指按照客户预订的产品数量和规格进行批量生产。成批生产按每批生产的数量多少,可分为大批生产和小批生产。大批生产的产品数量较多,通常在一段时期内连续不断地生产相同的产品,其特点类似于大量生产,如服装生产企业、食品生产企业等;小批生产的产品数量较少,每批产品同时投产,往往同时完工,如电梯生产企业等,它的特点类似于单件生产。

单件生产是指根据客户的要求,制造个别的、性质特殊的产品生产,如造船、大型机械设备制造等。其特点是制造时间长,在较长时期内一般不重复生产相同品种的产品,产品的稳定性差,大多数采用通用设备生产。

上述两种分类不是孤立、相斥的,而是交融的,如大量成批生产既可以是单步骤生产,也可以是多步骤生产等。

(二)生产类型对产品成本计算方法的影响

由于成本计算方法取决于成本计算对象,因此,生产类型对成本计算方法的影响主要表现在成本计算对象的确定上。除此之外,它在生产费用计入产品成本的程序、成本计算期的确定以及生产成本在完工产品与在产品之间的分配方法等方面也产生影响。

1.对成本计算对象的影响

成本计算对象主要取决于生产类型的特点。

在大量大批单步骤的生产中,由于不间断地重复生产同类产品,中间没有自制半成品存在,因此只能以产品的品种作为成本计算对象来归集生产费用;而在大量大批多步骤生产中,由于各个步骤相对独立地生产半成品,生产费用完全可以按产品的生产步骤归集,因此可以按各个加工步骤的产品作为成本计算对象,以计算各步骤半成品(最后步骤为产成品)的成本。

单件或小批量生产,由于产品是以客户的订单或批次组织生产,因此可以按产品的订单或批次作为成本计算对象,以某订单或批次来归集生产费用,以计算各订单或各批次的产品总成本。

2.对生产费用计入产品成本程序的影响

生产费用计入产品成本程序,是指产品生产过程中发生的各种耗费,经过一系列的归集与分配,最后汇总成产品成本的步骤和方法。

在单件生产情况下,成本计算对象就是生产该产品所发生的全部生产费用,可以直接计入该产品成本。

在成批生产情况下,产品批次较多,产品生产所发生的生产费用,若能确定为生产某一批产品所发生的,则直接计入该批产品成本;若不能直接计入,则需要按一定标准分配计入各有关批次产品的成本。

在大量多步骤生产情况下,生产费用计入产品成本的程序比较复杂。如果是分步骤计算半成品成本,则各步骤生产中发生的生产费用除分别归集到各步骤产品中之外,还要将上一步骤归集的半成品成本随着半成品实物的转移逐步结转到下步骤的产品成本中,累计到最后步骤,成为完工产品的成本。如果不需要计算各步骤半成品成本,则各生产步骤仅归集本步骤产品生产所发生的生产费用,并计算出由产成品负担的份额,最后组合成完工产品的成本。

3.对成本计算期的影响

成本计算期,是指生产费用计入产品成本所规定的起止时期。

在大量大批生产情况下,产品生产不间断进行,即不间断地投入、不间断地产出。在会计分期原则下,只能按月定期地计算产品成本,以满足分期计算损益的需要。这种成本计算期与会计报告期一致。

在小批或单件生产情况下,各批产品的生产周期往往不同,而且批量小,生产不重复或重复少,应该按照各批产品的生产周期计算产品成本,成本计算期与产品的生产周期一致,但与会计报告期不同。

4.对生产成本在完工产品与在产品之间分配方法的影响

在大量大批生产情况下,由于成本计算期与产品的生产周期不一致,每月末一般会有在产品存在,因此要将产品的生产成本采用适当的方法在完工产品与月末在产品之间分配。

在单件或小批量生产情况下,由于成本计算期与产品生产周期一致,因此,在报告期末时,一般不需要将生产成本在完工产品与在产品之间分配。

二、管理要求对成本计算方法的影响

企业对成本管理的不同要求,对成本计算方法的确定会产生影响。例如,在大批量多步骤生产的企业,产品生产过程可以间断,并可分散在不同地点进行,这样客观上具备了按生产步骤计算半成品成本的条件。如果企业管理上要求分步骤计算各步骤所产产品的成本,以提供半成品成本资料,那么成本计算对象就可以确定为各加工步骤的半成品和最后步骤的产成品;如果管理上不要求提供半成品成本资料,那么尽管这种生产具备了按步骤计算产品成本的条件,也可以不按各步骤的半成品作为成本计算对象,而以最终产成品为计算对象。再如,在确定单件小批生产的产品成本计算对象时,可以根据经济、合理地组织生产和便于管理的要求,对客户的订单作适当的归类或细分,按重新组织的生产批次作为成本计算对象。

三、产品成本计算的方法

产品成本计算方法受企业生产类型和管理要求的影响。不同的生产类型和不同的管理要求决定着产品成本的计算对象、成本计算期和生产费用在完工产品与在产品之间的分配方法;不同的成本计算对象、成本计算期和生产费用在完工产品与在产品之间分配方法相互组合,形成了制造企业产品成本计算的不同方法。其中,起决定因素的是成本计算对象,成本计算对象是区别不同成本计算方法的主要标志。产品成本的计算对象一般为产品品种、产品批次和生产步骤 3 种,产品成本计算的基本方法也就有品种法、分批法和分步法 3 种。在实际工作中,除了运用品种法、分批法和分步法 3 种基本方法,还常常采用一些其他的成本计算方法,如分类法、定额法等。这些方法对计算产品成本不是必要的,这些方法属于成本计算的辅助方法。

四、各种产品成本计算方法的综合应用

(一)同时采用几种成本计算方法

在制造企业中,一般既设有基本生产车间来生产企业的产品,又设有辅助生产车间为基本生产车间或其他部门提供工具或劳务。基本生产车间生产的产品要计算成本,辅助生产车间生产的工具或劳务等也要计算成本,但基本生产车间和辅助生产车间在生产特点和管理要求上会有所不同,采用的成本计算方法也就会不同。例如,钢铁生产企业的炼铁、炼钢和轧钢,属于大量大批的多步骤生产,各步骤所产的半成品可以对外出售,所产产品采用分步法计算产品的成本;而设立辅助生产车间则为基本生产部门制造工具、模具等,一般属于小批单件生产,所产产品则可采用分批法计算成本。再如,在一个基本生产车间或企业生产几种产品,其中,有的已经定型,开始大量大批生产,那么对这些产品就可以采用品种法或分步法计算成本;有的是非定型产品,尚在试制过程中,属于小批单件生产,则应采用分批法计算成本。

生产类型和管理要求对成本计算基本方法的影响

(二)结合运用几种成本计算方法

在制造企业,除同时采用几种成本计算方法外,也可以以一种成本计算方法为主,结合其他成本计算方法的某些特点加以综合采用。例如,在单件小批生产的机械产品企业中,产品的主要生产过程由铸造、机加工、装配等相互关联的各个生产阶段组成,其最终产品应采用分批法进行成本计算,但从各生产步骤看,其特点和管理要求不同,计算方法就有所不同。例如,在铸造阶段,品种少并可直接对外出售,可采用品种法进行成本计算;从铸造到机加工阶段,是连续或多步骤生产,可以采用分步法计算成本。

任务实施

制造企业根据企业生产特点和管理需求,选择合适的成本计算方法计算产品成本。发电厂生产产品单一且生产量大,可以采用品种法计算产品的成本。如果需要对各个步骤进行成本核算和控制,可以采用分步法进行成本核算。

边学边练

1.(单选题)品种法适用的生产组织方式是(   )。

    A.大量成批生产   B.大量大批生产

    C.大量小批生产   D.单件小批生产

2.(单选题)产品成本计算的基本方法不包括(   )。

    A.品种法   B.分类法   C.分步法   D.分批法

边学边练
答案及解析

夯实基础

一、判断题

1.产品成本是生产经营过程中耗费生产资料转移价值的货币表现。   (   )

2.制造企业成本会计的对象是产品生产成本和发生的期间费用。   (   )

3.成本会计机构可以单独设置,也可以并入企业会计机构之中。   (   )

4.实际成本计价原则是指为了正确反映企业的财务状况和经营成果,必须以实际发生的成本金额进行核算,企业不能采用计划成本法对存货进行核算。   (   )

5.企业对消耗物资的计价和价值结转方法属于企业的会计政策,一旦确定,不得随意变更。   (   )

6.产品成本项目一般有3个基本项目:直接材料、直接人工和制造费用,可以按照成本管理的需要,增加成本项目,如增设"燃料及动力""废品损失"等。   (   )

7.企业某一会计期间实际发生的费用总额,一定等于该会计期间产品成本的总额。   (   )

8."生产成本"科目,企业根据实际需要,可以分设为"基本生产成本"和"辅助生产成本"两个二级科目。   (   )

9.生产特点和管理要求对产品成本计算的影响,主要表现在成本计算对象的确定上。   (   )

10.品种法、分步法和定额法是产品成本计算的3种基本方法。   (   )

二、单项选择题

1.成本会计的基本职能是(   )。

    A.成本计划   B.成本核算   C.成本控制   D.成本分析

2.下列各项中,属于要素费用的是(   )。

A.直接材料 B.直接人工

C.外购材料 D.废品损失

3.下列各项中,属于产品成本项目的是(　　　)。

A.制造费用 B.职工薪酬费用

C.管理费用 D.销售费用

4.企业采用的成本计算方法应尽量保持前后各期一致,不得随意变更,以保证各个会计期间的成本信息具有可比性的原则是(　　　)。

A.重要性原则 B.一贯性原则

C.权责发生制原则 D.实际成本计价原则

5.正确计算产品成本的前提条件是(　　　)。

A.正确划分各种费用界限 B.确定成本计算对象

C.建立和健全原始记录工作 D.各种费用的分配

6."生产成本"科目核算的内容是(　　　)。

A.销售产品发生的广告费

B.按规定支付的房产税、印花税等

C.生产产品、自制材料、自制工具等发生的各项费用

D.企业的产品参加展销活动支付的费用

7.生产特点和管理要求对产品成本计算的影响,主要表现在(　　　)的确定上。

A.成本计算对象 B.成本计算日期

C.间接费用的分配问题 D.完工产品与在产品之间分配费用的方法

8.区分各种成本计算方法的主要标志是(　　　)。

A.成本计算对象 B.成本计算日期

C.间接费用的分配问题 D.完工产品与在产品之间分配费用的方法

9.分批法适用的生产组织是(　　　)。

A.小批单件生产 B.大批大量生产

C.大量小批生产 D.大量成批生产

三、多项选择题

1.费用是企业生产经营过程中所发生的经济利益的流出,分为(　　　)。

A.生产费用 B.期间费用

C.所得税费用 D.营业外支出

2.成本会计工作的组织形式主要有(　　　)。

A.单独核算方式 B.分散工作方式

C.集中工作方式 D.其他工作方式

3.下列各项中,不属于要素费用的有(　　　)。

A.外购材料 B.管理费用

C.薪酬费用 D.制造费用

4.下列各项中,属于产品成本项目的有(　　　)。

A.直接材料 B.直接人工

C.制造费用　　　　　　　　　　　D.管理费用

5.为了正确计算产品成本,应该做好的基础工作是(　　　)。

　　A.健全原始记录　　　　　　　　B.强化定额管理

　　C.严格计量验收　　　　　　　　D.实施内部结算

6.企业的下列支出中,不得列入成本、费用的有(　　　)。

　　A.购置无形资产的支出　　　　　B.对外投资的支出

　　C.购买办公用品的支出　　　　　D.企业赞助、捐赠支出

7.按照现行《企业会计制度》和《小企业会计制度》的规定,制造企业的成本计算账户有(　　　)。

　　A.生产成本　　　　　　　　　　B.辅助生产成本

　　C.制造费用　　　　　　　　　　D.基本生产成本

8.生产按组织方式分类,可以分为(　　　)3种类型。

　　A.大量生产　　　　　　　　　　B.多步骤生产

　　C.成批生产　　　　　　　　　　D.单件生产

9.企业在确定产品成本计算方法时,必须从企业的具体情况出发,同时考虑的因素有(　　　)。

　　A.企业的生产特点　　　　　　　B.企业生产规模的大小

　　C.进行成本管理的要求　　　　　D.月末有无在产品

10.产品成本计算的辅助方法有(　　　)。

　　A.分批法　　　　B.系数法　　　　C.分类法　　　　D.定额法

小试牛刀

资料1:张敏从某财经大学毕业后,应聘某厂的成本会计岗位。财务部成本会计科李科长向张敏介绍了该厂的基本情况。

该厂主要生产用于矿山企业的大型重型机械,全厂设有8个基本生产车间,分别生产矿山机械的各种零件和进行零部件的组装。另外,设有4个辅助生产车间,为基本生产车间和其他部门提供劳务。该厂现有会计人员38人,其中成本会计人员8人(不包括各个生产车间的成本会计人员)。该厂规模较大,但为了集中控制成本和进行成本分析的需要,现在实行的是厂部一级成本核算方式,但有人建议该厂应该实行车间和厂部两级成本核算方式。李科长让张敏对企业生产经营特点、成本核算和其他方面的情况进行详细的调查之后回答以下几个问题:

1.根据该厂的具体情况,应采用一级核算方式还是两级核算方式?

2.车间和厂部应该设置哪些成本会计核算的岗位?

3.车间和厂部应该设置哪些成本核算的总账和明细账?

要求:根据上述资料回答问题并说明理由。

资料2:对于成本会计人员来说,明确划分各项支出、费用的界限是做好成本会计工作的第一步,也是关键的一步。宏信公司6月份有关支出、费用资料如下:

1.生产耗用原材料 60 000 元、耗用燃料 3 000 元。

2.生产耗用水电费 1 000 元、其他部门耗用水电费 1 600 元。

3.支付生产工人工资 150 000 元、车间管理人员工资 50 000 元、销售部门人员工资 40 000 元、企业管理人员工资 90 000 元。

4.支付车间办公费 1 000 元、厂部办公室电话费 800 元。

5.支付第三季度报刊费 600 元。

6.支付销售部门办公费 400 元、修理费 300 元。

7.支付为购买车间设备借款应由本季度负担的利息 30 000 元。

8.支付固定资产报废清理费用 10 000 元。

要求:根据上述资料分析该企业生产费用和期间费用各是多少。

项目二

运用品种法核算产品成本

学习目标

1. 了解品种法的概念、适用范围及特点。
2. 熟知品种法核算产品成本的工作流程。
3. 能够按产品品种归集与分配各项生产费用。
4. 会计算产品成本并编制成本计算单。
5. 能对品种法成本核算相关业务进行正确账务处理并编制与分析成本报表。
6. 逐步养成吃苦耐劳、严谨求实、精益求精的"工匠"精神。

思政小课堂

海上明珠——港珠澳大桥

港珠澳大桥是一座连接香港、澳门和珠海的大型桥梁隧道结合工程,横跨珠江口伶仃洋海域,全长 55 km,是世界上最长的跨海大桥,造价共约 1 100 亿元人民币。港珠澳大桥以其超大的建筑规模、空前的施工难度以及顶尖的建造技术闻名世界。

世纪工程需要世纪工艺。港珠澳大桥项目组不断发布新材料、新技术、新设备,攻克难关,掌握了具有自主知识产权的外海沉管安装成套技术,创造了外国人认为不可能实现的世界奇迹:创造了最大沉管预制厂的世界纪录;创造了一年安装十节沉管的世界纪录;创造了 221 天完成两岛筑岛的世界纪录;创造了沉管隧道 100% 不漏水的世界纪录;创造了浇筑百万方混凝土无一裂缝的世界纪录;创造了沉管隧道最终接头安装精度达毫米级的世界纪录。

港珠澳大桥是世界桥梁建设史上的巅峰之作,标志着中国从桥梁大国走向桥梁强国的历史性转折。港珠澳大桥的建成,使我国顺利进入大规模海洋基础设施建设时代,开启了中国基建征服海洋时代的序幕;港珠澳大桥的建设,体现了中国人民逢山开路、遇水架桥的奋斗精神,体现了中国的综合国力、自主创新能力,体现了勇创世界一流的民族志气。港珠澳大桥是国家工程、国之重器,是"中国名片",是一座圆梦桥、同心桥、自信桥、复兴桥,更是贯通粤港澳大湾区的"脊梁",有了这座桥,香港到珠海、澳门的陆路车程从3个多小时缩减到半个小时,粤港澳一小时生活圈由此成形。

思考:结合港珠澳大桥建设的成功谈谈你对"工匠"精神的理解。

二十大精神

培养造就大批德才兼备的高素质人才,是国家和民族长远发展大计。功以才成,业由才广。加快建设国家战略人才力量,努力培养造就更多大师、战略科学家、一流科技领军人才和创新团队、青年科技人才、卓越工程师、大国工匠、高技能人才。

任务一　品种法基本认知

工作任务

资料:宏达机电有限责任公司(以下简称"宏达机电")是一家生产直流减速机的企业,该公司主要生产甲、乙两种型号的直流减速机(以下分别简称"甲电机""乙电机")。企业设有一个基本生产车间,两个辅助车间——锅炉车间和机修车间。该企业实行厂部一级核算,采用品种法计算产品成本,设置"基本生产成本"明细账,归集与分配生产两种产品的各项生产费用;基本生产车间发生的一般耗费通过"制造费用"明细账进行归集与分配;各辅助生产车间不单独设置"制造费用"账户,通过"辅助生产成本"明细账归集与分配辅助生产车间发生的各项生产费用。

202×年3月,甲电机期初在产品成本为31 900元,其中,直接材料25 500元,燃料及动力费700元,直接人工费用3 500元,制造费用2 200元;乙电机期初在产品成本为68 813元,其中,直接材料55 500元,燃料及动力费1 500元,直接人工费用7 125元,制造费用4 688元。

要求:根据宏达机电的生产特点和成本核算要求,设置相关成本费用明细账。

知识链接

一、品种法的特点和适用范围

品种法是以产品品种作为成本计算对象来归集生产费用、计算产品成本的一种方法。品种法是成本计算方法中最基本的方法。无论什么特点的制造企业和什么类型的产品生产,无论管理要求如何,最终都必须按照产品品种计算出产品成本。

(一)特点

1.以产品品种作为成本计算对象,设置产品成本明细账

品种法以产品品种为成本计算对象,并据以设置产品成本明细账归集生产费用和计算产品成本。运用品种法核算产品成本的企业往往是大量大批重复生产一种或几种产品。在只生产一种产品的企业里,只需以这种产品开设基本生产成本明细账,并按成本项目开设专栏。如果企业生产的产品不止一种,就需要以每一种产品作为成本计算对象,分别设置产品成本明细账,并按成本项目开设专栏。发生的直接计入费用直接计入产品成本明细账中的有关栏目,而对几种产品共同发生的间接计入费用,则需要分配计入各种产品成本明细账中的有关栏目。

2.成本计算期与会计报告期一致

由于大量大批的生产是不间断的连续生产,无法按照产品的生产周期来归集生产费用,计算产品成本,因此只能定期在月末计算当月完工产品成本。品种法的产品成本计算期与会计报告期一致,与产品生产周期不一致。

3.月末生产费用需要在完工产品和在产品之间进行分配

由于大量大批制造企业的产品是不断生产出来的,因此,月末通常既有完工产品,又有在产品。月末计算产品成本时,就需要将累计的生产费用在完工产品与在产品之间进行分配。如果企业产品生产工艺过程是单步骤且品种单一,生产周期短,月末没有在产品或在产品很少,则可以不计算在产品成本。这种情况下的品种法,称为简单品种法。

(二)适用范围

品种法主要适用于大量大批的单步骤生产企业,如发电、供水、采掘等企业。在大量大批多步骤生产的企业中,如果企业规模较小,而且管理上不要求提供各步骤的成本资料时,也可以采用品种法计算产品成本。企业的辅助生产车间也可以采用品种法计算产品成本。

二、品种法的工作流程

(一)设置成本费用账户

1.按产品品种设置"基本生产成本"明细账,登记期初余额

基本生产是指为完成企业主要生产目的而进行的产品生产。"基本生产成本"明细账是归集基本生产车间为生产产品所发生的各种生产费用和计算产品基本生产成本而设立的。基本生产过程中发生的材料费用、职工薪酬等直接费用和通过分配转入的间接费用,记入该账户的借方;完工入库的产品成本,记入该账户的贷方。该账户的余额就是月末在产品的成本。运用品种法计算产品成本,"基本生产成本"明细账按企业生产的产品品种设置明细账。账中应按成本项目分设专栏,登记每种产品各成本项目的月初在产品成本、本月发生的生产费用、本月完工产品成本和月末在产品成本。其格式见表2-1-1。

表 2-1-1 基本生产成本明细账

明细科目 **A 产品**

×年		凭证号数	摘要	借方	贷方	余额	（借）方分析项目			
月	日						直接材料	直接人工	制造费用	（略）
7	01		月初在产品成本			72 800	46 000	3 800	23 000	

2.按辅助生产车间及生产的产品、劳务种类设置"辅助生产成本"明细账

辅助生产车间是指为基本生产部门、企业管理部门和其他部门提供劳务或产品生产的部门,如修理车间、运输车间、动力车间等。辅助生产车间生产过程中所发生的材料费用、职工薪酬等直接费用和分配转入的间接费用,记入"辅助生产成本"明细账的借方;完工入库的辅助产品成本或分配转出的劳务费用,记入该账户的贷方。账中应按成本项目分设专栏。其格式见表 2-1-2。

表 2-1-2 辅助生产成本明细账

明细科目机修车间

×年		凭证号数	摘要	借方	贷方	余额	（借）方分析项目					
月	日						材料费	职工薪酬	折旧费	办公费	保险费	（略）

3.按生产车间、部门设置"制造费用"明细账

"制造费用"账户用来核算企业为生产产品和提供劳务,在基本生产车间、辅助生产车间范围内发生的间接费用,包括工资薪酬、折旧费、办公费、水电费、机物料消耗、劳动保护支出、季节性和修理期间的停工损失等。发生各项制造费用时,记入该账户的借方;月末按一定分配标准分配转入"基本生产成本"明细账和"辅助生产成本"明细账。该账户应按费用项目分设专栏。期末,该账户无余额。其格式见表 2-1-3。

表 2-1-3 制造费用明细账

明细科目××车间

×年		凭证号数	摘要	借方	贷方	余额	（借）方分析项目					
月	日						材料费	职工薪酬	折旧费	办公费	保险费	（略）

4.设置其他费用明细账

为了归集和结转销售费用、管理费用、财务费用等,应设置"销售费用""管理费用""财务费用"等账户。企业如果单独核算废品损失和停工损失,还可设置"废品损失""停工损失"账户。其格式见表2-1-4、表2-1-5。

表2-1-4　管理费用明细账

×年		凭证号数	摘要	借方	贷方	余额	(借)方分析项目					
月	日						材料费	职工薪酬	折旧费	办公费	保险费	(略)

表2-1-5　废品损失明细账

明细科目 A 产品

×年		凭证号数	摘要	借方	贷方	余额	(借)方分析项目			
月	日						直接材料	直接人工	制造费用	(略)

(二)分配要素费用,编制要素费用分配表

根据各项耗费的原始凭证和其他有关资料,分配各项要素费用,编制各项要素费用分配表。

(三)根据要素费用分配表,登记明细账

根据各要素费用分配表及其他费用资料,登记"基本生产成本"明细账、"辅助生产成本"明细账、"制造费用"明细账和"管理费用"明细账等。其格式见表2-1-6—表2-1-9。

表2-1-6　基本生产成本明细账

明细科目 A 产品

×年		凭证号数	摘要	借方	贷方	余额	(借)方分析项目		
月	日						直接材料	直接人工	制造费用
7	31	略	月初在产品成本			72 800	46 000	3 800	23 000
	"		材料费用分配表	284 000			284 000		
	"		人工费用分配表	21 600				21 600	

表 2-1-7　辅助生产成本明细账

明细科目机修车间

×年		凭证号数	摘要	（借）方分析项目						
月	日			材料费	职工薪酬	折旧费	办公费	保险费	其他	合计
7	31	略	材料费用分配表	1 200						1 200
		″	工资费用分配表		4 674					4 674
		″	折旧费用分配表			800				800
		″	其他费用分配表				240	346	220	806

表 2-1-8　制造费用明细账

明细科目第一车间

×年		凭证号数	摘要	（借）方分析项目					
月	日			材料费	职工薪酬	折旧费	办公费	修理费	合计
7	31	略	材料费用分配表	3 000					3 000
		″	人工费用分配表		4 670				4 670
		″	折旧费及其他表			6 000	430		6 430

表 2-1-9　管理费用明细账

×年		凭证号数	摘要	（借）方分析项目					
月	日			材料费	职工薪酬	折旧费	办公费	修理费	合计
7	31	略	材料费用分配表	5 000					5 000
		″	人工费用分配表		7 980				7 980
		″	折旧费及其他表			10 000	500		10 500

（四）分配辅助生产费用

将"辅助生产成本"明细账中归集的生产费用采用适当的方法分配给各受益对象，编制"辅助生产费用分配表"并据以登记有关成本费用明细账。其格式见表 2-1-10—表 2-1-12。

表 2-1-10　制造费用明细账

明细科目第一车间

×年		凭证号数	摘要	（借）方分析项目					
月	日			材料费	职工薪酬	折旧费	办公费	修理费	合计
7	31	略	材料费用分配表	3 000					3 000
	″		人工费用分配表		4 670				4 670
	″		折旧费及其他表			6 000	430		6 430
	″		辅助生产费用分配表					6 500	6 500
	″		待分配费用合计	3 000	4 670	6 000	430	6 500	20 600

表 2-1-11　管理费用明细账

×年		凭证号数	摘要	（借）方分析项目					
月	日			材料费	职工薪酬	折旧费	办公费	修理费	合计
7	31	略	材料费用分配表	5 000					5 000
	″		人工费用分配表		7 980				7 980
	″		折旧费及其他表			10 000	500		10 500
	″		辅助生产费用分配表					980	980
	″		费用合计	5 000	7 980	10 000	500	980	24 460

表 2-1-12　辅助生产成本明细账

明细科目机修车间

×年		凭证号数	摘要	（借）方分析项目						
月	日			材料费	职工薪酬	折旧费	办公费	保险费	其他	合计
7	31	略	材料费用分配表	1 200						1 200
	″		工资费用分配表		4 674					4 674
	″		折旧费用分配表			800				800
	″		其他费用分配表				240	346	220	806
	″		待分配费用合计	1 200	4 674	800	240	346	220	7 480
	″		分配辅助生产费用	1 200	4 674	800	240	346	220	7 480

(五)分配制造费用

将"制造费用"明细账中归集的当月费用采用适当的方法在各种产品间分配,编制"制造费用分配表",并据以登记"基本生产成本"明细账。其格式见表 2-1-13、表 2-1-14。

表 2-1-13 **基本生产成本明细账**

明细科目 A 产品

×年		凭证号数	摘要	借方	贷方	余额	(借)方分析项目		
月	日						直接材料	直接人工	制造费用
7	01		月初在产品成本			72 800	46 000	3 800	23 000
	31		材料费用分配表	284 000			284 000		
	〃		人工费用分配表	21 600				21 600	
	〃		制造费用分配表	15 000					15 000
	〃		生产费用合计	320 600		393 400	330 000	25 400	38 000

表 2-1-14 **制造费用明细账**

明细科目 第一车间

×年		凭证号数	摘要	(借)方分析项目					
月	日			材料费	职工薪酬	折旧费	办公费	修理费	合计
7	31	略	材料费用分配表	3 000					3 000
	〃		人工费用分配表		4 670				4 670
	〃		折旧费及其他表			6 000	430		6 430
	〃		辅助生产费用分配表					6 500	6 500
	〃		待分配费用合计	3 000	4 670	6 000	430	6 500	20 600
	〃		分配制造费用	3 000	4 670	6 000	430	6 500	20 600

(六)计算产品成本

将"基本生产成本"明细账中归集的生产费用采用适当的方法在完工产品与在产品之间进行分配,计算完工产品成本与月末在产品成本。其格式见表 2-1-15。

表 2-1-15 **基本生产成本明细账**

明细科目 A 产品

×年		凭证号数	摘要	借方	贷方	余额	(借)方分析项目		
月	日						直接材料	直接人工	制造费用
7	01	略	月初在产品成本			72 800	46 000	3 800	23 000
	31		材料费用分配表	284 000			284 000		

续表

×年		凭证号数	摘要	借方	贷方	余额	(借)方分析项目		
月	日						直接材料	直接人工	制造费用
	"		人工费用分配表	21 600				21 600	
	"		制造费用分配表	15 000					15 000
	"		生产费用合计	320 600		393 400	330 000	25 400	38 000
	"		本月完工产品成本		275 680	117 720	220 000	20 320	35 360

(七)编制与分析成本报表

略。

任务实施

品种法是一种以企业生产的产品品种为成本计算对象的成本计算方法。企业应该设置"生产成本"总账,并按不同产品设置"基本生产成本"多栏式明细账,两个动力车间设置"辅助生产成本"多栏式明细账;一个生产车间设置"制造费用"总账和多栏式明细账,同时,设置"管理费用""销售费用""财务费用"等期间费用总账和多栏式明细账。

202×年3月初,两种产品的"基本生产成本"明细账见表2-1-16、表2-1-17。其他明细账格式见表2-1-2—表2-1-4。

表2-1-16　**基本生产成本明细账**

明细科目甲电机

202×年		凭证号数	摘要	借方	贷方	余额	(借)方分析项目				
月	日						直接材料	燃料及动力	直接人工	制造费用	废品损失
3	01		月初在产品成本			31 900	25 500	700	3 500	2 200	

表2-1-17　**基本生产成本明细账**

明细科目乙电机

202×年		凭证号数	摘要	借方	贷方	余额	(借)方分析项目				
月	日						直接材料	燃料及动力	直接人工	制造费用	废品损失
3	01		月初在产品成本			68 813	55 500	1 500	7 125	4 688	

边学边练

边学边练
答案及解析

资料：玉泉啤酒有限公司是一家啤酒生产企业，主营业务为生产销售系列啤酒。该企业设置麦芽、酿造、包装3个基本生产车间和1个动力车间，采用品种法核算产品成本。

要求：如果你是玉泉啤酒有限公司的成本会计人员，应该如何设置成本费用账户？

夯实基础

一、判断题

1. 运用品种法核算产品成本，不存在生产费用在各种产品之间分配的问题。（　　）

2. 品种法只适用于单步骤生产的产品成本计算。（　　）

二、单项选择题

1. 品种法的成本计算对象是（　　）。

　　A.产品类别　　　　B.产品批次　　　　C.产品种类　　　　D.产品步骤

2. 运用品种法计算产品成本，"基本生产成本"明细账按（　　）设置。

　　A.车间　　　　　　B.产品品种　　　　C.生产步骤　　　　D.产品类别

3. 在大量大批多步骤生产的企业，如果管理上不要求分步计算产品成本，应采用的成本计算方法是（　　）。

　　A.分类法　　　　　B.分步法　　　　　C.分批法　　　　　D.品种法

4. 品种法适用的生产组织是（　　）。

　　A.大量成批生产　　B.大量大批生产　　C.大量小批生产　　D.单件生产

三、多项选择题

1. 属于制造企业要素费用的有（　　）。

　　A.原材料　　　　　　　　　　　　B.计提的职工社会保险费

　　C.利息费用　　　　　　　　　　　D.制造费用

2. 下列企业中，适用于品种法核算产品成本的是（　　）。

　　A.拖拉机厂　　　B.采掘类企业　　　C.电厂　　　　　　D.食品厂

3. 品种法一般适用于（　　）。

　　A.大量大批单步骤生产的企业

　　B.企业供电、供水等单步骤生产企业

　　C.大量大批多步骤生产企业，但管理上不要求分步计算产品成本

　　D.单件产品订单生产企业

4. 品种法是（　　）。

　　A.最基本的成本计算方法　　　　　B.通常需要计算在产品成本

　　C.要求按批次计算产品成本　　　　D.成本计算期与生产周期一致

小试牛刀

资料:凯丰模具有限责任公司是一家生产模具的小型制造企业,该公司主要生产Ⅰ号模具和Ⅱ号模具两种产品。企业设有一个基本生产车间,两个辅助车间——供汽车间和机修车间。该企业实行厂部一级核算,采用品种法计算产品成本,设置"基本生产成本"明细账,归集与分配各项生产费用;各辅助生产车间不单独设置"制造费用"账户。2020年9月,Ⅰ号模具期初在产品50件,成本为26 700元,其中,直接材料17 500元,燃料与动力900元,直接人工1 800元,制造费用6 500元;Ⅱ号模具期初在产品40件,成本为16 900元,其中,直接材料11 500元,燃料与动力600元,直接人工1 300元,制造费用3 500元。

要求:根据凯丰模具有限责任公司生产特点和成本核算要求,设置相关成本费用明细账。

任务二 核算要素费用

子任务一 核算材料费用

工作任务1

资料:宏达机电202×年3月份生产经营共耗用原材料658 460元、燃料17 453元,根据"领料单"编制"发出材料汇总表"。"发出材料汇总表"见表2-2-1。

表2-2-1 发出材料汇总表

202×年3月　　　　　　　　类别:原材料、燃料

项目(部门)		材料类型		合计
		原材料	燃料	
生产产品	生产甲电机	183 700		183 700
	生产乙电机	162 400		162 400
	生产两种产品	299 200	12 600	311 800
基本生产车间		4 200	1 480	5 680
辅助生产车间	锅炉车间	6 000	2 200	8 200
	机修车间	1 200	800	2 000
行政部门		1 760	373	2 133
合计		658 460	17 453	675 913

本月甲、乙两种电机投产数量分别为700件、800件,材料在生产开始时一次投入。甲、乙两种电机共同耗用原材料37 400 kg,该原材料的单位实际成本为8元/kg,甲、乙两种电机材料单位消耗定额分别为30 kg和20 kg。

要求:

1.根据资料中"发出材料汇总表",采用产量比例分配法计算甲、乙两种电机分配的原材料费用,编制"原材料费用分配汇总表"。

2.根据资料中"发出材料汇总表",采用定额消耗量比例分配法计算甲、乙两种电机分配的原材料费用,编制"原材料费用分配汇总表"。

3.根据资料中"发出材料汇总表",采用定额成本比例分配法计算甲、乙两种电机应分配的原材料费用,编制"原材料费用分配汇总表"和记账凭证,并登记相关成本费用明细账。

4.根据资料中"发出材料汇总表",按甲、乙两种电机直接耗用的原材料费用分配甲、乙两种电机共同耗用的燃料费用,编制"燃料费用分配表"和记账凭证,并登记相关成本费用明细账。

◆ 知 识 链 接

一、归集材料费用

(一)核算材料费用的原始凭证

材料费用包含企业在生产经营中耗用的原料及主要材料、辅助材料、燃料、外购半成品、设备零件、低值易耗品、包装物等发生的费用。在生产过程中,领用各种材料需填制"领料单"或"限额领料单",月末有余料退库或废料回收业务,需要填制"退料单""废料入库单"。月末已领未用的材料,如果下月生产还需用,应办理假退料手续,以冲减当月生产费用。"领料单""限额领料单"见表2-2-2、表2-2-3。

表2-2-2　领　料　单

领料单位:　　　　　用途:　　　　　日期:　　　　　发料仓库:

材料编号	材料类别	名称	规格	计量单位	数量		成本	
					请领	实发	单价	金额

发料人:　　　　　领料人:　　　　　领料单位负责人:　　　　　主管:

表2-2-3　限　额　领　料　单

领料单位:　　　　　材料名称:　　　　　发料仓库:

计划产量:　　　　　单位消耗定额:　　　　　编号:

材料编号	材料名称	规格	计量单位	单价	领用限额	全月实用	
						数量	金额

续表

材料编号	材料名称	规格	计量单位	单价	领用限额	全月实用	
						数量	金额
领料日	请领数量	实发数量	领料人签章	发料人签章		限额结余	
合计							

供应部门负责人：　　　　　生产部门负责人：　　　　　　仓库管理人员：

(二)核算耗用材料的数量

耗用材料数量的计算方法主要有永续盘存制和实地盘存制两种方法。

1.永续盘存制

永续盘存制也称为账面盘存制或连续记录法,它是指每次收入、发出材料时,都根据有关收发材料的原始凭证将材料收入和发出的数量逐笔记入材料明细账,材料消耗的数量就是根据材料发出的原始记录确定的,在材料明细账中能随时计算材料消耗数量和结存数量。

采取永续盘存制能正确计算出生产过程中材料的耗用数量,企业应建立健全原始记录和计量验收制度,严格材料收入、发出的凭证手续,保证材料消耗数量的真实性。会计部门应对发料凭证所列材料的种类、数量和用途等进行审核,只有经过审核、签章的发料凭证才能据以发料,并作为发料核算的原始凭证。期末,生产所剩余料,应该填制"退料单"。对车间已领未用,下月需要继续耗用的材料,为了避免材料实物本月末交库、下月初又要领用的手续,可以采用"假退料"办法,即材料实物不动,只是填制一份本月的"退料单",表示该项余料已经退库,同时填制一份下月的"领料单",表示该项余料作为下月份的领料出库。

期末,企业应当根据全部领退料凭证汇总编制"发出材料汇总表",确定材料耗用数量。"发出材料汇总表"应按照领料用途和材料类别分别汇总。凡能分清某一成本计算对象的材料消耗,应当单独列示,以便直接计入该成本计算对象;凡属于几个成本计算对象共同耗用的材料应当选择适当的分配方法,分别计入有关成本计算对象的材料费用项目。

2.实地盘存制

实地盘存制也称为定期盘存制或盘存计耗法,它是指在材料明细账中,平时只记录材料的增加数,而发出材料时不作记录,期末根据实地盘点的结存数量,倒挤出本期发出材料的数量。其材料耗用量的计算公式为:

本期耗用材料数量 = 期初结存材料数量 + 本期收入材料数量 - 期末结存材料数量

从公式中可知,采用这种方法计算材料耗用量是不准确的,因为它将材料的被盗、损坏和丢失数量都计算在材料正常的耗用数量中了,这样不利于加强材料费用管理、节约成本。

(三)核算耗用材料的金额

材料成本的核算有实际成本法和计划成本法两种方法。

按实际成本计价进行材料日常核算的情况下,收料凭证和材料明细账的收入栏均按实际成本登记;明细账上发出材料的金额,可以采用先进先出法、个别计价法、月末一次加权平均法和移动加权平均法计算后登记。

按计划成本计价进行材料日常核算的情况下,收料凭证、领料凭证都按计划单位成本计价,材料明细账中的收入栏和发出栏的金额也都按计划成本登记。期末,将计划成本通过"材料成本差异"调整为实际成本。

$$发出材料的实际成本 = 发出材料的数量 \times 计划单位成本 \pm 材料成本差异$$

材料费用的归集,无论是自制还是外购,都应根据审核无误的"收料单""领料单"或"限额领料单""退料单"等,按照材料的具体用途进行归集。为了简化总账的登记工作,一般都是在月末根据全部发料凭证汇总编制"发料凭证汇总表",然后根据"发料凭证汇总表"登记总账。

二、分配原材料费用

原材料是企业通过采购或其他方式取得的用于产品生产并构成产品实体的物品,以及供生产经营耗费但不构成产品实体的辅助材料、外购配件等。这些原材料在生产经营活动中有不同的用途。原材料费用发生后由谁负担,以及负担多少,是成本会计要解决的重要问题之一。通常情况下,企业本期耗用的原材料费用必须按发出原材料的具体用途在各受益部门、产品之间进行分配。在成本核算期,成本会计根据"领料单"或"限额领料单""发出材料汇总表"等原始凭证,将直接用于产品生产的原材料费用,计入"基本生产成本"账户的借方;车间一般耗用的原材料费用,计入"制造费用"账户的借方;辅助生产部门发生的原材料费用,应计入"辅助生产成本"等账户借方;企业管理部门和销售部门发生的原材料费用,应计入"管理费用""销售费用"等账户借方;建造固定资产领用的原材料费用,应计入"在建工程"账户的借方。同时,领用原材料使库存原材料减少,计入"原材料"账户的贷方。

如果同一期间同一生产车间领用原材料同时生产两种以上的产品,这时原材料费用就属于间接计入费用,需要采用一定的分配标准分配计算后,才能计入有关的产品成本明细账中。分配标准一般可按产品的产量、体积、质量进行分配,也可以按原材料的消耗定额或定额费用进行分配。

原材料费用分配的通用公式为:

$$原材料消耗量(费用)分配率 = \frac{应分配的原材料消耗量(或费用)总额}{各种产品分配标准之和}$$

$$某产品应分配的原材料费用 = 原材料消耗量(费用)分配率 \times 某种产品分配标准$$

(一)产品产量比例分配法

产品产量比例分配法就是以共同耗用原材料的产品产量作为分配标准,计算原材料费用分配率,分配原材料费用的一种分配方法。在各种产品共同耗用的原材料与产品产量密切相关的条件下,可用产品产量比例分配法分配原材料费用。计算公式为:

$$原材料费用分配率 = \frac{应分配的原材料费用总额}{各种产品产量之和}$$

$$某种产品应分配的原材料费用 = 该种产品产量 \times 原材料费用分配率$$

（二）定额消耗量比例分配法

定额消耗量比例分配法是以产品的原材料定额消耗量作为分配标准,分配原材料费用的一种方法。这种方法适用于各种产品都有比较健全的消耗定额且相对准确的原材料费用的分配。这种分配方法的计算步骤是:

①计算每种产品的原材料定额消耗量。

②计算原材料消耗量分配率。

③计算某种产品应分配的原材料数量。

④计算某种产品应分配的原材料费用。

计算公式为:

某种产品原材料定额消耗量=某种产品实际产量×单位产品原材料消耗定额

$$原材料消耗量分配率 = \frac{应分配的原材料消耗量总量}{各种产品原材料定额消耗量之和}$$

某种产品应分配的原材料数量=该种产品原材料定额消耗量×原材料消耗量分配率

某种产品应分配的原材料费用=该种产品应分配的原材料数量×原材料单价

上述计算分配,可以考核原材料消耗定额的执行情况,有利于加强原材料消耗的实物管理,但分配计算的工作量较大。为了简化分配计算的工作量,按原材料定额消耗量比例分配法分配发生的原材料费用时,可以直接分配共同消耗原材料的费用。计算公式如下:

$$原材料费用分配率 = \frac{应分配的原材料费用总额}{各种产品原材料定额消耗量之和}$$

某种产品应分配的原材料费用 = 该种产品原材料定额消耗量 × 原材料费用分配率

（三）定额成本比例分配法

定额成本比例分配法是一种以产品消耗原材料的定额成本为分配标准分配原材料费用的方法,适用于多种产品共同耗用多种原材料的企业。计算公式为:

某种产品原材料定额成本 = 该种产品实际产量 × 单位产品原材料定额成本

= 该种产品实际产量 × 单位产品原材料定额消耗量 × 原材料单价

$$原材料费用分配率 = \frac{应分配的原材料费用总额}{各种产品原材料定额成本之和}$$

某种产品应分配的原材料费用=该种产品原材料定额成本×原材料费用分配率

三、分配燃料费用

燃料实际上也是原材料,燃料费用的分配与账务处理方法与原材料费用的分配与账务处理方法相同。

如果企业燃料费用比重较大,为了加强管理,可在"原材料"账户外增设"燃料"账户进行核算,并在成本项目中与动力费用一起单设"燃料及动力"项目进行单独核算。

直接用于产品生产的燃料费用,如果分产品领用,根据领料凭证直接计入各种产品"基本生产成本"总账和所属明细账借方的"燃料及动力"成本项目;如果不能分产品领用,则应采用适当的分配方法,分配计入各有关产品成本的该项目中。分配标准一般有产品的质量、体积、所耗用原材料的数量或费用以及燃料的定额消耗量或定额成本等。

基本生产车间管理消耗的燃料费用、辅助生产车间消耗的燃料费用、厂部进行生产经营管理消耗的燃料费用分别计入"制造费用""辅助生产成本""管理费用"等账户。

任务实施

【任务1-1】

采用产品产量比例分配法计算甲、乙两种电机应分配的原材料费用如下：

$$原材料费用分配率 = \frac{37\ 400 \times 8}{700 + 800} \approx 199.466\ 67$$

甲电机应分配的原材料费用 $= 199.466\ 67 \times 700 \approx 139\ 626.67$（元）

乙电机应分配的原材料费用 $= 299\ 200 - 139\ 626.67 = 159\ 573.33$（元）

根据计算结果，结合"发出材料汇总表"编制"原材料费用分配汇总表"。"原材料费用分配汇总表"见表2-2-4。

表2-2-4 原材料费用分配汇总表

202×年3月

全额单位：元

项目（部门）		投产量/件	成本或费用明细项目	分配计入		直接计入	合计
				分配率	分配额		
生产产品	甲电机	700	直接材料		1 39 626.67	183 700	323 326.67
	乙电机	800	直接材料		159 573.33	162 400	321 973.33
	小计			199.466 67	299 200	346 100	645 300
辅助生产车间	锅炉车间		材料费用			6 000	6 000
	机修车间		材料费用			1 200	1 200
	小计					7 200	7 200
基本生产车间			材料费用			4 200	4 200
行政部门			材料费用			1 760	1 760
合计					299 200	359 260	658 460

【任务1-2】

采用定额消耗量比例分配法计算甲、乙两种电机应分配的原材料费用如下：

甲电机原材料定额消耗量 $= 700 \times 30 = 21\ 000$（kg）

乙电机原材料定额消耗量 $= 800 \times 20 = 16\ 000$（kg）

原材料消耗量分配率 $= 37\ 400 \div (21\ 000 + 16\ 000) \approx 1.010\ 81$

甲电机应分配的原材料数量 $= 21\ 000 \times 1.010\ 81 = 21\ 227.01$（kg）

乙电机应分配的原材料数量 $= 37\ 400 - 21\ 227.01 = 16\ 172.99$（kg）

甲电机应分配的原材料费用 $= 21\ 227.01 \times 8 = 169\ 816.08$（元）

乙电机应分配的原材料费用 $= 16\ 172.99 \times 8 = 129\ 383.92$（元）

为简化核算过程,采用定额消耗量比例分配法分配生产产品共同耗用的材料费用时,可以直接分配共同耗用的原材料费用。计算过程如下:

$$原材料费用分配率 = \frac{37\ 400 \times 8}{21\ 000 + 16\ 000} \approx 8.086\ 49$$

甲电机应分配的原材料费用 = $21\ 000 \times 8.086\ 49 = 169\ 816.29$(元)

乙电机应分配的原材料费用 = $299\ 200 - 169\ 816.29 = 129\ 383.71$(元)

根据计算结果,编制"原材料费用分配汇总表"。"原材料费用分配汇总表"见表2-2-5。

表 2-2-5　原材料费用分配汇总表

202×年3月　　　　　　　　　　　　　　　　　　　　　　　金额单位:元

项目(部门)		投产量/件	成本或费用明细项目	共同耗用材料费用			直接计入	合计
				定额消耗量/kg	分配率	分配额		
生产产品	甲电机	700	直接材料	21 000		169 816.29	183 700	353 516.29
	乙电机	800	直接材料	16 000		129 383.71	162 400	291 783.71
	小计			37 000	8.086 49	299 200	346 100	645 300
辅助生产车间	锅炉车间		材料费用				6 000	6 000
	机修车间		材料费用				1 200	1 200
	小计						7 200	7 200
基本生产车间			材料费用				4 200	4 200
行政部门			材料费用				1 760	1 760
合计						299 200	359 260	658 460

【任务1-3】

采用定额成本比例分配法计算甲、乙两种电机应分配的原材料费用如下:

甲电机原材料定额成本 = $700 \times 30 \times 8 = 168\ 000$(元)

乙电机原材料定额成本 = $800 \times 20 \times 8 = 128\ 000$(元)

$$原材料费用分配率 = \frac{299\ 200}{168\ 000 + 128\ 000} \approx 1.010\ 81$$

甲电机应分配的原材料费用 = $168\ 000 \times 1.010\ 81 = 169\ 816.08$(元)

乙电机应分配的原材料费用 = $299\ 200 - 169\ 816.08 = 129\ 383.92$(元)

根据计算结果,编制"原材料费用分配汇总表"。"原材料费用分配汇总表"见表2-2-6。

表 2-2-6　原材料费用分配汇总表

202×年 3 月

金额单位:元

项目(部门)		投产量/件	成本或费用明细项目	共同耗用材料费用			直接计入	合计
				定额成本	分配率	分配额		
生产产品	甲电机	700	直接材料	168 000		169 816.08	183 700	353 516.08
	乙电机	800	直接材料	128 000		129 383.92	162 400	291 783.92
	小计			296 000	1.010 81	299 200	346 100	645 300
辅助生产车间	锅炉车间		材料费用				6 000	6 000
	机修车间		材料费用				1 200	1 200
	小计						7 200	7 200
基本生产车间			材料费用				4 200	4 200
行政部门			材料费用				1 760	1 760
合计						299 200	359 260	658 460

根据"原材料费用分配汇总表"编制记账凭证:

借:基本生产成本——甲电机　　　　　　　　　　353 516.08

　　　　　　　——乙电机　　　　　　　　　　291 783.92

　　辅助生产成本——锅炉车间　　　　　　　　　6 000

　　　　　　　——机修车间　　　　　　　　　　1 200

　　制造费用——基本生产车间　　　　　　　　　4 200

　　管理费用　　　　　　　　　　　　　　　　　1 760

　　贷:原材料——原料及主要材料　　　　　　　　　　　　658 460

接"任务一:工作任务"实施结果,根据记账凭证登记成本费用明细账。"基本生产成本"明细账见"任务二:工作任务 2"实施结果。

【任务 1-4】

宏达机电生产成本中燃料和动力费用较多,为了加强对能源消耗的管理,在成本项目中专设"燃料和动力"项目,在资产账户中增设"燃料"账户。该公司 202×年 3 月直接用于生产甲、乙两种电机的燃料费用共为 12 600 元,按甲、乙两种电机直接耗用原材料费用比例分配。

接【任务 1-3】,则甲、乙两种电机应分配燃料费用如下:

$$燃料费用分配率 = \frac{12\ 600}{183\ 700 + 162\ 400} \approx 0.036\ 41$$

甲电机应分配的燃料费用 = 183 700×0.036 41 ≈ 6 688.52(元)

乙电机应分配的燃料费用 = 12 600 - 6 688.52 = 5 911.48(元)

根据表 2-2-1,编制"燃料费用分配表",见表 2-2-7。

表 2-2-7　燃料费用分配表

202×年 3 月

金额单位:元

项目(部门)		成本或费用项目	分配计入			直接计入	合计
			直接耗用原材料费用	分配率	分配额		
生产产品	甲电机	燃料及动力	183 700		6 688.52		6 688.52
	乙电机	燃料及动力	162 400		5 911.48		5 911.48
	小计		346 100	0.036 41	12 600		12 600
辅助生产车间	锅炉车间	燃料动力费				2 200	2 200
	机修车间	燃料动力费				800	800
	小计					3 000	3 000
基本生产车间		燃料动力费				1 480	1 480
行政部门		燃料动力费				373	373
合计					12 600	4 853	17 453

根据"燃料费用分配表"编制记账凭证:

借:基本生产成本——甲电机　　　　　　　　　　　　6 688.52

　　　　　　　　——乙电机　　　　　　　　　　　　5 911.48

　　辅助生产成本——锅炉车间　　　　　　　　　　　2 200

　　　　　　　　——机修车间　　　　　　　　　　　800

　　制造费用　　　　　　　　　　　　　　　　　　　1 480

　　管理费用　　　　　　　　　　　　　　　　　　　373

　　贷:燃料　　　　　　　　　　　　　　　　　　　　　　17 453

接任务一,根据记账凭证登记成本费用明细账。"基本生产成本明细账"见"任务二:工作任务 2"实施结果。

边学边练

资料:希望公司 202×年 6 月基本生产车间生产甲、乙两种产品共同耗用原材料 9 000 kg,该材料 10 元/kg。甲产品产量为 1 000 件,单件甲产品原材料消耗定额为 6 kg,生产乙产品 500 件,单件乙产品原材料消耗定额为 8 kg。

边学边练答案及解析

要求:

1.采用产品产量比例分配法分配原材料费用,见表 2-2-8。

表 2-2-8 原材料费用分配表

202×年 6 月 金额单位:元

项目(部门)		产量/件	成本项目	共同耗用原材料费用	
				分配率	分配额
生产产品	甲产品				
	乙产品				
合计					

2.采用原材料定额消耗量比例分配法分配原材料费用,见表 2-2-9。

表 2-2-9 原材料费用分配表

202×年 6 月 金额单位:元

项目(部门)		产量/件	成本项目	共同耗用原材料费用		
				定额消耗量	分配率	分配额
生产产品	甲产品					
	乙产品					
合计						

3.采用原材料定额成本比例分配法分配原材料费用,见表 2-2-10。

表 2-2-10 原材料费用分配表

202×年 6 月 金额单位:元

项目(部门)		产量/件	成本项目	共同耗用原材料费用		
				定额成本	分配率	分配额
生产产品	甲产品					
	乙产品					
合计						

工作任务 2

资料 1:宏达机电 202×年 3 月根据包装物领退凭证等有关资料,统计如下:生产车间生产产品领用 M₁ 包装物 3 500 元;公司销售部门领用随同产品出售不单独计价 N₁ 包装物 500 元、单独计价的 N₂ 包装物 300 元;公司领用出借、出租的 M₂ 包装物分别为 700 元、400 元。包装物费用在领用时一次计入相关成本费用。

资料 2:宏达机电 202×年 3 月根据低值易耗品领退凭证等有关资料,统计如下:生产车间领用专用工具 2 000 元,采用分次摊销法核算;生产车间、锅炉车间、机修车间、公司行政管理部门领用劳保用品分别为 200 元、150 元、130 元、100 元,领用劳保用品时将费用一次计入相关成本费用。

要求:

1.根据任务二:工作任务 1,按各产品本月实际投产量分配生产车间生产产品耗用的 M_1 包装物费用。

2.根据公司包装物领用资料和计算结果,编制"包装物费用分配表"和记账凭证,并登记有关成本费用明细账。

3.根据公司低值易耗品领用资料,编制"低值易耗品费用分配表"和记账凭证,并登记有关成本费用明细账。

知 识 链 接

周转材料是指企业能够多次使用,不符合固定资产定义,逐渐转移其价值但是仍然保持原有形态不确认为固定资产的材料,包括包装物和低值易耗品。

包装物是指为了包装本企业商品而储备的各种包装容器,如桶、箱、瓶、坛、袋等。为了反映和监督包装物的增减变化及其价值损耗、结存等情况,企业通过设置"周转材料——包装物"账户进行核算,根据领用包装物的不同用途,将包装物成本计入成本费用账户。其核算内容包括:生产过程中用于包装产品作为产品组成部分的包装物,属于直接用于产品生产、构成产品实体的材料费用,根据领退料单直接计入或分配计入有关产品"基本生产成本"明细账中的"直接材料"项目;随同商品出售而不单独计价的包装物费用,属于产品促销费用,应当计入"销售费用"账户;随同商品出售而单独计价的包装物费用,属于其他经营业务的费用,应当计入"其他业务成本"账户;出租或出借给购买单位使用的包装物费用,应根据包装物出库的成本,借方计入"周转材料——包装物——出租(或出借)"账户,贷方计入"周转材料——包装物——库存包装物"账户;摊销出租的包装物成本时,计入"其他业务成本"账户,摊销出借的包装物成本时,计入"销售费用"账户。

低值易耗品通常被视同存货,作为流动资产进行核算和管理,一般划分为一般工具、专用工具、替换设备、管理用具、劳动保护用品、其他用具等。企业通过设置"周转材料——低值易耗品"账户进行低值易耗品的核算。低值易耗品的价值低或易损耗,使用时间短,在实际工作中采用摊销的方法根据使用次数分次计入成本费用;金额较小的,可以在领用时一次计入成本费用,但为加强实物管理,应当在备查簿中进行登记。

分配周转材料费用可以通过编制"周转材料费用分配表"进行。"周转材料费用分配表"见表 2-2-11、表 2-2-12。

任 务 实 施

【任务 2-1】

乙电机包装物费用分配率 $= \dfrac{3\,500}{700+800} \approx 2.33$

甲电机应分配的包装物费用 $= 700 \times 2.33 = 1\,631$(元)

乙电机应分配的包装物费用＝3 500−1 631＝1 869(元)

【任务2-2】

表 2-2-11　包装物费用分配表

202×年 3 月

全额单位:元

借方账户		成本或费用项目	分配计入			直接计入	合计
			投产量/件	分配率	分配额		
基本生产成本	甲电机	直接材料	700		1 631		1 631
	乙电机	直接材料	800		1 869		1 869
	小计		1 500	2.33	3 500		3 500
销售费用		材料费用				1 200	1 200
其他业务成本		材料费用				700	700
合计					3 500	1 900	5 400

根据"包装物费用分配表"编制记账凭证:

借:基本生产成本——甲电机　　　　　　　　　　　　　1 631
　　　　　　　——乙电机　　　　　　　　　　　　　1 869
　　其他业务成本　　　　　　　　　　　　　　　　　　300
　　销售费用　　　　　　　　　　　　　　　　　　　　500
　　贷:周转材料——包装物　　　　　　　　　　　　　　　4 300
借:周转材料——包装物——出租包装物　　　　　　　　400
　　周转材料——包装物——出借包装物　　　　　　　　700
　　贷:周转材料——包装物——库存包装物　　　　　　　　1 100
借:其他业务成本　　　　　　　　　　　　　　　　　　400
　　销售费用　　　　　　　　　　　　　　　　　　　　700
　　贷:周转材料——包装物——包装物摊销　　　　　　　　1 100

【任务2-3】

表 2-2-12　低值易耗品费用分配表

202×年 3 月

全额单位:元

项目(部门)		成本或费用项目	领用额	报废额	残值	摊销额
辅助生产车间	锅炉车间	机物料(一次摊销)	150			150
	机修车间	机物料(一次摊销)	130			130
	小计		280			280

续表

项目(部门)	成本或费用项目	领用额	报废额	残值	摊销额
	机物料(一次摊销)	200			200
基本生产车间	机物料(分次摊销)	2 000			1 000
	小计	2 200			1 200
行政部门	机物料(一次摊销)	100			100
合计		2 580			1 580

根据"低值易耗品费用分配表"编制记账凭证:

(1)领用专用工具时

借:周转材料——低值易耗品——在用　　　　　　　　　2 000

　　贷:周转材料——低值易耗品——在库　　　　　　　　2 000

(2)第一次领用时摊销其一半价值

借:制造费用　　　　　　　　　　　　　　　　　　　1 000

　　贷:周转材料——低值易耗品——摊销　　　　　　　　1 000

(3)领用劳保用品时

借:辅助生产成本——锅炉车间　　　　　　　　　　　　150

　　　　　　　　——机修车间　　　　　　　　　　　　130

　　制造费用　　　　　　　　　　　　　　　　　　　　200

　　管理费用　　　　　　　　　　　　　　　　　　　　100

　　贷:周转材料——低值易耗品　　　　　　　　　　　　580

接任务一,根据任务二:【任务1-3】、【任务1-4】、【任务2-1】、【任务2-2】、【任务2-3】的任务实施结果,继续登记相关成本费用明细账。"基本生产成本明细账——甲电机""基本生产成本明细账——乙电机"见表2-2-13、表2-2-14。其他费用明细账此处略。

表2-2-13　基本生产成本明细账

明细科目甲电机

202×年		凭证号数	摘要	(借)方分析项目				
月	日			直接材料	燃料及动力	直接人工	制造费用	废品损失
3	01		月初在产品成本	25 500	700	3 500	2 200	
	31	略	原材料费用分配表	353 516.08				
			燃料费用分配表		6 688.52			
			包装物费用分配表	1 631.00				

表 2-2-14　**基本生产成本明细账**

明细科目乙电机

202×年		凭证号数	摘要	(借)方分析项目				
月	日			直接材料	燃料及动力	直接人工	制造费用	废品损失
3	01		月初在产品成本	55 500	1 500	7 125	4 688	
	31	略	原材料费用分配表	291 783.92				
			燃料费用分配表		5 911.48			
			包装物费用分配表	1 869.00				

　　材料费用是制造企业产品成本构成的重要内容,成本会计人员需要根据材料的不同种类、不同用途分类汇总并采用适当的方法分配计入成本费用。如果材料费用核算不正确,就会影响企业成本核算的正确性。成本会计人员必须要具备严谨细致、一丝不苟的职业习惯。

边 学 边 练

边学边练
答案及解析

　　某公司 202×年 7 月基本生产车间生产 R_1 产品领用包装物一批,实际成本 7 200 元,领用专用工具一批,实际成本 6 400 元;辅助生产车间、企业行政部门、销售部门分别领用通用工具一批,实际成本分别为 1 200 元、630 元和 470 元。专用工具成本采用分次摊销法进行摊销,通用工具成本在领用时一次计入相关成本费用。

　　要求:分配包装物和低值易耗品费用(表 2-2-15),并填制记账凭证。

表 2-2-15　**周转材料费用分配表**

202×年 7 月

金额单位:元

项目(部门)		成本或费用项目	包装物	专用工具	通用工具	合计
基本生产车间	R_1 产品	直接材料				
辅助生产车间		材料费用				
行政部门		材料费用				
销售部门		材料费用				
合计						

夯实基础

一、判断题

　　1.对产品生产过程中耗用的原材料、燃料费用,可直接计入产品成本明细账的"直接材料"或"燃料和动力"成本项目。　　　　　　　　　　　　　　　　　　　　　(　　)

2.为了正确计算产品成本,对生产所剩余料,都应编制退料单,据以退回材料仓库。（   ）

3.在几种产品共同耗用几种材料的情况下,材料费用的分配应采用产品材料定额成本比例分配法进行分配。（   ）

4.材料费用的分配一般是通过编制材料费用分配表进行的。（   ）

二、单项选择题

1.运用品种法核算产品成本,"基本生产成本"明细账按（   ）设置。

    A.车间   B.产品品种   C.生产步骤   D.产品类别

2.下列各项属于产品成本项目的有（   ）。

    A.外购燃料和动力   B.直接人工

    C.折旧费用   D.期间费用

3.当几种产品共同耗用几种材料的情况下,材料费用的分配可采用（   ）。

    A.定额耗用量比例分配法   B.产品产量比例分配法

    C.产品质量比例分配法   D.产品材料定额成本比例分配法

三、多项选择题

1.在按计划成本进行材料核算时,材料明细账平时需要登记（   ）。

    A.收入材料的数量   B.发出材料的数量

    C.结存材料的数量   D.计划单位成本

2.下列（   ）等,都可以在"原材料"总账科目中核算。

    A.原料及主要材料   B.自制半成品   C.外购半成品   D.包装材料

3.在按实际成本进行材料日常核算时,计算发出材料单位成本的方法有（   ）。

    A.个别计价法   B.历史成本法   C.后进先出法   D.加权平均法

4.计入成本的各种材料费用,按其用途分配,应计入（   ）科目的借方。

    A.基本生产成本   B.管理费用   C.制造费用   D.销售费用

小试牛刀

资料:凯丰模具有限责任公司设有一个基本生产车间,生产Ⅰ号模具和Ⅱ号模具两种产品;两个辅助车间——供汽车间和机修车间。生产产品共同耗用的材料采用定额耗用量比例分配法分配计入产品成本。材料按用途进行分类,分为:①主要材料:铁铸件、铝铸件;②辅助材料:润滑油、油漆、轴承;③燃料:煤、焦炭和柴油。2020年9月领用材料见表2-2-16—表2-2-24。

表2-2-16　凯丰模具有限责任公司领料单

领料部门:基本生产车间　　　　　　　　2020年9月2日　　　　　　　　　　仓库:

材料编号	材料名称	计量单位	数量	单价/元	金额/元	用途
101	铁铸件	件	550	300	165 000	Ⅰ号模具

供应单位:　　　　　　　　保管员:张明　　　　　　　　领料人:李欣

表 2-2-17　凯丰模具有限责任公司领料单

领料部门:厂部　　　　　　　　　　2020 年 9 月 2 日　　　　　　　　　　仓库:

材料编号	材料名称	计量单位	数量	单价/元	金额/元	用途
202	油漆	kg	50	40	2 000	

供应单位:　　　　　　　　　保管员:张明　　　　　　　　　领料人:赵军

表 2-2-18　凯丰模具有限责任公司领料单

领料部门:基本生产车间　　　　　　2020 年 9 月 3 日　　　　　　　　　　仓库:

材料编号	材料名称	计量单位	数量	单价/元	金额/元	用途
401	轴承	件	1 500	20	30 000	Ⅰ号模具
401	轴承	件	900	20	18 000	Ⅱ号模具

供应单位:　　　　　　　　　保管员:张明　　　　　　　　　领料人:李欣

表 2-2-19　凯丰模具有限责任公司领料单

领料部门:基本生产车间　　　　　　2020 年 9 月 6 日　　　　　　　　　　仓库:

材料编号	材料名称	计量单位	数量	单价/元	金额/元	用途
202	油漆	kg	120	80	9 600	制造产品
	油漆	kg	10	80	800	刷墙

供应单位:　　　　　　　　　保管员:张明　　　　　　　　　领料人:李欣

表 2-2-20　凯丰模具有限责任公司领料单

领料部门:供汽车间　　　　　　　　2020 年 9 月 5 日　　　　　　　　　　仓库:

材料编号	材料名称	计量单位	数量	单价/元	金额/元	用途
403	柴油	kg	250	4.50	1 125	
402	焦炭	t	2	2 600	5 200	

供应单位:　　　　　　　　　保管员:张明　　　　　　　　　领料人:陈达

表 2-2-21　凯丰模具有限责任公司领料单

领料部门:基本生产车间　　　　　　2020 年 9 月 7 日　　　　　　　　　　仓库:

材料编号	材料名称	计量单位	数量	单价/元	金额/元	用途
102	铝铸件	件	300	210	63 000	Ⅱ号模具

供应单位:　　　　　　　　　保管员:张明　　　　　　　　　领料人:李欣

表 2-2-22　凯丰模具有限责任公司领料单

领料部门:供汽车间　　　　　　　　2020 年 9 月 15 日　　　　　　　　仓库:

材料编号	材料名称	计量单位	数量	单价/元	金额/元	用途
402	焦炭	t	2	2 600	5 200	

供应单位:　　　　　　保管员:张明　　　　　　　　领料人:陈达

表 2-2-23　凯丰模具有限责任公司领料单

领料部门:供汽车间　　　　　　　　2020 年 9 月 10 日　　　　　　　　仓库:

材料编号	材料名称	计量单位	数量	单价/元	金额/元	用途
401	煤	t	20	650	13 000	
401	煤	t	10	600	6 000	

供应单位:　　　　　　保管员:张明　　　　　　　　领料人:陈达

表 2-2-24　凯丰模具有限责任公司领料单

领料部门:机修车间　　　　　　　　2020 年 9 月 12 日　　　　　　　　仓库:

材料编号	材料名称	计量单位	数量	单价/元	金额/元	用途
202	油漆	kg	52	60	3 120	
201	润滑油	kg	130	48	6 240	

供应单位:　　　　　　保管员:张明　　　　　　　　领料人:徐坤

要求

1.根据"领料单"编制"产品材料费用分配表"(表 2-2-25)。

2.编制"材料费用分配汇总表"(表 2-2-26),根据"材料费用分配汇总表"编制记账凭证并登记相关成本费用明细账。

表 2-2-25　产品材料费用分配表

基本生产车间:　　　　　　　　2020 年 9 月　　　　　　　　金额单位:

产品品名	材料类别	材料名称	定额消耗量/kg	共同耗用材料费用总额	
				分配率	应分配材料费用
Ⅰ号模具			75		
Ⅱ号模具			40		
合计					

会计主管:　　　　　　复核:　　　　　　记账:　　　　　　制单:

表 2-2-26　材料费用分配汇总表

某丰模具　　　　　　　　　　　　　　2020 年 9 月　　　　　　　　　　　　　　单位：

领料部门		原料及主要材料	辅助材料	燃料	合计
基本生产车间	Ⅰ号模具				
	Ⅱ号模具				
辅助生产车间	供汽车间				
	机修车间				
基本生产车间					
厂部					
合计					

会计主管：　　　　　　复核：　　　　　　记账：　　　　　　制单：

子任务二　核算外购动力费用

工作任务 3

资料：宏达机电 202× 年 3 月份耗用外购电力共 62 500 kW·h，每千瓦时 0.60 元。其中：基本生产车间生产甲、乙两种电机耗电 40 000 kW·h，车间照明用电 1 000 kW·h；锅炉车间耗电 13 000 kW·h，机修车间耗电 6 500 kW·h；公司管理部门用电 2 000 kW·h。该公司对产品生产用电按机器工时数在两种产品间进行分配，甲、乙两种产品的机器工时数分别为 6 000 h 和 4 000 h。

要求：根据上述资料编制"外购动力费用分配表"，并据以编制记账凭证，登记相关成本费用明细账。

知识链接

外购动力费用是指向外单位购买电力、蒸汽、燃气等动力所支付的费用。自制动力费用不属于外购动力费用，其费用通过辅助生产费用核算。

一、归集外购动力费用

在实际工作中，由于外购动力费用一般不是在月末支付，而是在每月中的某日支付，而成本费用的核算在月末进行，因此在支付动力费用时一般借记"应付账款"账户，贷记"银行存款"账户；月末根据外购动力的用途与数量进行分配，借记"基本生产成本""辅助生产成本"

"制造费用""管理费用"等账户,贷记"应付账款"账户。按照以上方法核算,"应付账款"账户借方所记本月实际支付的外购动力费用与贷方所记本月应付的外购动力费用往往不相等,从而月末会出现余额。如果月末余额在借方,表示本月实际支付的金额大于应付金额,多付了外购动力费用,可以抵充下月应付费用;如果月末余额在贷方,表示本月实际支付金额小于应付金额,少付了外购动力费用,形成了应付动力费用,可以在下月支付。

如果每月支付动力费用的日期基本固定,而且每月付款日到月末的应付动力费用相差不多时,各月付款日到月末的应付动力费用可以互相抵消。如果不影响各月动力费用核算的正确性,可以不通过"应付账款"账户,而直接借记有关成本、费用类账户,贷记"银行存款"账户。

二、分配外购动力费用

外购动力费用的分配原则是在受益对象耗用外购动力有仪表记录的情况下,应根据各仪表所示耗用动力的数量以及动力的单价直接计入受益对象的成本、费用;在没有仪表记录以及车间生产用的动力无法按不同产品分别安装仪表的情况下,则要按一定的标准分配计入各受益对象。分配方法有生产工时比例分配法、机器工时比例分配法和定额耗用量比例分配法等。外购动力费用的分配通过编制"外购动力费用分配表"进行。"外购动力费用分配表"见表2-2-27。

为了加强对能源的核算和管理,对动力与燃料耗费较大的企业,将生产工艺用动力与生产工艺用燃料合设一个"燃料和动力"成本项目。在进行外购动力费用分配的账务处理时,如能分清是哪种产品耗用的,可直接计入该种产品成本明细账的"燃料和动力"成本项目,不能分清是哪种产品耗用的,则采用适当的分配方法将外购动力费用分配计入各产品成本明细账的"燃料和动力"成本项目中;如果动力费用在产品成本中所占比重不大,根据重要性原则,不单独设置"燃料和动力"成本项目,将燃料费用并入"直接材料"核算,动力费用并入"制造费用"项目核算。

⚞ 任务实施

生产产品用电40 000 kW·h,在甲、乙两种电机之间的分配计算如下:

用电量分配率=40 000÷(6 000+4 000)=4

甲电机应分配的用电量=6 000×4=24 000(kW·h)

乙电机应分配的用电量=4 000×4=16 000(kW·h)

根据计算结果和工作任务3资料,编制"外购动力费用分配表"。"外购动力费用分配表"见表2-2-27。

表 2-2-27　外购动力费用分配表

202×年 3 月　　　　　　　　　　　　　　　　　　　　　　　金额单位:元

项目(部门)		成本或费用项目	耗用电量分配			单价	分配金额
			机器时数/h	分配率	分配量/(kW·h)		
生产产品	甲电机	燃料及动力	6 000		24 000		14 400.00
	乙电机	燃料及动力	4 000		16 000		9 600.00
	小计		10 000	4	40 000		24 000.00
辅助生产车间	锅炉车间	燃料动力费			13 000		7 800.00
	机修车间	燃料动力费			6 500		3 900.00
	小计				19 500		11 700.00
基本生产车间	基本车间	燃料动力费			1 000		600.00
行政部门		燃料动力费			2 000		1 200.00
合计					62 500	0.60	37 500.00

根据"外购动力费用分配表"编制记账凭证:

借:基本生产成本——甲电机　　　　　　　　　　　　　　　　　　14 400

　　　　　　　——乙电机　　　　　　　　　　　　　　　　　　　9 600

　　辅助生产成本——锅炉车间　　　　　　　　　　　　　　　　　7 800

　　　　　　　——机修车间　　　　　　　　　　　　　　　　　　3 900

　　制造费用——基本生产车间　　　　　　　　　　　　　　　　　　600

　　管理费用　　　　　　　　　　　　　　　　　　　　　　　　　1 200

　　贷:应付账款　　　　　　　　　　　　　　　　　　　　　　　37 500

根据任务实施结果,接表 2-2-13、表 2-2-14,登记基本生产成本明细账。

"基本生产成本明细账——甲电机""基本生产成本明细账——乙电机"见表 2-2-28、表 2-2-29。其他费用明细账此处略。

表 2-2-28　基本生产成本明细账

明细科目甲电机

202×年		凭证号数	摘要	(借)方分析项目				
月	日			直接材料	燃料及动力	直接人工	制造费用	废品损失
3	01		月初在产品成本	25 500.00	700.00	3 500.00	2 200.00	
	31	略	原材料费用分配表	353 516.08				
	"		燃料费用分配表		6 688.52			

续表

202×年		凭证号数	摘要	（借）方分析项目				
月	日			直接材料	燃料及动力	直接人工	制造费用	废品损失
	"		包装物费用分配表	1 631.00				
	"		外购动力费用分配表		14 400.00			

表 2-2-29　基本生产成本明细账

明细科目乙电机

202×年		凭证号数	摘要	（借）方分析项目				
月	日			直接材料	燃料及动力	直接人工	制造费用	废品损失
3	01		月初在产品成本	55 500.00	1 500.00	7 125.00	4 688.00	
	31	略	原材料费用分配表	291 783.92				
	"		燃料费用分配表		5 911.48			
	"		包装物费用分配表	1 869.00				
	"		外购动力费用分配表		9 600.00			

边学边练

边学边练答案及解析

科兴风电有限责任公司生产 A、B 两种风机。2020 年 7 月基本生产车间生产产品共同耗用电费 35 000 元；基本生产车间照明等日常用电 1078 元；辅助生产车间——机修车间用电 3 120 元；企业管理部门日常用电 4 374 元；本月生产 A 风机的机器工时为 3 000 h，B 风机机器工时为 4 000 h。

要求：采用机器工时比例分配法分配生产 A、B 两种风机的外购动力费用（表 2-2-30），并填制记账凭证。

表 2-2-30　外购动力费用分配表

2020 年 7 月

金额单位：元

项目（部门）		成本项目	合　计			直接计入	合计
			机器时数	分配率	分配金额		
生产产品	A 风机						
	B 风机						
	小计						
辅助车间	机修车间						

续表

项目(部门)	成本项目	合计			直接计入	合计
		机器时数	分配率	分配金额		
基本生产车间						
行政部门						
合计						

夯实基础

一、判断题

1.对直接用于产品生产的燃料费用和动力费用,既可以单独计入产品成本的"燃料和动力"成本项目,也可以分别计入"直接材料"成本项目和"制造费用"成本项目。　　　(　　)

2.企业月末归集的外购动力费用可以通过"应付账款"账户核算。　　　(　　)

二、单项选择题

1.下列各项中,属于要素费用的是(　　)。

A.直接材料　　　B.外购动力　　　C.废品损失　　　D.直接人工

2.生产车间发生的直接用于产品生产的动力费用,应借记(　　)账户。

A.管理费用　　　B.基本生产成本　　　C.生产费用　　　D.制造费用

3.企业支付外购动力费用时,一般应借记(　　)账户,贷记"银行存款"账户。

A."应付账款"

B."生产成本""制造费用"等

C."预付账款"

D."应收账款"

三、多项选择题

1.下列各项中,属于制造企业成本项目的有(　　)。

A.外购材料　　　B.直接材料　　　C.燃料及动力　　　D.废品损失

2.经过要素费用的分配,计入"基本生产成本"明细账借方的费用,分别计入各产品成本明细账的(　　)。

A.直接材料成本项目　　　　　B.直接人工成本项目

C.制造费用成本项目　　　　　D.燃料和动力成本项目

3.企业产品成本,是通过设置(　　)等账户来组织核算的。

A.生产成本　　　B.财务费用　　　C.制造费用　　　D.销售费用

4.下列各项中不属于产品成本项目的有(　　)。

A.工资和社会保险费　　　　　B.税金及附加

C.外购燃料　　　　　　　　　D.外购动力

小试牛刀

资料:凯丰模具有限责任公司 2020 年 9 月共缴纳电费 37 765.28 元,有关资料见表 2-2-31—表 2-2-34。

表 2-2-31 劳务供应通知单

动力用电 　　　　　　　　　　　　　2020 年 9 月 　　　　　　　　　　　　　单位:h

用电量 /(kW·h)	费用额	单位	基本生产车间		机器工时 合计
			Ⅰ号模具	Ⅱ号模具	
16 884.56	25 326.84	机器工时	5 308	5 615	10 923

表 2-2-32 劳务供应通知单

2020 年 9 月 　　　　　　　　　　　　　单位:kW·h

费用额	单位	供汽车间	机修车间	基本生产车间	行政部门	合计
12 985.5	kW·h	2 750	2 120	2 360	1 427	8 657

表 2-2-33 甘 肃 省 增 值 税 专 用 发 票 　　　　NO 17412213

6200131140 　　　　　　发 票 联 　　　　开票日期:2020 年 9 月 12 日

购货单位	名　称:酒泉市凯丰模具有限责任公司 纳税人识别号:20204556737052 地 址、电话:肃州区祁连路 46 号 2614478 开户行及账号:工行肃州支行 2712543976513456			密码区	<6＊＊5/8＊9-0<+7＊9)14<20398< 391134+284＊2/+45+361+8＊/6+ 34>90<701466 6-8><31<-583421/5>>0＊15<< 4<21783		
货物或应税劳务名称	规格型号	单位	数量	单价	金　额	税率	税　额
＊供电＊电费		千瓦时	25 176.85	1.50	37 765.28	13%	4 909.49
合　计					￥37 765.28		￥4 909.49
价税合计(大写)	⊗肆万贰仟陆佰柒拾肆元柒角柒分				(小写)￥42 674.77		
销售方	名　称:国网嘉峪关供电有限公司 纳税人识别号:210356723098734 地 址、电话:甘肃省酒泉市肃州区解放路 23 号 0937-2614478 开户行及账号:中国工商银行股份有限公司肃州区支 行 277654986743173			备注			

收款人:张宏 　　　　复核:刘丽 　　　　开票人:张宏 　　　　销售方:(章)

表 2-2-34　中国工商银行网上银行电子回单(补打)

电子回单号码:0026-5146-8912-1100　打印日期:2020 年 9 月 20 日　　　　　　第 2 次补打

付款人	户名	酒泉市凯丰模具有限责任公司	收款人	户名	国网嘉峪关供电有限公司
	账号	2712543976513456		账号	277654986743173
	开户银行	酒泉肃州支行		开户银行	酒泉肃州支行
金额		￥42 674.77	金额(大写)		人民币肆万贰仟陆佰柒拾肆元柒角柒分
摘要		电费	业务(产品)种类		网银互联
用途		电费			
交易流水号		4551230	时间戳		2020-09-20. 16:21.221916
备注:电费 附言:电费 支付交易序号:58813631 报文种类:1HP01 网银贷记业务报文 委托日期:2020-0920 业务种类:其他指令编号:QP900807091316 提交人:1920032152800012.c.2726 最终授权人					
验证码:kJ1b/YtGwoCriB2LwpYGh5wz68M					
记账网点	00363	记账柜员	00013	记账日期	2020 年 9 月 20 日

要求:根据以上资料采用机器工时比例分配法分配生产产品的外购动力数量,编制"外购动力费用分配表"(表 2-2-35)和记账凭证,并登记相关成本费用明细账。

表 2-2-35　外购动力费用分配表

2020 年 9 月　　　　　　　　　　　　　　　　　　金额单位:元

应借账户		成本或费用项目	分配耗用电量			单价	分配金额
			机器工时/h	分配率	分配量/(kW·h)		
基本生产成本	Ⅰ号模具	燃料及动力					
	Ⅱ号模具	燃料及动力					
	小计						
辅助生产成本	供汽车间	水电费					
	机修车间	水电费					
	小计						
制造费用	基本生产车间	水电费					
管理费用	行政部门	水电费					
合计							

子任务三 核算职工薪酬费用

工作任务 4

资料 1:宏达机电生产车间生产工人张新月标准工资 1 200 元。3 月份张新请事假 4 天,病假 2 天,双休假 10 天,实际出勤 15 天。根据张新的工龄,其病假工资按工资标准的 90% 计算。

资料 2:张新加工 W_1 和 W_2 零件。本月加工 W_1 零件 800 个,计件单价 1.8 元;加工 W_2 零件 300 个,计件单价 3.0 元,经检验 W_1 零件料废 3 个,工废 10 个;W_2 零件工废 4 个,其余均为合格品。李涛加工 H_1 零件和 H_2 零件。加工 H_1 零件单件工时定额为 1.5h,加工 H_2 零件单件工时定额为 1 h。李涛的小时工资率为 2 元。本月李涛加工 H_1 零件 500 件,加工 H_2 零件 200 件。

资料 3:宏达机电每位员工物价补贴 100 元/月,加班工资 80 元/天。

社会保险费缴费标准为:养老保险金:单位缴 20%,个人缴 8%;医疗保险金:单位缴 6%,个人缴 2%;失业保险金:单位缴 2%,个人缴 1%;工伤保险金:单位缴 1%,个人不缴。

住房公积金:单位缴 10%,个人缴 10%。

工会经费:单位缴 2%,个人缴 0.5%。

资料 4:生产车间第一生产小组 3 个人共同完成一项加工任务,共得计件工资 3 280 元,有关资料见表 2-2-36。

表 2-2-36 小组计件工资分配表

部门:第一生产小组　　　　　　　　202×年 3 月　　　　　　　　金额单位:元

姓名	小时工资率	实际工作小时	计时工资	计件工资分配率	应得计件工资
李明	8.00	100			
刘宏	7.00	120			
王晓涛	6.24	100			
合计	—	320			

要求:

1.如果张新病假和事假期间没有节假日,根据资料 1,分别采用月薪制、日薪制计算 3 月份应付张新的计时工资。

2.如果张新事假 4 天期间包含一个双休日,分别采用月薪制、日薪制计算 3 月份应付张新的计时工资。

3.根据资料2,计算张新和李涛本月应得的计件工资。

4.本月张新加班3天。根据资料1、2、3,采用月薪制计算3月份张新的应付工资和实发工资(按30天计算日工资率)。

5.根据资料4,以计时工资为标准计算第一生产小组每位工人的计件工资,并填制"小组计件工资分配表"。

6.如果以工人实际生产工时为标准,计算第一生产小组每位工人的计件工资,并填制"小组计件工资分配表"。

知识链接

一、职工薪酬的内容

职工薪酬是指企业为获得职工提供的服务或解除劳动关系而给予的各种形式的报酬或补偿。职工薪酬包括短期薪酬、离职后福利、辞退福利和其他长期职工福利。企业提供给职工配偶、子女、受赡养人、已故员工遗属及其他受益人等的福利,也属于职工薪酬。企业的"职工"主要包括三类人员:一是与企业订立劳动合同的所有人员,含全职、兼职和临时职工;二是未与企业订立劳动合同,但由企业正式任命的企业治理层和管理层人员,如董事会成员、监事会成员等;三是在企业的计划和控制下虽未与企业订立劳动合同或未由其正式任命,但向企业提供服务类的人员,也属于职工的范畴,包括通过企业与劳务中介公司签订用工合同而向企业提供服务的人员。

职工薪酬主要包括以下内容:

(一)短期薪酬

短期薪酬是指企业在职工提供相关服务的年度报告期间结束后12个月内需要全部予以支付的职工薪酬,因解除与职工的劳动关系给予的补偿除外。短期薪酬具体包括:

①职工工资、奖金、津贴和补贴。职工工资、奖金、津贴和补贴是指按照构成工资总额的计时工资、计件工资、支付给职工的超额劳动报酬和增收节支的劳动报酬、为补偿职工特殊或额外的劳动消耗和因其他特殊原因支付给职工的津贴,以及为保证职工工资水平不受物价影响支付给职工的物价补贴等。其中,企业按照短期奖金计划向职工发放的奖金属于短期薪酬,按照长期奖金计划向职工发放的奖金属于其他长期职工福利。

②职工福利费。职工福利费是指企业向职工提供的生活困难补助、丧葬补助费、抚恤费、职工异地安家费、防暑降温费等职工福利支出。

③社会保险费。社会保险费是指企业按照国家规定的基准和比例计算,向社会保险经办机构缴纳的养老保险费、医疗保险费、失业保险费和工伤保险费。其中,养老保险费和失业保险费按规定确认为离职后福利,其他的社会保险费作为企业的短期薪酬。

④住房公积金。住房公积金是指企业按照国家规定的基准和比例计算,向住房公积金管理机构缴存的住房公积金。

⑤工会经费和职工教育经费。工会经费和职工教育经费是指企业为了改善职工文化生活、为职工学习先进技术及提高文化水平和业务素质,用于开展工会活动和职工教育及职业

技能培训等相关的支出。

⑥短期带薪缺勤。短期带薪缺勤是指职工虽然缺勤但企业仍向其支付报酬的安排,包括年休假、病假、婚假、产假、丧假、探亲假等。长期带薪缺勤属于其他长期职工福利。

⑦短期利润分享计划。短期利润分享计划是指职工提供服务而与职工达成的基于利润或其他经营成果提供薪酬的协议。长期利润分享计划属于其他长期职工福利。

⑧其他短期薪酬。其他短期薪酬是指除上述薪酬以外的其他为获得职工提供的服务而给予的短期薪酬。

(二)离职后福利

离职后福利是指企业为获得职工提供的服务而在职工退休或与企业解除劳动关系后,提供的各种形式的报酬和福利,短期薪酬和辞退福利除外。离职后福利计划是指企业与职工就离职后福利达成的协议,或者企业为向职工提供离职后福利制订的规章或办法等。企业应当将离职后福利计划分类为设定提存计划和设定受益计划。其中,设定提存计划是指向独立的基金缴存固定费用后,企业不再承担进一步支付义务的离职后福利计划;设定受益计划是指除设定提存计划外的离职后福利计划。

(三)辞退福利

辞退福利是指企业在职工劳动合同到期之前解除与职工的劳动关系,或者为鼓励职工自愿接受裁减而给予职工的补偿。

(四)其他长期职工福利

其他长期职工福利是指除短期薪酬、离职后福利、辞退福利之外所有的职工薪酬,包括长期带薪缺勤、长期残疾福利、长期利润分享计划。

总之,从职工薪酬的涵盖时间和支付形式来看,职工薪酬包括企业职工在职期间和离职后给予的所有货币性薪酬和非货币性福利。从薪酬的支付对象来看,职工薪酬包括提供给职工本人和其配偶、子女或其他被赡养人的福利,如支付给因公伤亡职工的配偶、子女或其他被赡养人的抚恤金。

二、工资总额的组成

工资总额是各单位在一定时期内直接支付给本单位全部职工的劳动报酬总额。工资总额由以下6个部分组成:

(一)计时工资

计时工资是指按计时工资标准(包括地区生活费补贴)和工作时间支付给个人的劳动报酬,包括对已做工作按计时工资标准支付的工资;实行结构工资制的单位支付给职工的基础工资和职务(岗位)工资;新参加工作职工的见习工资;运动员体育津贴等。

(二)计件工资

计件工资是指对已做工作按计件单价支付的劳动报酬,包括实行超额累进计件、直接无限计件、限额计件、超定额计件等工资制,按劳动部门或主管部门批准的定额和计件单价支付给个人的工资;按工作任务包干方法支付给个人的工资;按营业额提成或利润提成办法支付给个人的工资。

(三)奖金

奖金是指支付给职工的超额劳动报酬和增收节支的劳动报酬,包括生产奖、节约奖、劳动竞赛奖、其他奖金。

(四)津贴和补贴

津贴和补贴是指为了补偿职工特殊或额外的劳动消耗和因其他特殊原因支付给职工的津贴,以及为了保证职工工资水平不受物价上涨的影响支付给职工的物价补贴。

(五)加班加点工资

加班加点工资是指按规定支付的加班工资和加点工资。

(六)特殊情况下支付的工资

特殊情况下支付的工资包括根据国家法律、法规和政策规定,因病、工伤、产假、计划生育假、婚丧假、事假、探亲假、定期休假、停工学习、执行国家或社会义务等原因按计时工资标准或计时工资标准的一定比例支付的工资、附加工资、保留工资。

三、工资费用的原始记录

考勤记录、产量及工时记录和工资卡是进行工资费用核算的主要原始记录。计算计时工资费用,应以考勤记录中的工作时间记录为依据;计算计件工资费用,应以产量及工时记录中的产品数量、质量和生产工时为依据;计算工资费用,应当以职工工资卡记录为依据。

(1)考勤记录

考勤记录是反映职工出勤和缺勤情况的原始记录。它是计算计时工资的依据,一般可以采用考勤簿或考勤卡的形式。考勤簿的格式一般按部门、班组设置,由考勤员逐日登记;考勤卡的记录内容与考勤簿一样,由职工自己通过考勤打卡完成。

(2)产量及工时记录

产量记录是反映职工或生产小组在出勤时间内完成产品的数量、质量和生产产品所用工时数量的原始记录。它是计算计件工资的依据,也为在各种产品之间分配与工时有关的费用提供合理的依据。其包括生产通知单、工序进程单、工作班组产量记录等。

(3)工资卡

工资卡也称职工工资目录,它是反映每一位职工的工资级别、工资标准、工龄及享受的津贴等内容的原始记录。另外,企业还可能填制废品通知单、停工通知单、工资单、各种奖金津贴发放通知单等原始凭证。

四、计算职工工资

(一)计算计时工资

职工的计时工资,是根据考勤记录登记的每一位职工出勤或缺勤天数,按照规定的工资标准计算的。计时工资的计算有月薪制和日薪制两种方法。

1.月薪制

月薪制无论各月日历天数,每月的标准工资相同,只要职工当月出满勤,就可以得到固定的月标准工资。企业固定职工的计时工资一般按月薪资计算。为了按照职工出勤或缺勤日数计算应付月工资,还应根据月工资标准计算日工资率。日工资率又称日标准工资,是指每位职工每日应得的平均工资额。

在按 30 天计算日标准工资的企业中,由于节假日也算工资,因此出勤期间的节假日,也按出勤日算工资,事假病假等缺勤期间的节假日,也按缺勤日扣工资;在按 20.83 天[(365-104-11)÷12]计算日标准工资的企业中,节假日不计算、不扣工资。

在月薪制下,职工工资按月标准工资扣除缺勤天数应扣工资额计算为:

应付计时工资＝某职工月标准工资-(事假天数×日工资率)-(病假天数×日工资率×病假扣除率)

2.日薪制

日薪制是按职工出勤天数和日工资率计算应付计时工资的方法。企业临时职工的计时工资大多数采用日薪制计算。按日薪制计算计时工资的企业里,职工每月的全勤月工资不是固定的,而是随月份大小而发生变化。

在日薪制下,职工工资按出勤天数直接计算为:

应付计时工资＝某职工本月出勤天数×日工资率+病假天数×日工资率×(1-病假扣除率)

计算缺勤扣款时,按照国家有关规定执行。对事假和旷工缺勤的,按 100%的比例扣发工资;因工负伤、探亲假、婚丧假、女工产假等缺勤期间应按 100%的比例全部照发工资;对病假或非工负伤缺勤,应根据劳保条例的规定,按病假期限和工龄长短扣发一定比例的工资。

(二)计算计件工资

计件工资是根据工人当月生产的实际合格品数量和规定的计件单价计算的工资。由材料不合格造成的废品,应计算并支付工资;由加工人员过失造成的废品,不计算支付工资。

应付计件工资＝∑[(合格品数量+料废品数量)×计件单价]

计件工资有个人计件和集体计件工资两种形式。

1.计算个人计件工资

个人计件工资根据产量记录中登记的每一位职工实际产量乘以规定的计件单价计算。

如果企业对生产的产品制订了定额工时,则工人的计件工资可以计算为:

应付计件工资＝某工人本月生产各种产品定额工时之和×该工人小时工资率

2.计算集体计件工资

集体计件工资是以班组为对象计算的计件工资。常用的分配方法有两种:

①以计时工资为分配标准,在集体各成员之间进行分配。计算公式为:

$$工资分配率 = \frac{小组计件工资总额}{小组计时工资总额}$$

$$个人应得计件工资 = 个人应得计时工资 × 工资分配率$$

②以实际工作小时为标准,在集体成员之间进行分配。计算公式为:

$$工资分配率 = \frac{小组计件工资总额}{小组实际工作小时合计}$$

$$个人应得计件工资 = 个人实际工作小时 \times 工资分配率$$

以计时工资作为分配标准进行分配,能够体现技术因素,在生产人员技术等级相差悬殊,以及计件工作本身科技含量水平比较高的情况下,这种分配比较合理;而按实际工作小时作为分配标准进行分配,技术因素不能体现,在生产人员技术等级差别不大,或者计件工作本身技术性不强的情况下,可以采用此方法。

(三)计算奖金、津贴与补贴及加班加点工资

奖金分为单项奖和综合奖两种。单项奖是按规定的奖励条件和奖金标准及有关原始记录计算;综合奖由班组、车间或部门评定分配。

各种津贴与补贴应根据国家规定的享受范围和标准计算。

加班加点工资,应根据加班天数和加点时数,以及职工个人的日工资率和小时工资率计算,也可以按单位规定的加班加点工资标准计算。

根据上述计算出计时工资、计件工资及奖金、津贴、加班加点工资以后,就可以计算职工的应付工资和实发工资。其计算公式为:

应付工资=计时工资+计件工资+奖金+津贴补贴+加班加点工资+特殊情况下支付的工资

实发工资=应付工资+代发款项-代扣款项

企业工资核算人员每月应当根据计算出的职工工资,结合相关工资费用凭证,为每位职工编制"工资结算单",单中列出每位职工的应发工资、各项代发、代扣款、实发工资等,并依据"工资结算单"编制企业部门的"工资结算汇总表",作为企业与职工进行工资结算和工资费用归集的明细分类核算的依据。

任务实施

【任务4-1】

1.按30天计算日工资率,用月薪制计算3月份应付张新计时工资:

日工资率=1 200÷30=40(元)

3月份应付张新计时工资=1 200-4×40-2×40×10%=1 032(元)

2.按20.83天计算日工资率,用月薪制计算3月份应付张新计时工资:

日工资率=1 200÷20.83≈57.61(元)

3月份应付张新计时工资=1 200-4×57.61-2×57.61×10%=958.04(元)

3.按30天计算日工资率,用日薪制计算3月份应付张新计时工资:

3月份应付张新计时工资=40×(15+10)+2×40×90%=1 072(元)

4.按20.83天计算日工资率,用日薪制计算3月份应付张新计时工资:

3月份应付张新计时工资=57.61×15+2×57.61×90%=967.85(元)

【任务4-2】

1.按30天计算日工资率,用月薪制计算3月份应付张新计时工资:

3月份应付张新计时工资=1 200-4×40-2×40×10%=1 032(元)

2.按20.83天计算日工资率,用月薪制计算3月份应付张新计时工资:

3月份应付张新计时工资=1 200-2×57.61-2×57.61×10%≈1 073.26(元)

3.按30天计算日工资率,用日薪制计算3月份应付张新计时工资:

3月份应付张新计时工资=40×25+2×40×90%=1 072(元)

4.按20.83天计算日工资率,用日薪制计算3月份应付张新计时工资:

3月份应付张新计时工资=57.61×17+2×57.61×90%≈1 083.07(元)

【任务4-3】

1.3月份应付张新计件工资:

计件工资=(800-10)×1.8+(300-4)×3.0=2 310(元)

2.3月份应付李涛计件工资:

计件工资=1.5×500×2+1×200×2=1 900(元)

【任务4-4】

接【任务4-1】、【任务4-3】

1.3月张新应付工资总额=1 032+2 310+100+80×3=3 682(元)

2.企业代扣的社会保险费:

养老保险金=3 682×8%=294.56(元)

医疗保险金=3 682×2%=73.64(元)

失业保险金=3 682×1%=36.82(元)

3.企业代扣的住房公积金、工会经费:

住房公积金=3 682×10%=368.2(元)

工会经费=3 682×0.5%=18.41(元)

4.3月份张新实发工资=3 682-791.63=2 890.37(元)

【任务4-5】

以计时工资为分配标准,计算第一生产小组个人计件工资:

小组计件工资分配率=3 280÷2 264≈1.448 8

李明应得计件工资=800×1.448 8=1 159.04(元)

刘宏应得计件工资=840×1.448 8≈1 216.99(元)

王晓涛应得计件工资=3 280-1 159.04-1 216.99=903.97(元)

编制"第一生产小组计件工资分配表",见表2-2-37。

表2-2-37 第一生产小组计件工资分配表

部门:第一生产小组 　　　　　　　　　202×年3月 　　　　　　　　　金额单位:元

姓名	小时工资率	实际工作小时	计时工资	计件工资分配率	应得计件工资
李明	8.00	100	800		1 159.04
刘宏	7.00	120	840		1 216.99
王晓涛	6.24	100	624		903.97
合计	—	320	2 264	1.448 8	3 280.00

【任务4-6】

以实际工作小时为标准,计算第一生产小组个人计件工资:

小组计件工资分配率 = 3 280÷320 = 10.25

李明应得计件工资 100×10.25 = 1 025(元)

刘宏应得计件工资 = 120×10.25 = 1 230(元)

王晓涛应得计件工资 = 100×10.25 = 1 025(元)

编制"第一生产小组计件工资分配表",见表2-2-38。

表 2-2-38　第一生产小组计件工资分配表

部门:第一生产小组　　　　　　　　　202×年3月　　　　　　　　　金额单位:元

姓名	实际工作小时	计件工资分配率	应得计件工资
李明	100		1 025.00
刘宏	120		1 230.00
王晓涛	100		1 025.00
合计	320	10.25	3 280.00

职工工资关系到企业每一位员工的切身利益,正确计算职工工资、编制"工资结算表"是会计工作人员每月要完成的一项重要工作。这项工作业务量大,责任重,作为一名工资核算员,如何才能正确计算每一位职工工资呢? 首先,要具备良好的服务意识,在工作中要有"工匠"精神。只有这样,才可能正确无误地计算出每位员工的工资,为正确核算职工薪酬费用做好基础工作。

边学边练

资料1:泰工机电公司职工马腾的月工资标准4 950元。2020年10月份其出勤情况为:病假3天、事假2天、休假11天(含3天节日休假),出勤15天。根据该职工的工龄,其病假工资按工资标准的90%计算。该职工的病假和事假期间没有节假日。

边学边练答案及解析

资料2:10月份职工马腾加工甲零件1 300个,计件单价0.70元;加工乙零件500个,计件单价1.80元。经检验,甲零件料废5个,工废10个;乙零件工废4个,其余均为合格品。

要求:

1.采用月薪制计算马腾10月份的计时工资。

2.计算本月马腾应得计件工资。

资料：宏达机电根据 3 月份"工资结算单"分部门和职工工作性质汇总编制"工资结算汇总表"，"工资结算汇总表"见表 2-2-39。其中，生产工人的工资总额按甲、乙两种电机的工人生产工时比例进行分配，工人生产工时分别为 2 500 h 和 2 000 h。

要求：

1.根据"工资结算汇总表"等有关资料编制宏达机电"工资费用分配表"，并编制记账凭证，登记相关成本费用明细账。

2.根据"工资费用分配表"编制宏达机电"社会保险费提取表"，并编制记账凭证，登记相关成本费用明细账。

3.根据"工资费用分配表"编制宏达机电"住房公积金和工会经费提取表"，并编制记账凭证，登记相关成本费用明细账。

知识链接

一、分配工资费用的依据

分配工资费用的依据主要有"工资结算单"和"工资结算汇总表"。企业会计部门按照车间、部门分别编制"工资结算单"，按照职工类别和姓名分行填列每一名职工的各种工资、代发款项、代扣款项和应发金额，作为与职工进行工资结算的依据，同时据以编制"工资结算汇总表"，作为编制"工资费用分配表"的依据。"工资结算汇总表"见表 2-2-39。

二、分配工资费用

采用计件工资形式支付的生产工人薪酬费用，可以直接计入所生产产品的成本，不需要在各种产品之间分配；采用计时工资形式支付的生产工人薪酬费用，如果是为生产一种产品所发生的，不需要分配，作为直接计入费用计入该种产品成本，如果是为生产几种产品而发生的，则需要在各种产品之间采用一定标准进行分配。计算公式为：

$$工资费用分配率 = \frac{应分配的工资费用总额}{各种产品生产工时之和}$$

$$某产品应分配的工资费用 = 该产品的生产工时 × 工资费用分配率$$

三、提取社会保险费、住房公积金、工会经费

社会保险费包括养老保险费、医疗保险费、失业保险费、工伤保险费。企业承担的社会保险费，医疗保险费和工伤保险费是企业的短期薪酬，养老保险费和失业保险费按规定确认为企业的离职后福利。

表2-2-39　工资结算汇总表

编制单位：宏达机电　　　　202×年3月　　　　金额单位：元

部门	工资项目	计时工资	计件工资	加班加点工资	工资性津贴			应扣工资		应付工资	代扣款项					实发工资
					夜班津贴	工龄津贴	物价补贴	事假工资	病假工资		三险一金（21%）	工会经费（0.5%）	房租电费	个人所得税	小计	
基本生产车间	生产工人	56 400.00	63 227.00	1 645.00	266.00	720.00	2 500.00	284.00	146.00	124 328.00	26 108.88	621.64	1 172.00	21.04	27 923.56	96 404.44
	管理人员	16 480.00		1 120.00		600.00	400.00			18 600.00	3 906.00	93.00	137.00		4 136.00	14 464.00
	小计	72 880.00	63 227.00	2 765.00	266.00	1 320.00	2 900.00	284.00	146.00	142 928.00	30 014.88	714.64	1 309.00	21.04	32 059.56	110 868.44
辅助生产车间	锅炉车间	15 200.00		1 200.00	400.00	500.00	300.00	154.00		17 446.00	3 663.66	87.23	246.00		3 996.89	13 449.11
	机修车间	17 380.00		820.00	200.00	430.00	400.00		85.00	19 145.00	4 020.45	95.73	116.00	8.17	4 240.35	14 904.66
	小计	32 580.00		2 020.00	600.00	930.00	700.00	154.00	85.00	36 591.00	7 684.11	182.96	362.00	8.17	8 237.24	28 353.76
企业管理部门		62 300.00		1 150.00	270.00	610.00	800.00	272.00	148.00	64 710.00	13 589.10	323.55	517.00	32.43	14 462.08	50 247.92
合计		167 760.00	63 227.00	5 935.00	1 136.00	2 860.00	4 400.00	710.00	379.00	244 229.00	51 288.09	1 221.15	2 188.00	61.64	54 758.88	189 470.12

住房公积金分为职工所在单位为职工缴存和职工个人缴存两个部分,但其全部属于职工个人所有。

期末,对企业应缴纳的社会保险费(不含基本养老保险费和失业保险费)和住房公积金,应按照国家规定的计提基础和比例,在职工提供服务期间根据受益对象计入当期损益或相关资产成本,并确认相应的应付职工薪酬金额;对基本养老保险费和失业保险费,企业应当根据在资产负债表日为换取职工在会计期间提供的服务而应向单独主体缴存的提存金,确认应付职工薪酬,并计入当期损益或相关资产成本。

根据《中华人民共和国工会法》的规定,企业按每月全部职工工资总额的2%向工会拨缴经费,并在成本费用中列支,主要用于为职工服务和工会活动。

任务实施

【任务5-1】

$$工资费用分配率 = \frac{124\ 328.00}{2\ 500 + 2\ 000} \approx 27.628\ 44$$

甲电机应分配的工资费用 = 2 500×27.628 44 = 69 071.10(元)

乙电机应分配的工资费用 = 124 328.00-69 071.10 = 55 256.90(元)

根据"工资结算汇总表"等有关资料编制宏达机电"工资费用分配表","工资费用分配表"见表2-2-40。

表2-2-40　工资费用分配表

编制单位:宏达机电　　　　　　　　　　202×年3月　　　　　　　　　　金额单位:元

项目(部门)		成本或费用项目	直接计入	分配计入			工资合计
				生产工时	分配率	分配工资费用	
生产产品	甲电机	直接人工		2 500		69 071.10	69 071.10
	乙电机	直接人工		2 000		55 256.90	55 256.90
	小计			4 500	27.628 44	124 328.00	124 328.00
辅助生产车间	锅炉车间	职工薪酬	17 446.00				17 446.00
	机修车间	职工薪酬	19 145.00				19 145.00
	小计		36 591.00				36 591.00
基本生产车间		职工薪酬	18 600.00				18 600.00
行政部门		职工薪酬	64 710.00				64 710.00
合计			119 901.00			124 328.00	244 229.00

1.根据"工资结算汇总表"编制记账凭证

借:应付职工薪酬——工资　　　　　　　　　　　　244 229.00

　　贷:银行存款　　　　　　　　　　　　　　　　189 470.12

　　　　其他应付款——三险一金　　　　　　　　　　51 288.09

　　　　　　　　　　——工会经费　　　　　　　　　1 221.15

　　　　其他应收款——房租电费　　　　　　　　　　2 188.00

　　　　应交税费——应交个人所得税　　　　　　　　　　61.64

2.根据"工资费用分配表"编制记账凭证

借:基本生产成本——甲电机　　　　　　　　　　　69 071.10

　　　　　　　　　——乙电机　　　　　　　　　　55 256.90

　　辅助生产成本——锅炉车间　　　　　　　　　　17 446.00

　　　　　　　　　——机修车间　　　　　　　　　19 145.00

　　制造费用　　　　　　　　　　　　　　　　　　18 600.00

　　管理费用　　　　　　　　　　　　　　　　　　64 710.00

　　贷:应付职工薪酬——工资　　　　　　　　　　244 229.00

【任务5-2】

根据宏达机电的"工资结算单""工资费用分配表"等有关资料,编制"社会保险费计提表"。"社会保险费计提表"见表2-2-41。

表2-2-41　社会保险费计提表

编制单位:宏达机电　　　　　　　　　　　　　202×年3月　　　　　　　　　　　　金额单位:元

项目(部门)		工资总额	养老保险 (20%)	医疗保险 (6%)	失业保险 (2%)	工伤保险 (1%)	合计
基本生产 车间	甲电机	69 071.10	13 814.22	4 144.27	1 381.42	690.71	20 030.62
	乙电机	55 256.90	11 051.38	3 315.41	1 105.14	552.57	16 024.50
	小计	124 328.00	24 865.60	7 459.68	2 486.56	1 243.28	36 055.12
辅助生产 车间	锅炉车间	17 446.00	3 489.20	1 046.76	348.92	174.46	5 059.34
	机修车间	19 145.00	3 829.00	1 148.70	382.90	191.45	5 552.05
	小计	36 591.00	7 318.20	2 195.46	731.82	365.91	10 611.39
基本生产车间		18 600.00	3 720.00	1 116.00	372.00	186.00	5 394.00
行政部门		64 710.00	12 942.00	3 882.60	1 294.20	647.10	18 765.90
合计		244 229.00	48 845.80	14 653.74	4 884.58	2 442.29	70 826.41

根据"社会保险费计提表"编制记账凭证:

借:基本生产成本——甲电机　　　　　　　　　　20 030.62

		16 024.50
——乙电机		
辅助生产成本——锅炉车间		5 059.34
——机修车间		5 552.05
制造费用		5 394.00
管理费用		18 765.90
贷:应付职工薪酬——医疗保险		14 653.74
——工伤保险		2 442.29
——设定提存计划——基本养老保险费		48 845.80
——失业保险费		4 884.58

【任务5-3】

根据宏达机电的"工资结算单""工资费用分配表"等有关资料,编制"住房公积金、工会经费计提表"。"住房公积金、工会经费计提表"见表2-2-42。

表2-2-42　住房公积金、工会经费计提表

编制单位:宏达机电　　　　　　　　　202×年3月　　　　　　　　金额单位:元

项目(部门)		工资总额	住房公积金 (10%)	工会经费 (2%)	合　计
基本生产 车间	甲电机	69 071.10	6 907.11	1 381.42	8 288.53
	乙电机	55 256.90	5 525.69	1 105.14	6 630.83
	小计	124 328.00	12 432.80	2 486.56	14 919.36
辅助生产 车间	锅炉车间	17 446.00	1 744.60	348.92	2 093.52
	机修车间	19 145.00	1 914.50	382.90	2 297.40
	小计	36 591.00	3 659.10	731.82	4 390.92
基本生产车间		18 600.00	1 860.00	372.00	2 232.00
行政部门		64 710.00	6 471.00	1 294.20	7 765.20
合计		244 229.00	24 422.90	4 884.58	29 307.48

根据"住房公积金、工会经费计提表"编制记账凭证:

借:基本生产成本——甲电机		8 288.53
——乙电机		6 630.83
辅助生产成本——锅炉车间		2 093.52
——机修车间		2 297.40
制造费用		2 232.00
管理费用		7 765.20
贷:应付职工薪酬——住房公积金		24 422.90
——工会经费		4 884.58

接表2-2-28、表2-2-29,根据任务二:【任务5-1】、【任务5-2】、【任务5-3】实施结果,登记成本费用明细账。"基本生产成本明细账——甲电机""基本生产成本明细账——乙电机"见表2-2-43、表2-2-44。其他费用明细账此处略。

表2-2-43　基本生产成本明细账

明细科目<u>甲电机</u>

202×年		凭证号数	摘要	（借）方分析项目				
月	日			直接材料	燃料及动力	直接人工	制造费用	废品损失
3	01		月初在产品成本	25 500.00	700.00	3 500.00	2 200.00	
	31	略	原材料费用分配表	353 516.08				
	"		燃料费用分配表		6 688.52			
	"		包装物费用分配表	1 631.00				
	"		外购动力费用分配表		14 400.00			
	"		工资费用分配表			69 071.10		
	"		社会保险费计提表			20 030.62		
	"		住房公积金、工会经费计提表			8 288.53		

表2-2-44　基本生产成本明细账

明细科目<u>乙电机</u>

202×年		凭证号数	摘要	（借）方分析项目				
月	日			直接材料	燃料及动力	直接人工	制造费用	废品损失
3	01		月初在产品成本	55 500.00	1 500.00	7 125.00	4 688.00	
	31	略	原材料费用分配表	291 783.92				
	"		燃料费用分配表		5 911.48			
	"		包装物费用分配表	1 869.00				
	"		外购动力费用分配表		9 600.00			
	"		工资费用分配表			55 256.90		
	"		社会保险费计提表			16 024.50		
	"		住房公积金、工会经费计提表			6 630.83		

企业按照《中华人民共和国劳动法》《中华人民共和国社会保险法》《公积金管理条例》《中国人民共和国工会法》提取的社会保险金、住房公积金和工会经费，会计人员需要依据会计准则的规定计入当期的成本费用账户，不得随意调整，养成遵纪守法的良好职业操守。

边学边练

边学边练
答案及解析

资料1：富源轴承公司2020年10月份应付职工工资总额为193 600元，其中生产 R_1、R_2 产品生产工人工资为99 600元，车间管理人员工资为30 500元，企业行政管理人员工资为42 100元，专设销售机构人员工资为21 700元。

资料2：生产 R_1、R_2 产品生产工时分别为2 700 h和3 300 h。

资料3：该公司的"四险一金"和工会经费提取比例同"工作任务4"。

要求：

1.根据资料1、资料2编制"工资费用分配表"（表2-2-45），并编制记账凭证。

2.根据资料3提取"四险一金"和"工会经费"（表2-2-46、表2-2-47），并编制记账凭证。

表2-2-45 工资费用分配表

编制单位：富源轴承公司　　　　　　　　　　2020年10月　　　　　　　　　　金额单位：元

项目（部门）		成本或费用项目	直接计入	分配计入			工资合计
				生产工时	分配率	分配工资费用	
生产产品	R_1 产品	直接人工					
	R_2 产品	直接人工					
	小计						
基本生产车间		职工薪酬					
行政部门		职工薪酬					
销售部门		职工薪酬					
合计							

表2-2-46 社会保险费计提表

编制单位：富源轴承公司　　　　　　　　　　2020年10月　　　　　　　　　　金额单位：元

项目（部门）	工资总额	养老保险（20%）	医疗保险（6%）	失业保险（2%）	工伤保险（1%）	合计
R_1 产品						
R_2 产品						
基本生产车间						

项目（部门）	工资总额	养老保险（20%）	医疗保险（6%）	失业保险（2%）	工伤保险（1%）	合计
行政部门						
销售部门						
合计						

表 2-2-47　住房公积金、工会经费计提表

编制单位：富源轴承公司　　　　　　　　　2020 年 10 月　　　　　　　　　金额单位：元

项目（部门）	工资总额	住房公积金（10%）	工会经费（2%）	合计
R_1 产品				
R_2 产品				
基本生产车间				
行政部门				
销售部门				
合计				

夯实基础

一、判断题

1.在按 30 天计算日工资率的企业,缺勤期间的节假日按缺勤日计算。　　　　　（　　　）

2.生产车间所有职工的工资费用均计入"直接人工"成本项目。　　　　　　　（　　　）

3.如果是料废原因导致的废品,一般应支付计件工资。　　　　　　　　　　（　　　）

二、单项选择题

1."职工薪酬费用"这一要素费用的内容是指（　　　）。

　　A.全体职工的工资　　　　　　　　　　B.生产工人的工资

　　C.行政管理人员的工资　　　　　　　　D.福利部门人员的工资

2."直接人工"这一成本项目的内容是指（　　　）。

　　A.全体职工的工资　　　　　　　　　　B.生产工人的工资

　　C.行政管理人员的工资　　　　　　　　D.福利部门人员的工资

3.某职工 6 月份生产合格产品 20 件,材料不合格产生废品 5 件,加工失误产生废品 5 件,计件单价为 4 元,应付职工计件工资为（　　　）元。

　　A.100　　　　　　　B.120　　　　　　　C.80　　　　　　　D.110

三、多项选择题

1.进行工资费用核算的原始记录有（　　）。

  A.考勤簿   B.考勤卡   C.产量记录   D.工资结算单

2.下列应包括在工资总额中的项目是（　　）。

  A.计时工资   B.计件工资   C.津贴和补贴   D.病假工资

3.下列可以计算计件工资产量的是（　　）。

  A.合格品产量   B.料废品数量   C.工废品数量   D.在产品数量

4.月薪制计时工资取决于（　　）。

  A.月标准工资   B.产品数量   C.日工资率   D.缺勤天数

小试牛刀

  资料:凯丰模具有限责任公司基本生产车间设3个工作班组:Ⅰ号模具工作班组、Ⅱ号模具工作班组和包装工作班组。包装工作班组工人的工资采用工人生产工时比例分配法分配计入Ⅰ号模具和Ⅱ号模具两种产品中。2020年9月该企业的工资资料见表2-2-48—表2-2-55。

表2-2-48 考勤统计表

编报:基本生产车间   2020年9月   单位:天

姓名	出勤分类				缺勤分类		备注
	出勤	加班	中班	夜班	病假	事假	
曾宏志（主任）	20	3				1	按月基本工资的10%扣发病假工资
朱月娟（副主任）	21	3					
刘天虎（统计员）	20	1			1		
李星	19			3		2	
王文博	18			3	3		
合计							

审核:朱月娟   制表:刘天虎

表2-2-49 包装班组工资、奖金通知单

基本生产车间   2020年9月   单位:元

姓名	基本工资	经常性奖金
李星	2 700	270
王文博	3 300	210

审核:朱月娟   制表:刘天虎

表 2-2-50 生产工时统计表

2020 年 9 月 单位:h

基本生产车间	
Ⅰ 号模具	Ⅱ 号模具
1 814	1 256

审核:朱月娟 制表:刘天虎

表 2-2-51 Ⅰ 号模具工作班产量记录

基本生产车间 2020 年 9 月 单位:件

产品名称	检验情况				计件工资		
	交验数	合格数	工废数	料废数	计件单价	产量/件	合计金额
Ⅰ 号模具	520	516	1	3	40		
备注			秦敏	张鹏			

审核:朱月娟 制表:刘天虎

表 2-2-52 Ⅰ 号模具工作班产量记录

基本生产车间 2020 年 9 月 单位:件

姓名	王婷	万超	张鹏	卢军	李辉	王楠	赵学书	秦敏	合计
产量	62	59	65	73	57	68	67	69	520

审核:朱月娟 制表:刘天虎

表 2-2-53 Ⅱ 号模具工作班产量记录

基本生产车间 2020 年 9 月 单位:件

产品名称	检验情况				计件工资		
	交验数	合格数	工废数	料废数	计件单价	产量/件	合计金额
Ⅱ 号模具	280	278		2	80		
备注				王梅			

审核:朱月娟 制表:刘天虎

表 2-2-54　Ⅱ号模具工作班工资等级及工时记录

基本生产车间　　　　　　　　　　　2020 年 9 月　　　　　　　　　　　单位:h

姓名	小时工资率	实际工作小时数
张红	11	240
马莉	10	260
陈岩	8	258
李方	9	230
王梅	6	268
合计		1 256

审核:朱月娟　　　　　　　　　　　　　　　　　　　　　制表:刘天虎

表 2-2-55　凯丰模具有限责任公司有关工资结算标准

2020 年 9 月　　　　　　　　　　　金额单位:元

项目	单位	金额
加班津贴	次	90
夜班津贴	班次	60
物价补贴	每人	120

要求:

1.根据表 2-2-51、表 2-2-52 的资料,以"实际生产量"为分配标准,计算Ⅰ号模具工作班组工人的计件工资,编制表 2-2-56"Ⅰ号模具工作班组计件工资表"。

2.根据表 2-2-53、表 2-2-54 的资料,以"计时工资"为分配标准,计算Ⅱ号模具工作班组工人的计件工资,编制表 2-2-57"Ⅱ号模具工作班组计件工资表"。

3.根据表 2-2-48、表 2-2-49、表 2-2-55、表 2-2-56、表 2-2-57 的资料,采用月薪制编制表 2-2-58"基本生产车间工资结算单"(日工资率按 30 天计算)。

4.根据表 2-2-58,编制表 2-2-59"基本生产车间工资结算汇总表"。

5.根据表 2-2-50、表 2-2-58、表 2-2-59,编制表 2-2-60"凯丰模具有限责任公司工资费用分配表"。

6.根据表 2-2-60,编制表 2-2-61"凯丰模具有限责任公司社会保险费计提表"、表 2-2-62"凯丰模具有限责任公司住房公积金、工会经费计提表"。

7.根据相关资料,编制记账凭证,并登记相关成本费用明细账。

表 2-2-56　Ⅰ号模具工作班组计件工资表

基本生产车间　　　　　　　　　　　　2020 年 9 月　　　　　　　　　　　金额单位:元

工人姓名	实际生产量	计件工资率	计件工资总额
王婷			
万超			
张鹏			
卢军			
李辉			
王楠			
赵学书			
秦敏			
合计			

审核:朱月娟　　　　　　　　　　　　　　　　　　　　　　　制表:刘天虎

表 2-2-57　Ⅱ号模具工作班组计件工资表

基本生产车间　　　　　　　　　　　　2020 年 9 月　　　　　　　　　　　金额单位:元

工人姓名	实际工作时数	小时工资率	计时工资	分配率	计件工资
张红					
马莉					
陈岩					
李方					
王梅					
合计					

审核:朱月娟　　　　　　　　　　　　　　　　　　　　　　　制表:刘天虎

表 2-2-58　工资结算单

2020 年 9 月

编制单位：基本生产车间　　单位：元

项目	姓名	基础工资	计件工资	奖金	津贴与补贴			应扣工资		应付工资	代扣款项				实发工资
					加班津贴	夜班津贴	物价补贴	事假	病假		社会保险费（11%）	住房公积金（10%）	工会经费（0.5%）	小计	
I号模具	王婷														
	万超														
	张鹏														
	卢军														
	李辉														
	王楠														
	赵学书														
	秦敏														
	小计														
II号模具	张红														
	马莉														
	陈岩														
	李方														
	王梅														
	小计														
包装组	李星														
	王文博														
	小计														
管理人员	曾宏志	4 200													
	朱月娟	4 000													
	刘天虎	3 000													
	小计														
合计															

审核：赵新利　　　制表：张红

编制单位:凯丰模具有限责任公司

表 2-2-59　工资结算汇总表

2 020年9月

单位:元

项目 车间 或部门	金额	基础工资	计件工资	奖金	津贴与补贴			应扣工资		应付工资	代扣款项				实发工资
					加班 班津	夜班 津贴	物价 补贴	事假	病假		社会 保险费 (11%)	住房公金 (10%)	工会经费 (0.5%)	小计	
基本生产 车间	生产工人	9 600				1 800	360								
	管理人员	16 700	1 820		180	—	480	174	20.6						
辅助生产 车间	供汽车间														
	机修车间														
企业管理部门		24 520	—	—	450	—	600	160	32.5						
合　计															

审核:赵新利

制表:张红

表 2-2-60　工资费用分配表

编制单位:凯丰模具有限责任公司　　　　　　　　2020 年 9 月　　　　　　　　　　单位:元

部　　门		应付工资				合计
		直接计入	分配计入			
			工人生产工时	分配率	金额	
基本生产车间	Ⅰ号模具					
	Ⅱ号模具					
	小计					
	管理人员					
辅助生产车间	供汽车间					
	机修车间					
企业管理部门						
合　计						

审核:赵新利　　　　　　　　　　　　　　　　　　　　　　　　　　制表:张红

表 2-2-61　社会保险费计提表

编制单位:凯丰模具有限责任公司　　　　　　　　2020 年 9 月　　　　　　　　　　单位:元

部　　门		应付工资	养老保险金(20%)	医疗保险金(6%)	失业保险金(2%)	工伤保险金(1%)	合计
基本生产车间	Ⅰ号模具						
	Ⅱ号模具						
	小计						
	管理人员						
供汽车间							
机修车间							
企业管理部门							
合　计							

审核:赵新利　　　　　　　　　　　　　　　　　　　　　　　　　　制表:张红

表 2-2-62 住房公积金、工会经费计提表

编制单位:凯丰模具有限责任公司   2020 年 9 月   单位:元

部门		应付工资	住房公积金（10%）	工会经费(2%)	合计
基本生产车间	Ⅰ号模具				
	Ⅱ号模具				
	小计				
	管理人员				
供汽车间					
机修车间					
企业管理部门					
合计					

审核:赵新利   制表:张红

子任务四   核算其他要素费用

工作任务 6

资料 1:宏达机电 202×年 3 月固定资产折旧增减变化情况见表 2-2-63。

表 2-2-63 固定资产折旧费用分配表

202×年 3 月   金额单位:元

项目(部门)	部门	上月固定资产折扣额	上月增加固定资产应提折扣额	上月减少固定资产应停提折旧额	本月固定资产折旧额
基本生产车间		4 800	340	140	
辅助生产车间	锅炉车间	1 400	160		
	机修车间	850		50	
	小计	2 250	160	50	
行政管理部门		1 850	150	160	
合计		8 900	650	350	

资料 2:宏达机电 202×年 3 月各部门发生办公费分别为:基本生产车间 1 680 元、锅炉车间 986 元、机修车间 740 元、行政管理部门 5 560 元;各部门发生保险费分别为:基本生产车

4 200 元、锅炉车间 1 800 元、机修车间 840 元、行政管理部门 3 200 元。

资料3:各部门发生其他费用分别为:基本生产车间 1 860 元、锅炉车间 1 270 元、机修车间 910 元、行政管理部门 3 546 元。本月应承担并支付的企业短期借款利息费用为 4 800 元。

要求:

1.计算宏达机电 3 月份应计提的折旧费用,填制"固定资产折旧费用分配表",编制记账凭证并登记相关成本费用明细账。

2.根据各项费用资料编制"其他费用汇总表",并编制记账凭证,登记相关成本费用明细账。

知识链接

一、核算折旧费用

1.固定资产计提折旧的范围

折旧费用是企业固定资产在使用过程中发生的耗费。目前,我国固定资产折旧额的计算方法有 4 种,企业应该根据与固定资产有关的经济利益的预期实现方式,合理选择固定资产折旧方法,按月计提折旧。

固定资产计提折旧的范围如下:

①房屋和建筑物。

②在用的机器设备、仪器仪表、运输工具、工具器具。

③季节性停用、大修理停用的固定资产。

④融资租入和以经营方式租出的固定资产。

⑤处于更新改造过程停止使用的固定资产应将其账面价值转入"在建工程",不再计提折旧。更新改造项目转为固定资产后,再按照重新确定的折旧方法和尚可使用寿命计提折旧。

2.不计提折旧的固定资产范围

①房屋、建筑物以外的未使用、不需用固定资产。

②以经营方式租入的固定资产。

③已提足折旧继续使用的固定资产。

④按规定单独估价作为固定资产入账的土地。

3.核算折旧费用

企业固定资产折旧一般应根据月初计提折旧的固定资产的有关资料和确定的折旧方法,按月计提。月份内开始使用的固定资产,当月不提折旧,从下月份起计提折旧;月份内减少或停用的固定资产,当月仍计提折旧,从下月起停止计提折旧。为了简化固定资产折旧的核算,企业各车间、部门每月计提的折旧额计算公式为:

$$\text{某车间(部门)本月折旧额} = \text{某车间(部门)上月折旧额} + \text{某车间(部门)上月增加固定资产应提折旧额} - \text{某车间(部门)上月减少固定资产应停提折旧额}$$

折旧费用一般不单独作为一个成本项目。企业每月计提折旧,编制"固定资产折旧费用分配表",根据固定资产使用的部门和用途的不同,分别计入"制造费用""辅助生产成本""管理费用""销售费用"等有关成本费用账户中。

二、核算应付利息费用

应付利息费用是指企业按照合同约定支付的利息,包括预提短期借款利息、分期付息到期还本的长期借款、企业债券等应支付的利息。制造企业要素费用中的利息费用,不是产品成本的组成部分,符合资本化条件的借款利息费用计入"在建工程"等科目,不符合资本化条件的借款利息费用计入"财务费用"。企业采用合同约定的利率计算确定利息费用时,按应付合同利息费用金额,借记"财务费用"等账户,贷记"应付利息"账户;实际支付利息费用时借记"应付利息"账户,贷记"银行存款"账户。

三、核算其他费用

制造企业要素费用中的其他费用,是指除了前面所述的各项要素费用外的费用,包括邮电费、租赁费、报刊费、排污费、差旅费及有关税金等。这些费用都没有设专门的成本项目,在费用发生时,按照发生的车间、部门,分别借记"制造费用""管理费用""财务费用""销售费用"等科目,贷记"银行存款""库存现金"等科目。

任 务 实 施

【任务 6-1】

根据资料 1,编制"固定资产折旧费用分配表"。"固定资产折旧费用分配表"见表 2-2-64。

表 2-2-64　固定资产折旧费用分配表

202×年 3 月

全额单位:元

项目 (部门)		部门	上月固定资产 折扣额	上月增加固定资产 应提折扣额	上月减少固定资产 应停提折旧额	本月固定资产 折旧额
基本生产车间			4 800	340	140	5 000
辅助生产 车间	锅炉车间		1 400	160		1 560
	机修车间		850		50	800
	小计		2 250	160	50	2 360
行政管理部门			1 850	150	160	1 840
合计			8 900	650	350	9 200

根据表 2-2-64 编制记账凭证:

借:制造费用——基本生产车间　　　　　　　　　　　　　　　　　5 000

　　辅助生产成本——锅炉车间　　　　　　　　　　　　　　　　　1 560

　　　　　　　　——机修车间　　　　　　　　　　　　　　　　　　800

　　管理费用　　　　　　　　　　　　　　　　　　　　　　　　　1 840

　　贷:累计折旧　　　　　　　　　　　　　　　　　　　　　　　9 200

【任务 6-2】

根据资料 2、资料 3,编制"其他费用汇总分配表"。"其他费用汇总分配表"见表 2-2-65。

表 2-2-65　其他费用汇总分配表

202×年 3 月　　　　　　　　　　　　单位：元

项目（部门）	成本或费用项目	金额
基本生产车间	办公费	1 680
	保险费	4 200
	其他	1 860
	小计	7 740
锅炉车间	办公费	986
	保险费	1 800
	其他	1 270
	小计	4 056
机修车间	办公费	740
	保险费	840
	其他	910
	小计	2 490
行政部门	办公费	5 560
	保险费	3 200
	其他	3 546
	小计	12 306
利息		4 800
合计		31 392

根据表 2-2-65，编制记账凭证：

借：制造费用——基本生产车间　　　　　　　　　　　　　　　　7 740

　　辅助生产成本——锅炉车间　　　　　　　　　　　　　　　　4 056

　　　　　　　　——机修车间　　　　　　　　　　　　　　　　2 490

　　管理费用　　　　　　　　　　　　　　　　　　　　　　　12 306

　　财务费用　　　　　　　　　　　　　　　　　　　　　　　 4 800

　　贷：银行存款　　　　　　　　　　　　　　　　　　　　　　　　31 392

接表 2-2-44、表 2-2-45，根据任务二：【任务 6-1】、【任务 6-2】实施结果，继续填制成本费用明细账。各费用明细账此处略，可在任务三至任务五中查看。

边学边练

资料：西域公司 2020 年 5 月计提固定资产折旧 45 000 元，其中：基本生产车间折旧 23 000 元，辅助生产车间——机修车间折旧 9 500 元，行政部门折旧 12 500 元。

要求：根据资料编制记账凭证。

边学边练
答案及解析

夯实基础

一、判断题

1.生产车间的折旧费用都应计入"制造费用"账户。 （   ）

2.报刊费如果金额较小,可以全部计入"管理费用"账户。 （   ）

3.直线法是机器设备计提折旧的最合适的方法。 （   ）

二、单项选择题

1.加速折旧的方法有（   ）。

　　A.平均年限法　　　B.折旧率法　　　　C.年数总和法　　　D.工作量法

2.每月摊销的保险费用贷方应计入（   ）账户。

　　A.管理费用　　　　B.预收账款　　　　C.基本生产成本　　D.预付账款

3.改扩建厂房期间发生的符合资本化条件的借款利息应计入（   ）账户。

　　A.财务费用　　　　B.在建工程　　　　C.管理费用　　　　D.生产成本

三、多项选择题

1.机器设备的经营租赁费应计入（   ）账户。

　　A.基本生产成本　　B.制造费用　　　　C.管理费用　　　　D.营业外支出

2.固定资产计提折旧的方法有（   ）。

　　A.平均年限法　　　B.折旧率法　　　　C.年数总和法　　　D.工作量法

小试牛刀

资料:凯丰模具有限责任公司 2020 年 9 月费用其他资料见表 2-2-66—表 2-2-69。

表 2-2-66　凯丰模具有限责任公司费用分配表

2020 年 9 月 30 日　　　　　　　　　　　　　　　　　　　　　单位:元

费用种类	应借科目		摊销金额	备注
	总账科目	明细科目		
报刊资料费			200	管理部门
固定资产修理费			18 000	基本生产车间
合　计			18 200	

主管:刘伟　　　　　　　　制表:李想　　　　　　　　审核:李惠

表 2-2-67　凯丰模具有限责任公司固定资产折旧计算表

2020 年 9 月 30 日　　　　　　　　　　　　　　　　　　单位:元

部门	固定资产项目	上月折旧额	上月增加固定资产		上月减少固定资产		本月折旧额
			原值	折旧额	原值	折旧	
基本生产车间	厂房	55 000					
	机器设备	13 500	200 000	800			
	小计	68 500					
供汽车间	厂房	15 000					
	机器设备	11 000	5 000	62	4 000	75	
	小计	26 000					
机修车间	厂房	5 000					
	机器设备	4 000					
	小计	9 000					
行政管理部门	房屋	25 000	500 000	2 200			
	管理设备	3 000					
	运输设备	2 000			10 000	80	
	小计	30 000					
合计							

主管:刘伟　　　　　　制表:李想　　　　　　审核:李惠

表 2-2-68　凯丰模具有限责任公司利息费用分配表

2020 年 9 月 30 日　　　　　　　　　　　　　　　　　金额单位:元

费用种类	应借科目		应付利息	备注:计入财务费用
	总账科目	明细科目		
利息支出			50 000	

主管:刘伟　　　　　　制表:李想　　　　　　审核:李惠

表 2-2-69　凯丰模具有限责任公司其他费用支出汇总表

2020 年 9 月 30 日　　　　　　　　　　　　　　　　　金额单位:元

部门	费用种类					
	办公费	差旅费	劳保费	邮电费	保险费	合计
基本生产车间	1 050		4 250		20 000	25 300
供汽车间	850		1 450		5 150	7 450

续表

部门	费用种类					
	办公费	差旅费	劳保费	邮电费	保险费	合计
机修车间	2 500	4 000			2 750	9 250
行政管理部门	3 000	2 000		1 000	5 500	11 500
合计	7 400	6 000	5 700	1 000	33 400	53 500

主管:刘伟　　　　　　　制表:李想　　　　　　　审核:李惠

要求:

1.填制"固定资产折旧计算表"。

2.填制"其他费用分配表",见表2-2-70。

3.根据有关资料,编制记账凭证,并登记相关成本费用明细账。

表 2-2-70　凯丰模具有限责任公司其他费用分配表

2020 年 9 月 30 日

应借科目			金额
总账科目	明细科目	费用项目	
		小计	
		小计	
		小计	
		小计	
合计			

主管:刘伟　　　　　　　制表:李想　　　　　　　审核:李惠

任务三　核算辅助生产费用

工作任务 1

资料 1：宏达机电 202×年 3 月份锅炉车间、机修车间两个辅助生产车间供应的对象和数量见表 2-3-1。

表 2-3-1　辅助生产车间提供劳务量汇总表

受益对象		锅炉/t	修理/h
辅助生产部门	锅炉车间		200
	机修车间	400	
基本生产车间		9 500	2 500
行政管理部门		3 500	500
合计		13 400	3 200

资料 2：宏达机电辅助生产车间不设置"制造费用"账户，两个辅助车间发生的费用根据项目二中任务二：【任务 1-3】、【任务 1-4】、【任务 2-1】、【任务 2-2】、【任务 2-3】、工作任务 3、【任务 5-1】、【任务 5-2】、【任务 5-3】、【任务 6-1】、【任务 6-2】的任务实施结果和有关资料计算确定。

要求：

1.归集锅炉车间、机修车间两个辅助生产车间 3 月份发生的辅助生产费用。

2.根据资料，接任务 1 实施结果，采用直接分配法分配辅助生产费用，编制"辅助生产费用分配表"和记账凭证。

3.根据资料，接任务 1 实施结果，采用交互分配法分配辅助生产费用，编制"辅助生产费用分配表"和记账凭证，并登记相关成本费用明细账。

4.假定宏达机电按计划成本分配辅助生产费用，计划单位成本：锅炉车间的蒸汽每吨 3.6 元，机修车间每小时 12 元。根据资料，接任务 1 实施结果，采用计划分配法分配辅助生产费用，编制"辅助生产费用分配表"和记账凭证。

5.根据资料，接任务 1 实施结果，采用代数分配法分配辅助生产费用，编制"辅助生产费用分配表"和记账凭证。

6.根据资料，接任务 1 实施结果，采用顺序分配法分配辅助生产费用，编制"辅助生产费用分配表"和记账凭证。

一、归集辅助生产费用

辅助生产在制造企业是指为基本生产服务而进行的产品生产或劳务供应。这种生产可以是生产一种产品或提供一种劳务,如供电、供水或运输等,也可以是生产多种产品或提供多种劳务,如从事工具、模具或修理用备件的制造等。辅助生产部门在进行产品生产和劳务供应时所发生的各种费用就是辅助生产费用。

归集辅助生产费用应设置"辅助生产成本"总账账户,按辅助生产部门及其生产的产品、劳务的种类进行明细核算。"辅助生产成本"明细账一般分车间、按产品或劳务设置,明细账内再按规定的成本项目设置专栏。"辅助生产成本"明细账见表2-3-2、表2-3-3。

企业的辅助生产规模、成本管理要求等不同,辅助生产部门的账户设置也有所不同。在实际工作中,辅助生产费用的归集有两种方法。

1.辅助生产部门不设置"制造费用"账户

对规模较小、发生制造费用不多、不对外销售产品或劳务的车间,为了简化核算工作,辅助生产部门的制造费用可以不单独设置"制造费用"账户,而将辅助部门发生的费用全部直接计入"辅助生产成本"总账及其明细账。

2.辅助生产部门设置"制造费用"账户

企业辅助生产规模较大,制造费用较高,或对外提供产品、劳务等,或辅助生产部门提供两种以上产品或劳务时,辅助生产部门就应该设置"制造费用"和"辅助生产成本"两个账户,归集辅助生产部门发生的生产费用。与基本生产车间一样,先将辅助部门发生的间接费用计入"制造费用"账户,将辅助部门提供劳务或生产产品发生的直接费用计入"辅助生产成本"账户。月末,再将"制造费用"账户中归集的金额转入"辅助生产成本"账户。

二、分配辅助生产费用

分配辅助生产费用是指将"辅助生产成本"明细账上所归集的费用,采用一定的方法计算出产品或劳务的总成本和单位成本,并按受益对象数量计入生产费用或期间费用的过程。辅助生产部门所生产产品和提供劳务的种类不同,辅助生产部门的账户设置和辅助生产费用的分配方法不同,其转出分配的程序也不同。辅助生产部门所生产产品应在完工入库时,将"辅助生产成本"账户借方金额转入"周转材料"或"原材料"账户的借方;提供劳务的辅助生产部门发生的费用,要在各受益单位之间按照所耗用数量或其他比例进行分配。分配时,将"辅助生产成本"账户金额转入"基本生产成本""制造费用""管理费用""销售费用"和"在建工程"等账户的借方。

分配辅助生产费用应通过编制"辅助生产费用分配表"进行辅助生产费用总分类核算和明细分类核算。分配辅助生产费用要根据企业各辅助生产部门生产产品或劳务的特点及为受益单位提供劳务的情况,结合企业管理的条件和要求来选用适当的分配方法。分配辅助生产费用的主要方法有直接分配法、交互分配法、计划成本分配法、代数分配法和顺序分配法等。

（一）直接分配法

直接分配法是指不计算辅助生产车间相互提供产品或劳务的费用，辅助生产车间发生的实际费用全部直接分配给辅助生产车间以外的各受益对象。直接分配法的核算程序如下：

①确定分配标准：一般为受益单位耗用的辅助劳务量。

②计算辅助生产费用分配率：

$$某辅助生产部门费用分配率 = \frac{某辅助生产部门待分配费用总额}{辅外部门受益劳务数量总和}$$

③分配辅助生产费用：

某受益部门应分配的费用 = 某受益部门耗用的劳务数量 × 辅助生产费用分配率

④根据辅助生产费用分配计算结果，编制"辅助生产费用分配表"。

⑤根据"辅助生产费用分配表"，编制记账凭证并登记相关成本费用明细账。

直接分配法将各辅助生产部门待分配的费用只对辅助生产部门以外的受益部门分配费用。如果辅助生产部门内部相互不提供产品或劳务，或者虽然相互提供产品或劳务但其数量不多，辅助生产部门不进行生产费用的相互分配对各辅助生产部门的生产费用、基本生产车间的产品成本和其他期间费用的影响不大时，可以采用这种方法分配辅助生产费用。

（二）交互分配法

交互分配法是指将辅助生产部门相互提供的产品或劳务先交互分配，再将各辅助生产部门交互分配后的实际费用，全部分配给辅助生产部门以外各受益部门的一种分配方法。这种分配方法有两次费用分配。第一次分配是先根据各辅助生产部门相互提供的产品或劳务数量和交互分配前的分配率进行一次交互分配；第二次分配是将各辅助生产部门交互分配后的实际费用，再按向辅助生产部门以外各受益部门提供产品或劳务的数量进行分配。交互分配法的核算程序如下：

①交互分配费用：

$$交互分配率 = \frac{某辅助生产部门待分配费用总额}{该辅助生产部门提供劳务数量总和}$$

$$\frac{某辅助生产部门分配}{计入的辅助生产费用} = \frac{该辅助生产部门}{受益的劳务量} × \frac{对应的交互}{分配率}$$

$$\frac{某辅助生产部门分配}{转出的辅助生产费用} = \frac{提供给某辅助生产}{部门的劳务量} × \frac{对应的交互}{分配率}$$

②计算辅助生产部门对外分配的费用：

$$\frac{某辅助生产部门}{对外分配费用} = \frac{该辅助生产部门}{待分配费用总额} + \frac{交互分配}{计入费用} - \frac{交互分配}{转出费用}$$

③对外分配费用：

$$某辅助生产部门对外费用分配率 = \frac{某辅助生产部门对外分配费用总额}{辅外部门受益数量总和}$$

某受益部门应分配的辅助生产费用 = 该受益部门耗用的劳务数量 × 对外费用分配率

交互分配法在辅助生产部门内部进行了交互分配,提高了分配结果的客观性和准确性。但要进行交互和对外两次分配,增加了计算工作量。这种方法一般适用于各辅助生产部门之间相互提供产品或劳务数量较多的企业。

(三)计划成本分配法

计划成本分配法是指根据辅助生产部门提供产品或劳务的计划单位成本和各受益单位的受益数量分配辅助生产费用的一种方法。其计算分以下 3 个步骤进行:

①按辅助生产部门提供产品或劳务的计划单位成本计算各受益部门(包括辅助生产部门)应分担的辅助生产费用:

某受益部门应分配的辅助生产费用 = 该受益部门的受益数量 × 计划单位成本

②计算各辅助生产部门实际发生的费用:

某辅助生产部门实际发生的费用 = 该辅助生产部门待分配的费用 + 分配转入的费用

③计算并分配各辅助生产部门的成本差异:

$$\begin{matrix}\text{某辅助生产部门} \\ \text{成本差异额}\end{matrix} = \begin{matrix}\text{该辅助生产部门} \\ \text{实际发生的费用}\end{matrix} - \begin{matrix}\text{按计划成本分配} \\ \text{转出的费用总额}\end{matrix}$$

$$\text{成本差异分配率} = \frac{\text{某辅助生产部门成本差异额}}{\text{辅外部门受益数量(或分配的计划成本)}}$$

$$\text{某受益部门应负担的成本差异} = \text{成本差异分配率} \times \begin{matrix}\text{该受益部门受益数量} \\ \text{(或分配的计划成本)}\end{matrix}$$

实际工作中,为了简化核算,可以将成本差异直接计入"管理费用"账户。如果是超支差异,应增加管理费用;如果是节约差异,则应冲减管理费用。

采用计划成本分配法,各辅助生产部门的产品或劳务按计划单位成本只分配一次,不用计算分配率,从而简化了分配的计算工作。通过计算成本差异,便于考核辅助生产成本计划的执行情况,分清企业内部各单位的经济责任。采用这种分配方法要求辅助生产部门产品或劳务的计划单位成本应比较准确。它适合于企业计划价格制订比较准确、基础工作较好的企业采用。

(四)代数分配法

代数分配法是指运用代数中解联立方程式的原理,求出辅助生产部门产品或劳务的实际单位成本以后,再按各个受益对象耗用产品或劳务的数量分配辅助生产费用的一种方法。其基本计算程序如下:

①设未知数,并根据辅助生产车间之间交互服务关系建立方程组。

某辅助生产部门提供产品或劳务的数量总额×该辅助生产部门产品或劳务单位成本=该辅助生产部门耗用其他辅助部门提供产品或劳务数量×其他辅助部门产品或劳务单位成本+该辅助生产部门待分配费用

②解方程组,算出各种产品或劳务的单位成本。

③用各辅助生产部门提供产品或劳务的单位成本乘以各受益部门的耗用量,求出各受益部门应分配计入的辅助生产费用。

采用代数分配法分配费用,分配结果最准确。但在分配之前要解联立方程,如果辅助生产部门较多,则计算工作比较复杂。这种方法适合会计工作已经实现电算化的企业采用。

(五)顺序分配法

顺序分配法是指根据辅助生产部门受益金额多少的顺序将辅助生产部门依次排列,受益额少的排在前面,先分配费用,受益额多的排在后面,后分配费用的一种辅助生产费用分配方法。分配费用时,先将排在前面的辅助生产部门费用分配给排在后面的辅助生产车间和其他受益部门,即排在前面的辅助生产部门不负担排在后面的辅助生产部门的费用,但排在后面的辅助生产部门要负担前面辅助生产部门分配来的费用。

$$某辅助生产部门费用分配率 = \frac{某辅助生产部门待分配费用 + 顺序分配转入的生产费用}{排列在其后的受益部门耗用数量总和}$$

$$某受益部门应分配的费用 = 该受益部门耗用数量 × 辅助生产费用分配率$$

采用顺序分配法,各辅助生产车间之间不进行交互分配,各辅助生产费用只分配一次,计算简单。但排在前面的辅助生产车间不负担排在后面的辅助生产费用,分配结果的正确性会受到一定影响。这种分配方法只适合在各辅助生产车间或部门之间相互受益程度有明显顺序的情况下采用。

任 务 实 施

【任务 1-1】

根据项目二中任务二:【任务 1-3】、【任务 1-4】、【任务 2-1】、【任务 2-2】、【任务 2-3】、工作任务 3、【任务 5-1】、【任务 5-2】、【任务 5-3】、【任务 6-1】、【任务 6-2】的任务实施结果,将分配的各项要素费用计入辅助生产成本账户。其中"辅助生产成本——锅炉车间""辅助生产成本——机修车间"明细账见表 2-3-3、表 2-3-4。

【任务 1-2】

根据"辅助生产费用——锅炉车间"明细账和"辅助生产费用——机修车间"明细账(表2-3-2、表 2-3-3),可知锅炉车间待分配费用为 46 364.86 元,机修车间待分配费用为 36 314.45元。采用直接分配法分配辅助生产费用。

1.计算费用分配率

锅炉车间生产费用分配率 = 46 364.86 ÷ (13 400-400) ≈ 3.566 53

机修车间生产费用分配率 = 36 314.45 ÷ (3 200-200) ≈ 12.104 82

2.分配费用

锅炉车间分配给基本生产车间的费用 = 9 500 × 3.566 53 = 33 882.04(元)

锅炉车间分配给行政部门的费用 = 46 364.86-33 882.04 = 12 482.82(元)

机修车间分配给基本生产车间的费用 = 2 500 × 12.104 82 = 30 262.05(元)

机修车间分配给行政部门的费用 = 36 314.45-30 262.05 = 6 052.40(元)

采用直接分配法分配辅助生产费用,"辅助生产费用分配表"见表 2-3-4。

表 2-3-2 **辅助生产成本明细账**

明细科目 锅炉车间

202×年		凭证号数	摘要	(借)方分析项目								合计
月	日			原材料费用	燃料动力费	机物料消耗	职工薪酬	折旧费	办公费	保险费	其他	
3	31	略	原材料费用分配汇总表	6 000.00								6 000.00
	"		燃料费用分配表		2 200.00							2 200.00
	"		周转材料费用分配表			150.00						150.00
	"		外购动力费用分配表		7 800.00							7 800.00
	"		工资费用分配表				17 446.00					17 446.00
	"		社会保险费计提表				5 059.34					5 059.34
	"		住房公积金、工会经费计提表				2 093.52					2 093.52
	"		固定资产折旧费用分配表					1 560.00				1 560.00
	"		其他费用汇总分配表						986.00	1 800.00	1 270.00	4 056.00
	"		待分配费用合计	6 000.00	10 000.00	150.00	24 598.86	1 560.00	986.00	1 800.00	1 270.00	46 364.86

表 2-3-3 辅助生产成本明细账

明细科目 机修车间

（借）方分析项目

202×年		凭证号数	摘要	原材料费用	燃料动力费	机物料消耗	职工薪酬	折旧费	办公费	保险费	其他	合计
月	日	略										
3	31		原材料费用分配汇总表	1 200.00								1 200.00
	〃		燃料费用分配表		800.00							800.00
	〃		周转材料费用分配表			130.00						130.00
	〃		外购动力费用分配表		3 900.00							3 900.00
	〃		工资费用分配表				19 145.00					19 145.00
	〃		社会保险费计提表				5 552.05					5 552.05
	〃		住房公积金、工会经费计提表				2 297.40					2 297.40
	〃		固定资产折旧费用分配表					800.00				800.00
	〃		其他费用汇总分配表						740.00	840.00	910.00	2 490.00
	〃		待分配费用合计	1 200.00	4 700.00	130.00	26 994.45	800.00	740.00	840.00	910.00	36 314.45

表 2-3-4　辅助生产费用分配表（直接分配法）

2020×年 3 月　　　　　　　　　　　　　　　　　金额单位:元

辅助生产部门名称		锅炉车间	机修车间	合计
待分配辅助生产费用		46 364.86	36 314.45	82 679.31
供应辅助生产部门以外部门的劳务量		13 000	3 000	
费用分配率（单位成本）		3.566 53	12.104 82	
基本生产车间	耗用数量	9 500	2 500	
	分配金额	33 882.04	30 262.05	64 144.09
行政部门	耗用数量	3 500.00	500.00	
	分配金额	12 482.82	6 052.40	18 535.22
分配金额合计		46 364.86	36 314.45	82 679.31

根据表 2-3-4,编制记账凭证:

借:制造费用——基本生产车间　　　　　　　64 144.09

　　管理费用　　　　　　　　　　　　　　　18 535.22

　　　贷:辅助生产成本——锅炉车间　　　　　　　46 364.86

　　　　　　　　　　——机修车间　　　　　　　36 314.45

【任务 1-3】

采用交互分配法分配辅助生产费用:

1.计算交互费用分配率:

锅炉车间生产费用交互分配率＝46 364.86÷13 400≈3.460 06

机修车间生产费用交互分配率＝36 314.45÷3 200≈11.348 27

2.交互分配费用:

锅炉车间分配给机修车间的费用＝3.460 06×400＝1 384.02（元）

机修车间分配给锅炉车间的费用＝11.348 27×200＝2 269.65（元）

3.计算两个辅助生产车间的对外分配费用:

锅炉车间对外分配费用＝46 364.86+2 269.65−1 384.02＝47 250.49（元）

机修车间对外分配费用＝36 314.45+1 384.02−2 269.65＝35 428.82（元）

4.计算对外费用分配率:

锅炉车间对外费用分配率＝47 250.49÷13 000＝3.634 65

机修车间生产费用交互分配率＝35 428.82÷3 000＝11.809 61

5.对外分配费用:

锅炉车间分配给基本生产车间的费用＝9 500×3.634 65＝34 529.18（元）

锅炉车间分配给行政部门的费用＝47 250.49−34 529.18＝12 721.31（元）

机修车间分配给基本生产车间的费用＝2 500×11.809 61＝29 524.03（元）

机修车间分配给行政部门的费用＝35 428.82−29 524.03＝5 904.79（元）

采用交互分配法分配辅助生产费用,"辅助生产费用分配表"见表 2-3-5。

表 2-3-5　辅助生产费用分配表（交互分配法）

202×年 3 月　　　　　　　　　　　　　　　　　　　　金额单位：元

项目			交互分配			对外分配		
辅助生产车间名称			锅炉	机修	合计	锅炉	机修	合计
待分配辅助生产费用			46 364.86	36 314.45	82 679.31	47 250.49	35 428.82	82 679.31
劳务供应数量总额			13 400	3 200		13 000	3 000	
费用分配率			3.460 06	11.348 27		3.634 65	11.809 61	
辅助生产车间	锅炉车间	数量		200				
		金额		2 269.65	768.75			
	机修车间	数量	400					
		金额	1 384.02		857.6			
	金额小计		1 384.02	2 269.65	3 653.67			
基本生产车间		数量				9 500	2 500	
		金额				34 529.18	29 524.03	64 053.21
行政部门		数量				3 500	500	
		金额				12 721.31	5 904.79	18 626.10
对外分配金额合计						47 250.49	35 428.82	82 679.31

根据表 2-3-5"辅助生产费用分配表"，编制记账凭证：

1.交互分配会计凭证：

借：辅助生产费用——锅炉车间　　　　　　　　　2 269.65

　　　　　　　　——机修车间　　　　　　　　　1 384.02

　　贷：辅助生产费用——锅炉车间　　　　　　　　　　　1 384.02

　　　　　　　　　　——机修车间　　　　　　　　　　　2 269.65

2.对外分配会计凭证：

借：制造费用——基本生产车间　　　　　　　　　64 053.21

　　管理费用　　　　　　　　　　　　　　　　　18 626.10

　　贷：辅助生产成本——锅炉车间　　　　　　　　　　　47 250.49

　　　　　　　　　　——机修车间　　　　　　　　　　　35 428.82

3.根据表 2-3-5"辅助生产费用分配表"和记账凭证，继续填制成本费用明细账。其中，"辅助生产成本明细账——锅炉车间"和"辅助生产成本明细账——机修车间"见表 2-3-9、表 2-3-10，其他费用明细账可在任务四至任务六中查看。

【任务 1-4】

采用计划成本法分配辅助生产费用：

1.按各辅助生产车间计划单位成本分配费用：

锅炉车间分配给机修车间的费用=400×3.6=1 440（元）

锅炉车间分配给基本生产车间的费用=9 500×3.6=34 200（元）

锅炉车间分配给行政部门的费用=3 500×3.6=12 600（元）

机修车间分配给锅炉车间的费用=200×12=2 400（元）

机修车间分配给基本生产车间的费用=2 500×12=30 000（元）

机修车间分配给行政部门的费用=500×12=6 000（元）

2.计算各辅助生产车间的实际成本：

锅炉车间实际成本=46 364.86+2 400=48 764.86(元)

机修车间实际成本=36 314.45+1 440=37 754.45(元)

3.计算各辅助生产车间的成本差异：

锅炉车间成本差异=48 764.86-(1 440+34 200+12 600)=524.86(元)

机修车间成本差异=37 754.45-(2 400+30 000+6 000)=-645.55(元)

采用计划成本分配法分配辅助生产费用，"辅助生产费用分配表"见表2-3-6。

表2-3-6 辅助生产费用分配表(计划成本分配法)

202×年3月 金额单位:元

辅助生产部门名称			锅炉车间	机修车间	合计
待分配辅助生产费用			46 364.86	36 314.45	82 679.31
劳务数量总额量			13 400	3 200	
计划单位成本			3.60	12.00	
辅助生产车间	锅炉车间	耗用数量		200	
		分配金额		2 400.00	2 400.00
	机修车间	耗用数量	400		
		分配金额	1 440.00		1 440.00
	金额小计		1 440.00	2 400.00	3 840.00
基本生产车间		耗用数量	9 500	2 500	
		分配金额	34 200.00	30 000.00	64 200.00
行政部门		耗用数量	3 500	500	
		分配金额	12 600.00	6 000.00	18 600.00
按计划成本分配金额合计			48 240.00	38 400.00	86 640.00
辅助生产实际成本			48 764.86	37 754.45	86 519.31
辅助生产成本差异			524.86	-645.55	-120.69

根据表2-3-6"辅助生产费用分配表"编制记账凭证：

1.按计划成本分配辅助生产费用：

借:辅助生产成本——锅炉车间 2 400

　　　　　　——机修车间 1 440

　制造费用——基本生产车间 64 200

　管理费用 18 600

　　贷:辅助生产成本——锅炉车间 48 240

　　　　　　　——机修车间 38 400

2.将成本差异计入"管理费用"：

借:管理费用 120.69

　　贷:辅助生产成本——锅炉车间 524.86

　　　　　　　——机修车间 645.55

【任务1-5】

采用代数分配法分配辅助生产费用：

1.设 x 为每吨汽的成本,y 为每小时修理成本,则设立联立方程式为:

$$\begin{cases} 46\ 364.86+200y=13\ 400x \\ 36\ 314.45+400x=3\ 200y \end{cases}$$

解方程组得 $x\approx3.636\ 23$,$y\approx11.802\ 79$

2.分配辅助生产费用:

锅炉车间分配给机修车间的费用 $=400\times3.636\ 23=1\ 454.49$(元)

锅炉车间分配给基本生产车间的费用 $=9\ 500\times3.636\ 23=34\ 544.19$(元)

锅炉车间分配给行政部门的费用 $=48\ 725.48-1\ 454.49-34\ 544.19$

$=12\ 726.80$(元)

机修车间分配给锅炉车间的费用 $=200\times11.802\ 79=2\ 360.56$(元)

机修车间分配给基本生产车间的费用 $=2\ 500\times11.802\ 79=29\ 506.98$(元)

机修车间分配给行政部门的费用 $=37\ 768.93-2\ 360.56-29\ 506.98$

$=5\ 901.39$(元)

采用代数分配法分配辅助生产费用,"辅助生产费用分配表"见表 2-3-7。

表 2-3-7 辅助生产费用分配表(代数分配法)

202×年 3 月   金额单位:元

辅助生产部门名称			锅炉车间	机修车间	合计
待分配费用			46 364.86	36 314.45	82 679.31
劳务供应总量			13 400	3 200	
用代数法算出实际单位成本			3.636 23	11.802 79	
辅助生产车间	锅炉车间	耗用数量		200	
		分配金额		2 360.56	2 360.56
	机修车间	耗用数量	400		
		分配金额	1 454.49		1 454.49
	分配金额小计		1 454.49	2 360.56	3 815.05
基本生产车间		耗用数量	9 500	2 500	
		分配金额	34 544.19	29 506.98	64 051.17
行政部门		耗用数量	3 500	500	
		分配金额	12 726.80	5 901.39	18 628.19
分配金额合计			48 725.48	37 768.93	86 494.41

注:因分配率小数位的原因,出现的尾差计入管理费用。

根据表 2-3-7"辅助生产费用分配表",编制记账凭证:

借:辅助生产成本——锅炉车间　　　　　 2 360.56

　　　　　　　——机修车间　　　　　 1 454.49

　　制造费用——基本生产车间　　　　 64 051.17

　　管理费用　　　　　　　　　　　　 18 628.19

　　贷:辅助生产成本——锅炉车间　　　 48 725.48

　　　　　　　　　——机修车间　　　 37 768.93

【任务 1-6】

采用顺序分配法分配辅助生产费用:

1.确定先后分配的顺序：

锅炉车间费用分配率=46 364.86÷13 400≈3.460 06

锅炉车间分配给机修车间的费用=400×3.460 06=1 384.024(元)

机修车间费用分配率=36 314.45÷3 200≈11.348 27

机修车间分配给锅炉车间的费用=200×11.348 27=2 269.645(元)

因为机修车间耗用锅炉车间的费用较少，锅炉车间耗用机修车间的费用较多，所以分配顺序为：机修车间→锅炉车间。

2.计算先后分的费用分配率：

先分(机修车间)的费用分配率=36 314.45÷3 200≈11.348 27

后分(锅炉车间)的费用分配率=(46 364.86+2 269.645)÷(13 400-400)=3.741 12

3.分配辅助生产费用：

机修车间分配给锅炉车间的费用=200×11.348 27≈2 269.65(元)

机修车间分配给基本生产车间的费用=2 500×11.348 27≈28 370.68(元)

机修车间分配给行政部门的费用=36 314.45-2 269.65-28 370.68

　　　　　　　　　　　　　=5 674.12(元)

锅炉车间分配给基本生产车间的费用=9 500×3.741 12=35 540.64(元)

锅炉车间分配给行政部门的费用=(46 364.86+2 269.645)-35 540.64

　　　　　　　　　　　　　=13 093.87(元)

采用顺序分配法分配辅助生产费用，"辅助生产费用分配表"见表2-3-8。

表2-3-8　辅助生产费用分配表(顺序分配法)

202×年3月　　　　　　　　　　　　　　　　　　　　　　全额单位:元

辅助部门受益部门		辅助生产车间		基本生产车间	行政部门	合计
		锅炉车间	机修车间			
机修车间	供应数量	200		2 500	500	3 200
	直接费用					36 314.45
	待分配费					36 314.45
	分配率					11.348 27
	分配金额	2 269.65		28 370.68	5 674.12	36 314.45
锅炉车间	供应数量		400	9 500	3 500	13 400
	直接费用					46 364.86
	待分配费					48 634.51
	分配率					3.741 12
	分配金额			35 540.64	13 093.87	48 634.51
分配金额合计		2 269.65		63 911.32	18 767.99	84 948.96

根据表2-3-8"辅助生产费用分配表"，编制记账凭证：

借:辅助生产成本——锅炉车间　　　　　　　2 269.65

　　制造费用——基本生产车间　　　　　　63 911.32

　　管理费用　　　　　　　　　　　　　　18 767.99

　　　贷:辅助生产成本——锅炉车间　　　　　　48 634.51

　　　　　　　　　　　——机修车间　　　　　36 314.45

表 2-3-9　辅助生产成本明细账

明细科目　锅炉车间

202×年		凭证号数	摘要	(借)方分析项目									合计
月	日			原材料费用	燃料动力费	机物料消耗	职工薪酬	折旧费	办公费	保险费	其他	修理费	
3	31	略	原材料费用分配汇总表	6 000.00									6 000.00
	〃		燃料费用分配表		2 200.00								2 200.00
	〃		周转材料费用分配表			150.00							150.00
	〃		外购动力费用分配表		7 800.00								7 800.00
	〃		工资费用分配表				17 446.00						17 446.00
	〃		社会保险费计提表				5 059.34						5 059.34
	〃		住房公积金、工会经费计提表				2 093.52						2 093.52
	〃		固定资产折旧费用分配表					1 560.00					1 560.00
	〃		其他费用汇总分配表						986.00	1 800.00	1 270.00		4 056.00
	〃		待分配费用合计	6 000.00	10 000.00	150.00	24 598.86	1 560.00	986.00	1 800.00	1 270.00		46 364.86
	〃		转入辅助生产费用									2 269.65	2 269.65
	〃		转出辅助生产费用①	179.10	298.51	4.48	734.29	46.57	29.43	53.73	37.91		1 384.02
	〃		对外分配辅助生产费用	5 820.90	9 701.49	145.52	23 864.57	1 513.43	956.57	1 746.27	1 232.09	2 269.65	47 250.49

表 2-3-10 辅助生产成本明细账

明细科目 机修车间

（借）方分析项目

202×年		凭证号数	摘要	原材料费用	燃料动力费	机物料消耗	职工薪酬	折旧费	办公费	保险费	其他	合计
月	日											
3	31	略	原材料费用分配汇总表	1 200.00								1 200.00
	"		燃料费用分配表		800.00							800.00
	"		周转材料费用分配表			130.00						130.00
	"		外购动力费用分配表		3 900.00							3 900.00
	"		工资费用分配表				19 145.00					19 145.00
	"		社会保险费计提表				5 552.05					5 552.05
	"		住房公积金、工会经费计提表				2 297.40					2 297.40
	"		固定资产折旧费用分配表					800.00				800.00
	"		其他费用汇总分配表						740.00	840.00	910.00	2 490.00
	"		待分配费用合计	1 200.00	4 700.00	130.00	26 994.45	800.00	740.00	840.00	910.00	36 314.45
	"		转入辅助生产费用		1 384.02							1 384.02
	"		转出辅助生产费用②	75.00	293.75	8.12	1 687.15	50.00	46.25	52.50	56.88	2 269.65
	"		对外分配辅助生产费用	1 125.00	5 790.27	121.88	25 307.30	750.00	693.75	787.50	853.12	35 428.82

注：①②转出各成本项目的金额＝转出总金额×各成本项目占待分配费用总额的比重，如原材料费用＝1 384.02×（6 000÷46 364.86）＝179.10（元）。

边学边练

资料:新龙机械厂是一家生产电机的生产企业。企业设一个基本生产车间,生产 B12 电机和 D22 电机,有两个辅助车间——供电车间和机修车间。该企业 2020 年 8 月两个辅助生产车间发生的费用分别为 36 800 元和 49 500 元。两个辅助生产车间 8 月提供劳务数量见表2-3-11。

表 2-3-11　辅助生产车间提供劳务量汇总表

2020 年 8 月

受益部门	供电车间/(kW·h)	机修车间/h
供电车间		400
机修车间	3 000	
生产 B12 电机	12 000	
生产 D22 电机	15 000	
制造车间一般耗费	6 000	3 000
厂部管理部门	10 000	1 100
合计	46 000	4 500

要求:

1.采用直接分配法分配辅助生产费用,编制"辅助生产费用分配表"(表 2-3-12)和记账凭证。

2.采用交互分配法分配辅助生产费用,编制"辅助生产费用分配表"(表 2-3-13)和记账凭证。

3.如果供电车间计划单位成本为 0.9 元,机修车间计划单位成本为 10 元。采用计划成本分配法分配辅助生产费用,编制"辅助生产费用分配表"(表 2-3-14)和记账凭证。

4.采用代数分配法分配辅助生产费用,编制"辅助生产费用分配表"(表 2-3-15)和记账凭证。

5.采用顺序分配法分配辅助生产费用,编制"辅助生产费用分配表"(表 2-3-16)和记账凭证。

表 2-3-12　辅助生产费用分配表(直接分配法)

2020 年 8 月

金额单位:元

辅助生产部门名称	供电车间	机修车间	合计
待分配辅助生产费用			
供应辅助生产部门以外单位的劳务量			
费用分配率(单位成本)			

辅助生产部门名称				供电车间	机修车间	合计
借方账户	基本生产成本	B12电机	耗用数量			
			分配金额			
		D22电机	耗用数量			
			分配金额			
		金额小计				
	制造费用		耗用数量			
			分配金额			
	管理费用		耗用数量			
			分配金额			
分配金额合计						

表 2-3-13　辅助生产费用分配表（交互分配法）

2020 年 8 月　　　　　　　　　　　　　　　　　　　　金额单位:元

项目				交互分配			对外分配		
辅助生产车间名称				供电	机修	合计	供电	机修	合计
待分配辅助生产费用									
劳务供应数量总额									
费用分配率									
借方账户	辅助生产成本	供电车间	耗用数量						
			分配金额						
		机修车间	耗用数量						
			分配金额						
		金额小计							
	基本生产成本	B12电机	耗用数量						
			分配金额						
		D22电机	耗用数量						
			分配金额						
		金额小计							
	制造费用		耗用数量						
			分配金额						
	管理费用		耗用数量						
			分配金额						
对外分配金额合计									

表 2-3-14　辅助生产费用分配表（计划成本分配法）

2020 年 8 月

金额单位：元

辅助生产部门名称				供电车间	机修车间	合计
待分配辅助生产费用						
劳务数量总额量						
计划单位成本				0.9	11	
借方账户	辅助生产成本	供电车间	耗用数量			
			分配金额			
		机修车间	耗用数量			
			分配金额			
		金额小计				
	基本生产成本	B12电机	耗用数量			
			分配金额			
		D22电机	耗用数量			
			分配金额			
		金额小计				
	制造费用		耗用数量			
			分配金额			
	管理费用		耗用数量			
			分配金额			
按计划成本分配金额合计						
辅助生产实际成本						
辅助生产成本差异						

表 2-3-15　辅助生产费用分配表（代数分配法）

2020 年 8 月

金额单位：元

辅助生产部门名称				供电车间	机修车间	合计
待分配费用						
劳务供应总量						
用代数法算出实际单位成本						
借方账户	辅助生产成本	供电车间	耗用数量			
			分配金额			
		机修车间	耗用数量			
			分配金额			
		分配金额小计				

续表

辅助生产部门名称			供电车间	机修车间	合计
借方账户	基本生产成本	B12电机 耗用数量			
		B12电机 分配金额			
		D22电机 耗用数量			
		D22电机 分配金额			
		分配金额小计			
	制造费用	耗用数量			
		分配金额			
	管理费用	耗用数量			
		分配金额			
分配金额合计					

表 2-3-16　辅助生产费用分配表(顺序分配法)

2020 年 8 月　　　　　　　　　　　　　金额单位:元

借方账户 / 供应单位	辅助生产成本		基本生产成本		制造费用	管理费用	合计
			B12	D22			
供应数量							
直接费用							
待分配费							
分配率							
分配金额							
供应数量							
直接费用							
待分配费							
分配率							
分配金额							
分配金额合计							

夯实基础

一、判断题

1.归集与分配辅助生产费用是通过"辅助生产成本"明细账来进行的。　　　　(　　)

2.采用顺序分配法分配辅助生产费用时,其顺序应该是受益额多的排在先,受益额少的排列在后。　　　　(　　)

3.辅助生产部门发生的制造费用,都应当直接计入辅助生产成本明细账。　　　（　　）

二、单项选择题

1.辅助生产部门完工入库的工具模具应借记（　　　）科目,贷记"辅助生产成本"科目。

　A.周转材料　　　　　B.修理用零件　　　　C.原材料　　　　　　D.制造费用

2.采用计划成本分配法分配辅助生产费用时,实际成本与按计划成本分配额的差额应于期末时列入（　　　）。

　A.制造费用　　　　　B.管理费用　　　　　C.财务费用　　　　　D.生产成本

3.在辅助生产费用的各种分配方法当中,最简便的方法是（　　　）。

　A.顺序分配法　　　　B.直接分配法　　　　C.交互分配法　　　　D.代数分配法

三、多项选择题

1.辅助生产车间的费用分配法有（　　　）。

　A.直接分配法　　　　B.顺序分配法

　C.代数分配法　　　　D.交互分配法　　　　E.计划成本分配法

2.直接分配法适用于（　　　）。

　A.辅助生产车间相互提供劳务量较少

　B.交互分配的辅助生产车间受益程度有明显顺序

　C.交互分配费用相差不大

　D.计划成本基础较好

3.在进行辅助生产费用分配时,应将分配出去的辅助生产费用从"辅助生产成本"账户和所属的明细账中转入（　　　）账户。

　A.基本生产成本　　　B.管理费用　　　　　C.制造费用　　　　　D.在建工程

小试牛刀

资料:2020年9月,凯丰模具有限责任公司两个辅助车间——供汽车间和机修车间提供劳务数量见表2-3-17。

表2-3-17　供汽和机修车间提供的劳务量表
2020年9月

受益部门	供汽车间/m³	机修车间/h
供汽车间		500
机修车间	1 000	
生产Ⅰ号模具		800
生产Ⅱ号模具		1 200
基本生产车间一般耗费	11 000	2 800
厂部管理部门	6 000	2 200
合计	18 000	7 500

要求：

1.根据项目二中任务二："小试牛刀"的业务核算结果,归集 9 月份供汽车间和机修车间发生的费用。

2.凯丰模具有限责任公司采用计划成本分配法分配辅助生产车间的费用。供汽车间的计划单位成本为 5.0 元,机修车间的计划单位成本为 8.0 元。根据以上资料,填制"辅助生产费用分配表"。"辅助生产费用分配表"见表 2-3-18。

3.根据"辅助生产费用分配表"编制记账凭证,并登记相关成本费用明细账。

表 2-3-18　辅助生产费用分配表(计划成本分配法)

2020 年 9 月　　　　　　　　　　　　　　　　　　　金额单位:元

辅助生产部门名称				供汽车间	机修车间	合计
待分配辅助生产费用						
劳务数量总额量						
计划单位成本						
借方账户	辅助生产成本	供汽车间	耗用数量			
			分配金额			
		机修车间	耗用数量			
			分配金额			
		金额小计				
	基本生产成本	Ⅰ号模具	耗用数量			
			分配金额			
		Ⅱ号模具	耗用数量			
			分配金额			
		金额小计				
	制造费用		耗用数量			
			分配金额			
	管理费用		耗用数量			
			分配金额			
按计划成本分配金额合计						
辅助生产实际成本						
辅助生产成本差异						

任务四 核算制造费用

工作任务 1

资料 1：宏达机电 202×年 3 月份基本生产车间发生的制造费用，根据项目二中任务二：【任务 1-3】、【任务 1-4】、【任务 2-1】、【任务 2-2】、【任务 2-3】、工作任务 3、【任务 5-1】、【任务 5-2】、【任务 5-3】、【任务 6-1】、【任务 6-2】和任务三：【任务 1-3】的任务实施结果和有关资料计算确定。

资料 2：宏达机电全年制造费用计划总额 1 350 000 元，甲电机计划生产工时 30 000 h，乙电机计划生产工时 25 000 h。

要求：

1.根据资料 1，计算宏达机电 202×年 3 月份基本生产车间制造费用各项目的发生额，确定制造费用的分配金额。

2.接项目二中任务二：工作任务 5 的资料，采用生产工人工时比例分配法分配制造费用，编制"制造费用分配表"和记账凭证，并登记相关成本费用明细账。

3.接项目二中任务二：工作任务 5 的资料，采用生产工人工资比例分配法分配制造费用，编制"制造费用分配表"和记账凭证。

4.接项目二中任务二：工作任务 3 的资料，采用机器工时比例分配法分配制造费用，编制"制造费用分配表"和记账凭证。

5.根据资料 2，采用年度计划分配率分配法计算基本生产车间 3 月份应分配的制造费用，编制"制造费用分配表"和记账凭证。

知 识 链 接

一、归集制造费用

制造费用是指企业为生产产品、提供劳务而发生的应该计入产品成本，但没有专设成本项目的各项生产费用。制造费用主要是生产车间为生产产品而发生的各种间接费用，主要包括 3 方面：①间接用于产品生产的费用，如车间的机物料消耗、照明费、取暖费、劳动保护费以及季节性停工和生产用固定资产修理期间的停工损失；②车间用于管理和组织生产的费用，如车间管理人员的工资、车间管理用设备折旧；③虽然直接用于产品生产，但管理上不要求或不便于单独核算的费用，如生产用机器设备的折旧费、修理费，生产用周转材料的摊销等。

生产车间发生的制造费用通过设置"制造费用"账户进行归集。如果一个生产车间只生产一种产品，所发生的制造费用直接计入该种产品的成本；如果一个生产车间生产两种及以上产品，所发生的制造费用就是几种产品共同受益的间接计入费用，会计期末需采用适当的分配方法分配计入各种产品的生产成本。

"制造费用"账户借方归集某会计期间生产过程中所发生的各项制造费用,贷方登记在会计期末分配结转给各产品生产成本的制造费用,除季节性的生产企业外,本账户一般期末应无余额。

二、分配制造费用

通过登记"制造费用"明细账,企业在某个会计期间发生的制造费用都已归集到"制造费用"明细账内。在会计期末,为了能正确计算产品的生产成本,还要将其合理地分配到有关产品成本中去。在基本生产车间生产多种产品时,分配制造费用的方法通常有生产工人工时比例法、生产工人工资比例法、机器工时比例法、年度计划分配率法等。

1.生产工人工时比例法

生产工人工时比例法是按照各种产品所用生产工人工时的比例分配制造费用的一种方法。按生产工人工时比例分配制造费用,能将劳动生产率与产品负担的制造费用结合起来,使分配结果比较合理。计算公式如下:

$$制造费用分配率 = \frac{某车间制造费用总额}{该车间生产产品工时总和}$$

$$某种产品应分配的制造费用 = 该种产品生产工时数 \times 制造费用分配率$$

上述公式中的生产工时可以是实际工时,也可以是定额工时。

2.生产工人工资比例法

生产工人工资比例法是按照计入各种产品的生产工人实际工资的比例分配制造费用的一种方法。采用这种分配方法,其分配依据是工资分配表中的数据,其核算工作比较简单。生产工人工资作为直接费用计入产品成本,采用这种分配方法分配的制造费用对于不同的产品来说负担比较合理。计算公式如下:

$$制造费用分配率 = \frac{某车间制造费用总额}{该车间生产工人工资总和}$$

$$某种产品应分配的制造费用 = 该种产品生产工人工资 \times 制造费用分配率$$

3.机器工时比例法

机器工时比例法是按照各种产品生产时所用机器设备时数作为分配标准来分配制造费用的一种方法。这种方法主要适用于机器设备是主要生产因素以及机器工时与人工工时没有必然联系的情况。计算公式如下:

$$制造费用分配率 = \frac{某车间制造费用总额}{该车间机器工时总和}$$

$$某种产品应分配的制造费用 = 该种产品所用机器工时数 \times 制造费用分配率$$

4.年度计划分配率法

年度计划分配率法是根据企业正常经营条件下的年度制造费用预算数和预计产量的定额标准数预先计算分配率,然后按此分配率分配制造费用的一种方法。这种分配方法的计算步骤如下:

(1)计算年度计划分配率

$$制造费用年度计划分配率 = \frac{某车间年度制造费用计划总额}{该车间年度各种产品计划产量的定额工时总和}$$

年度预计产量的定额标准数可以是预计产量的生产工人工时,也可以是直接生产工人的工资,还可以是机器工时数。

(2)按计划分配率分配转出某月的制造费用

某种产品应分配的制造费用 = 该种产品本月实际工时数 × 年度计划分配率

(3)处理分配差异

采用年度计划分配率法,每月按计划分配率分配的制造费用金额与实际发生的制造费用金额一般存在着差异。各月末,制造费用总账和明细账不仅可能有月末余额,而且月末余额可能在借方,也有可能在贷方。借方余额表示实际发生额超过计划分配额的预付费用;贷方余额表示按照计划未付的费用。

年末,如果制造费用账户仍然有余额,就是全年制造费用实际发生额与计划分配额的差额,一般将其调整计入12月份的产品成本,借记"基本生产成本"账户,贷记"制造费用"账户。如果实际发生额大于计划分配额,用蓝字补记;反之,用红字冲减。

差异额 = 制造费用实际发生额 − 按年度计划分配率分配的制造费用总额

$$差异额分配率 = \frac{年度差异总额}{按年度计划分配率分配的制造费用总额}$$

某产品应负担的差异额 = 该产品按年度计划分配率分配的制造费用额 × 差异额分配率

采用年度计划分配率法分配制造费用,年度内各月份不进行差异额的再分配,核算工作比较简便,有利于及时计算产品成本。这种方法特别适用于季节性生产的企业,可以使企业旺季与淡季的制造费用比较均衡地计入产品生产成本。但是,这种方法要求企业有较高的计划管理工作水平,否则,年度制造费用的计划分配额脱离实际成本太大,会影响成本计算的准确性。

任务实施

【任务1-1】

根据项目二中任务二:【任务1-3】、【任务1-4】、【任务2-1】、【任务2-2】、【任务2-3】、【工作任务3】、【任务5-1】、【任务5-2】、【任务5-3】、【任务6-1】、【任务6-2】和任务三:【任务1-3】任务实施结果,可以得到宏达机电202×年3月份已经填制的制造费用明细账。宏达机电3月份"制造费用"明细账见表2-4-1。

【任务1-2】

根据表2-4-1基本生产车间制造费用明细账中归集的制造费用总额,接项目二中"任务二:工作任务5"的资料,采用生产工人工时比例分配法分配制造费用如下:

制造费用分配率 = 110 499.21 ÷ (2 500+2 000) = 24.555 38

甲电机应分配的制造费用 = 2 500×24.555 38 = 61 388.45(元)

乙电机应分配的制造费用 = 2 000×24.555 38 = 49 110.76(元)

表 2-4-1 制造费用明细账

明细科目 基本生产车间

202×年		凭证号数	摘要	(借)分析项目									合计
月	日			原材料费用	燃料动力费	机物料消耗	职工薪酬	折旧费	办公费	保险费	修理费	其他	
3	31	略	原材料费用分配汇总表	4 200.00									4 200.00
	"		燃料费用分配表		1 480.00								1 480.00
	"		周转材料费用分配表			1 200.00							1 200.00
	"		外购动力费用分配表		600.00								600.00
	"		工资费用分配表				18 600.00						18 600.00
	"		社会保险费计提表				5 394.00						5 394.00
	"		住房公积金、工会经费计提表				2 232.00						2 232.00
	"		固定资产折旧费用分配汇总表					5 000.00					5 000.00
	"		其他费用分配汇总表						1 680.00	4 200.00		1 860.00	7 740.00
	"		辅助生产费用分配表		34 529.18						29 524.03		64 053.21
	"		待分配费用合计	4 200.00	36 609.18	1 200.00	26 226.00	5 000.00	1 680.00	4 200.00	29 524.03	1 860.00	110 499.21

根据计算结果,编制"制造费用分配表",见表2-4-2。

表2-4-2　制造费用分配表

部门:基本生产车间　　　　　　　　　202×年3月　　　　　　　　　金额单位:元

借方科目		工人生产工时	分配率	分配金额
基本生产成本	甲电机	2 500		61 388.45
	乙电机	2 000		49 110.76
合计		4 500	24.555 38	110 499.21

根据表2-4-2"制造费用分配表",编制记账凭证:

借:基本生产成本——甲电机　　　　　　　　61 388.45

　　　　　　　　——乙电机　　　　　　　　49 110.76

　　贷:制造费用——基本生产车间　　　　　　110 499.21

根据表2-4-2"制造费用分配表"和编制的记账凭证,登记成本费用明细账。其中"制造费用明细账"见表2-4-7,"基本生产成本"明细账可在本项目任务五中查看。

【任务1-3】

根据表2-4-1基本生产车间"制造费用"明细账中所列制造费用总额,接项目二中任务二:工作任务5,采用生产工人工资比例分配法分配制造费用如下:

制造费用分配率=110 499.21÷(69 071.10+55 256.90)≈0.888 77

甲电机应分配的制造费用=69 071.10×0.888 77≈61 388.32(元)

乙电机应分配的制造费用=110 499.21−61 388.32=49 110.89(元)

根据计算结果,编制"制造费用分配表"。"制造费用分配表"见表2-4-3。

表2-4-3　制造费用分配表

部门:基本生产车间　　　　　　　　　202×年3月　　　　　　　　　金额单位:元

借方科目		生产工人工资	分配率	分配金额
基本生产成本	甲电机	69 071.10		61 388.32
	乙电机	55 256.90		49 110.89
合计		124 328.00	0.888 77	110 499.21

根据表2-4-3"制造费用分配表",编制记账凭证:

借:基本生产成本——甲电机　　　　　　　　61 388.32

　　　　　　　　——乙电机　　　　　　　　49 110.89

　　贷:制造费用——基本生产车间　　　　　　110 499.21

【任务1-4】

根据表2-4-1基本生产车间"制造费用"明细账中所列制造费用总额,接项目二中任务二:工作任务3,采用机器工时比例分配法分配制造费用如下:

制造费用分配率=110 499.21÷(6 000+4 000)≈11.049 92

甲电机应分配的制造费用=6 000×11.049 92=66 299.52(元)

乙电机应分配的制造费用=110 499.21−66 299.52=44 199.69(元)

根据计算结果,编制"制造费用分配表"。"制造费用分配表"见表2-4-4。

表2-4-4 制造费用分配表

部门:基本生产车间　　　　　　　　　　202×年3月　　　　　　　　　　金额单位:元

借方科目		机器时数	分配率	分配金额
基本生产成本	甲电机	6 000		66 299.52
	乙电机	4 000		44 199.69
合计		10 000	11.049 92	110 499.21

根据表2-4-4"制造费用分配表",编制记账凭证:

借:基本生产成本——甲电机　　　　　　　66 299.52

　　　　　　　　——乙电机　　　　　　　44 199.69

　　贷:制造费用——基本生产车间　　　　　　110 499.21

【任务1-5】

根据表2-4-1基本生产车间"制造费用"明细账中所列制造费用总额,采用年度计划分配率分配法分配制造费用如下:

制造费用年度计划分配率=1 350 000÷(30 000+25 000)≈24.545 45

3月份甲电机应分配的制造费用=2 500×24.545 45=61 363.63(元)

3月份乙电机应分配的制造费用=2 000×24.545 45=49 090.90(元)

根据计算结果,编制"制造费用分配表"。"制造费用分配表"见表2-4-5。

表2-4-5 制造费用分配表

部门:基本生产车间　　　　　　　　　　202×年3月　　　　　　　　　　金额单位:元

借方科目		生产工人工时	分配率	分配金额
基本生产成本	甲电机	2 500		61 363.63
	乙电机	2 000		49 090.90
合计		4 500	24.545 45	110 454.53

根据表2-4-5"制造费用分配表",编制记账凭证:

借:基本生产成本——甲电机　　　　　　　61 363.63

　　　　　　　　——乙电机　　　　　　　49 090.90

　　贷:制造费用——基本生产车间　　　　　　110 454.53

3月份,基本生产车间实际制造费用为110 499.21元,高于按年度计划分配率分配转出的费用,3 月份"制造费用"明细账期末余额在借方。

接【任务1-5】,如果宏达机电全年制造费用实际发生额1 348 000元,全年工人实际生产工时为:甲电机29 500 h,乙电机25 000 h,则全年甲、乙电机按年度计划分配率分配的制造费用分别为:

甲电机全年按计划分配率应分配的制造费用 = 29 500×24.545 45

$$= 724\ 090.78(元)$$

乙电机全年按计划分配率应分配的制造费用 = 25 000×24.545 45

$$= 613\ 636.25(元)$$

全年实际发生的制造费用与按计划分配率共分配的制造费用差额

$$= 1\ 348\ 000-(724\ 090.78+613\ 636.25)$$

$$= 10\ 272.97(元)$$

差异分配率 = 10 272.97÷(724 090.78+613 636.25) ≈ 0.007 68

甲电机应分配的差异额 = 724 090.78×0.007 68 ≈ 5 561.02(元)

乙电机应分配的差异额 = 10 272.97-5 561.02 = 4 711.95(元)

根据以上计算结果,编制"全年制造费用差异分配表"。"全年制造费用差异分配表"见表 2-4-6。

表 2-4-6 全年制造费用差异分配表

部门:基本生产车间　　　　　　　　202×年　　　　　　　　金额单位:元

产品名称	实际发生额	计划分配额	差异额	差异分配率	分配差异额	全年实际分配金额
甲电机		724 090.78			5 561.02	729 651.80
乙电机		613 636.25			4 711.95	618 348.20
合计	1 348 000.00	1 337 727.03	10 272.97	0.007 68	10 272.97	1 348 000.00

根据表 2-4-6"全年制造费用差异分配表",编制记账凭证:

借:基本生产成本——甲电机　　　　　　　5 561.02

　　　　　　　　——乙电机　　　　　　　4 711.95

　　贷:制造费用——基本生产车间　　　　　　　10 272.97

边学边练

资料:华宇公司基本生产车间生产 R_1 和 R_2 两种产品,7月份发生制造费用15 000 元,R_1 产品工人生产工时为 800 h,R_2 产品工人生产工时为 700 h。

要求:采用生产工人工时比例分配法分配制造费用,填制记账凭证。

边学边练
答案及解析

表 2-4-7　制造费用明细账

明细科目 基本生产车间

202×年		凭证号数	摘要	（借）方分析项目										合计
月	日			原材料费用	燃料动力费	机物料消耗	职工薪酬	折旧费	办公费	保险费	修理费	其他	
3	31	略	原材料费用分配汇总表	4 200.00									4 200.00
	"		燃料费用分配表		1 480.00								1 480.00
	"		周转材料费用分配表			1 200.00							1 200.00
	"		外购动力费用分配表		600.00								600.00
	"		工资费用分配表				18 600.00						18 600.00
	"		社会保险费计提表				5 394.00						5 394.00
	"		住房公积金、工会经费计提表				2 232.00						2 232.00
	"		固定资产折旧费用分配表					5 000.00					5 000.00
	"		其他费用分配汇总表						1 680.00	4 200.00		1 860.00	7 740.00
	"		辅助生产费用分配表		34 529.18						29 524.03		64 053.21
	"		待分配费用合计	4 200.00	36 609.18	1 200.00	26 226.00	5 000.00	1 680.00	4 200.00	29 524.03	1 860.00	110 499.21
	"		分配转出制造费用	4 200.00	36 609.18	1 200.00	26 226.00	5 000.00	1 680.00	4 200.00	29 524.03	1 860.00	110 499.21

制造费用明细账

夯实基础

一、判断题

1.制造费用的受益对象,既包括生产单位生产的产品和提供的劳务,也包括生产单位的自制材料、自制工具以及固定资产建造工程等。（　　）

2.在按年度计划分配率法分配制造费用时,全年实际发生的制造费用与计划分配额的差额,在当年不作处理。（　　）

二、单项选择题

1.生产车间所耗机物料费用应借记(　　)账户,贷记"原材料"账户。

A.生产成本　　　　B.基本生产成本　　　　C.制造费用　　　　D.辅助生产成本

2.对辅助生产车间的制造费用,如果辅助生产只提供一种劳务,制造费用可以直接计入(　　)账户。

A.辅助生产成本　　B.基本生产成本　　　　C.管理费用　　　　D.制造费用

3."制造费用"明细账,应当按照(　　)设置。

A.不同生产单位(分厂、车间)　　　　B.不同费用项目

C.不同产品品种　　　　　　　　　　D.不同成本核算对象

4.能够将劳动生产率和产品负担的费用水平联系起来,使分配结果比较合理的制造费用分配方法是(　　)。

A.生产工人工时比例分配法　　　　B.按年度计划分配法

C.生产工人工资比例分配法　　　　D.机器工时比例分配法

三、多项选择题

1.下列项目中,属于制造费用所属项目的有(　　)。

A.生产车间的保险费　　　　　　　B.厂部办公楼折旧

C.在产品盘亏和毁损　　　　　　　D.低值易耗品摊销

2.制造费用的分配方法有(　　)。

A.生产工人工时比例分配法　　　　B.机器工时比例分配法

C.直接分配法　　　　　　　　　　D.计划成本分配法

小试牛刀

资料1:凯丰模具有限责任公司2020年9月份基本生产车间发生的制造费用,根据项目二中任务二和任务三:"小试牛刀"的任务实施结果计算确定。

资料2:两种产品的工人生产工时数根据项目二中任务二——子任务三:"小试牛刀"的资料确定。

要求:

1.根据资料1,计算凯丰模具有限责任公司2020年9月份基本生产车间制造费用各项目的发生额,确定制造费用的分配金额。

2.采用生产工人工时比例法分配制造费用,编制"制造费用分配表"和记账凭证,并登记相关成本费用明细账。"制造费用分配表"见表 2-4-8。

表 2-4-8　制造费用分配表

部门:基本生产车间　　　　　　　　　　2020 年 9 月　　　　　　　　　金额单位:元

借方科目		工人生产工时	分配率	分配金额
基本生产成本	Ⅰ号模具			
	Ⅱ号模具			
合计				

任务五　核算损失费用

子任务一　核算废品损失费用

工作任务 1

资料 1:202×年 3 月,宏达机电生产甲电机完工 650 件,在产品 100 件,原材料在生产开始时一次投入,在产品完工程度为 50%。产品验收入库时发现其中 5 件为不可修复废品。生产产品本月发生的各项生产费用采用项目二中任务二:【任务 1-3】、【任务 1-4】、工作任务 2、工作任务 3、工作任务 5、工作任务 6、任务三:【任务 1-3】和任务四:【任务 1-2】的任务实施结果。废品生产工时为 18 h,废品残料回收入库价值 500 元,应由责任人张欣赔偿 400 元。

资料 2:假设宏达机电甲电机每台的定额费用为:直接材料 500 元/件,燃料与动力费用 8 元/h,直接人工费用 40 元/h,制造费用 25 元/h。

资料 3:宏达机电 3 月生产乙电机完工 750 件,在产品 200 件,原材料在生产开始时一次投入,在产品完工程度为 50%。产品完工入库时发现了 8 件可修复废品。在修理过程中,耗用原材料费用 600 元,燃料与动力费用 70 元,人工费用 300 元。应由责任人李明赔偿 200 元。

要求:

1.接项目二中任务一:工作任务实施结果,根据资料 1,计算甲电机不可修复废品的实际成本,编制"废品损失计算表"和记账凭证,并登记"基本生产成本——甲电机"明细账和"废品损失——甲电机"明细账。其中,合格产品和不可修复废品直接材料费用按产量比例分配,其他费用按生产工时比例分配。

2.根据资料 1 和资料 2,按定额成本计算甲电机废品成本和废品损失,编制"废品损失计算表"。

3.根据资料1和资料3,计算乙电机可修复废品的净损失,编制记账凭证,登记"基本生产成本——乙电机"明细账和"废品损失——乙电机"明细账。

知识链接

企业在生产经营过程中由各种原因而产生的各种损失,按其产生性质可以分为非生产损失和生产损失。非生产损失是指企业在非产品生产过程中由非生产原因而产生的各种损失,如由应收款项无法收回产生的坏账损失;存货在管理过程中产生的损毁、丢失等。非生产损失与产品生产无关,不计入产品成本,在其发生时直接计入当期损益。生产损失是指企业在产品生产过程中由生产原因而产生的各种损失,如在生产过程中制造的产品质量不符合规定技术标准而产生的损失,即废品损失;在生产过程中由机器设备故障、季节性和修理期间的停工而产生的损耗,即停工损失。废品损失和停工损失都与产品生产直接相关,是产品成本的组成部分。

一、废品损失的内容

废品是指在产品生产过程中或在完工入库时发现的,因质量不符合规定的标准或技术条件,不能按原定用途使用,或需要加工修复后才能使用的产成品、半成品、零部件等,包括在生产过程中发现的以及入库时发现的所有废品。

废品按其是否具有可修复性,可分为可修复废品和不可修复废品。可修复废品是指在技术上可以修复,并且支付的修理费用在经济上合算的废品;不可修复废品是指在技术上不能够修复,或者虽然能够修复,但是支付的修理费用在经济上不合算的废品。

废品按产生的原因,可分为工废品和料废品。工废品是由工人操作过失而产生的废品,属操作工人的责任;料废品是由材料质量不符合规定要求而产生的废品,一般由同种产品的合格产成品负担其损失。

废品损失是指产品在生产过程中或入库后发现的各种废品的报废损失和修复费用,其中报废损失是指不可修复废品的实际成本扣除残料价值以及过失人赔偿后的净损失。修复费用是指可修复废品在返修过程中发生的修理用材料费、人工费和应承担的制造费用等扣除过失人赔偿后的净支出。无论废品在何时发现,只要是本月发生可修复废品的修复费用,都应作为本月废品损失归集。本月归集的不可修复废品损失和可修复废品损失应当全部计入本月完工同类合格品成本,同类合格在产品不负担废品损失费用。

需要注意的是,如果产品入库时是合格品,但保管不善、运输不当等原因使产品损坏变质而发生的损失,不包括在"废品损失"中,应计入"管理费用";质量虽然不符合规定标准,但经检验不需要返修而可以降价出售的产品,其降价损失作为销售折扣,不列入"废品损失";企业因实行"三包"而发生的三包损失,应计入"销售费用",不应列入"废品损失"。

二、核算废品损失的原始凭证

核算废品损失的常用凭证一般有废品通知单、废品交库单、领料单、工作通知单等。企业产品质量检验人员在发现废品时,应当填制废品通知单,作为废品损失核算的依据。废品通知单通常一式三联,分别由质检部门、生产部门、财会部门各执一联。当发生送交仓库的不可修复废品时,应当填制废品交库单,作为废品残料入库的依据;当可修复废品在返修时,应填制领料单、工作通知单,并注明"返修废品"字样,作为修复费用的核算依据。

三、设置"废品损失"账户

企业根据自己的生产规模、生产特点和核算要求,对发生的废品损失,可以采用不单独核算废品损失和单独核算废品损失两种方式进行会计处理。

对简单生产的企业,如果在产品的生产过程中不易产生废品或废品损失金额较小,并且在管理上不需要单独核算废品损失,可以采用不单独核算废品损失的方法。产生的废品损失直接计入生产成本的有关项目或扣除产量,不需要结转成本;废品的残料价值和过失人的赔偿额直接冲减"基本生产成本"明细账中的"直接材料""直接人工"等成本项目。

在大、中型复杂生产的企业中,为了全面反映企业一定时期内发生的废品损失,加强废品损失的控制,则需要设置"废品损失"账户,并在成本项目中增设"废品损失"项目,以便单独反映废品损失费用。

"废品损失"账户借方归集可修复废品的修复费用和不可修复废品的实际成本;贷方登记废品残料回收的价值、过失人的赔偿以及计入当期产品成本的净损失。该账户期末一般没有余额。

四、核算不可修复废品损失

不可修复废品损失是指不可修复废品的实际成本扣除残料和废料价值及过失人赔偿后的净损失。其计算过程是先计算出不可修复废品应负担的成本,将其转入"废品损失"账户,然后通过"废品损失"账户核算出不可修复废品的净损失,最后将净损失转入"基本生产成本"明细账的"废品损失"成本项目中。

由于不可修复废品的成本与合格产品的成本是同时发生并归集在一起的,因此,需要采用合适的方法将各项费用在合格品与废品之间进行分配。废品生产成本的确定方法,一般可以按废品实际成本计算或按废品所耗用的定额成本计算。

1.按废品实际成本计算

按废品实际成本计算是指在废品报废时,根据废品和合格品发生的全部费用,采用一定的分配标准,在合格品与废品之间进行分配,计算出废品的实际成本。分配标准通常采用产量或生产工时等。计算公式如下:

$$直接材料费用分配率 = \frac{直接材料费用总额}{合格产品产量 + 废品、在产品产量(或约当产量)}$$

$$废品应负担的直接材料费用 = 废品产量(或约当产量) \times 分配率$$

$$直接人工费用分配率 = \frac{直接人工费用总额}{合格产品产量(或生产工时) + 废品、在产品约当产量(或生产工时)}$$

$$废品应负担的直接人工费用 = 废品约当产量(或生产工时) \times 分配率$$

$$制造费用分配率 = \frac{制造费用总额}{合格产品产量(或生产工时) + 废品、在产品约当产量(或生产工时)}$$

$$废品应负担的制造费用 = 废品约当产量(或生产工时) \times 分配率$$

不可修复废品损失按实际成本计算,其结果较为准确,但工作量大,并且只能在月末生产费用算出后才能进行,不利于及时控制废品损失。

2.按废品定额成本计算

按废品的定额成本计算废品损失是指按废品的数量和各项费用定额计算废品的定额成本,再将废品定额成本扣除废品残值或应收赔偿款后即为废品净损失。不可修复废品的实际成本与定额成本的差异额全部由合格产品负担。

采用这种方法计算废品损失,计算工作比较简便,并且可以不受废品实际费用水平高低的影响,便于进行成本的分析与考核。但这种方法要求企业必须具备健全的消耗定额和费用定额资料。

五、核算可修复废品损失

可修复废品损失是指在修复过程中发生的各种费用,即废品的修复费用,包括修复过程中耗用的材料费用、人工费用和负担的制造费用。如果有责任人的赔偿,可以从废品损失中扣除。可修复废品损失在废品修复时计算,计算公式如下:

可修复废品损失=修复废品材料费用+修复废品人工费用+修复废品制造费用

根据直接材料、直接人工和制造费用分配表的分配结果归集的修复费用,计入"废品损失"账户的借方;修复过程中有责任人赔偿的部分,冲减废品损失,从"废品损失"账户贷方转入"其他应收款"账户借方;"废品损失"账户的借方余额,为可修复废品的净损失,与本月不可修复废品的净损失合计后,转入"基本生产成本"明细账的"废品损失"项目。

任务实施

【任务1-1】

根据项目二中任务一:工作任务1;任务二:【任务1-3】、【任务1-4】、工作任务2、工作任务3、工作任务5、工作任务6;任务三:【任务1-3】;任务四:【任务1-2】的任务实施结果,可以得到甲、乙两种电机的基本生产成本明细账,甲、乙两种电机的基本生产成本明细账见表2-5-1和表2-5-2。

表2-5-1 基本生产成本明细账

明细科目甲电机

202×年		凭证号数	摘要	(借)方分析项目				
月	日			直接材料	燃料及动力	直接人工	制造费用	废品损失
3	01		期初余额	25 500.00	700.00	3 500.00	2 200.00	
	31	略	原材料费用分配表	353 516.08				
		"	燃料费用分配表		6 688.52			
		"	包装物费用分配表	1 631.00				
		"	外购动力费用分配表		14 400.00			
		"	工资费用分配表			69 071.10		
		"	社会保险费计提表			20 030.62		
		"	住房公积金、工会经费计提表			8 288.53		
		"	制造费用分配表				61 388.45	

表 2-5-2 **基本生产成本明细账**

明细科目乙电机

202×年		凭证号数	摘要	（借）方分析项目				
月	日			直接材料	燃料及动力	直接人工	制造费用	废品损失
3	01		期初余额	55 500.00	1 500.00	7 125.00	4 688.00	
	31	略	原材料费用分配表	291 783.92				
	"		燃料费用分配表		5 911.48			
	"		包装物费用分配表	1 869.00				
	"		外购动力费用分配表		9 600.00			
	"		工资费用分配表			55 256.90		
	"		社会保险费计提表			16 024.50		
	"		住房公积金、工会经费计提表			6 630.83		
	"		制造费用分配表				49 110.76	

直接材料费用按产量比例分配,其他费用按生产工时比例分配,计算甲电机不可修复废品的实际成本:

直接材料费用分配率 = 380 647.08÷(650+100×100%) = 507.529 44

废品应负担的直接材料费用 = 5×507.529 44 ≈ 2 537.65(元)

燃料及动力费用分配率 = 21 788.52÷2 500 = 8.715 41

废品应负担的燃料及动力费用 = 18×8.715 41 ≈ 156.88(元)

直接人工费用分配率 = 100 890.25÷2 500 = 40.356 10

废品应负担的直接人工费用 = 18×40.356 10 ≈ 726.41(元)

制造费用分配率 = 63 588.45÷2 500 = 25.435 38

废品应负担的制造费用 = 18×25.435 38 ≈ 457.84(元)

根据计算结果,编制"不可修复废品损失计算表"。"不可修复废品损失计算表"见表 2-5-3。

表 2-5-3 **不可修复废品损失计算表（按实际费用计算）**

车间名称:基本生产车间

产品名称:甲电机

金额单位:元

项目	产量/台	直接材料	生产工时/h	燃料及动力	直接人工	制造费用	成本合计
生产费用总额	650	380 647.08	2 500	21 788.52	100 890.25	63 588.45	566 914.31
费用分配率		507.529 44		8.715 41	40.356 1	25.435 38	
废品生产成本	5	2 537.65	18	156.88	726.41	457.84	3 878.78
减:残料价值		500.00					500.00
过失人赔偿					400.00		400.00
废品损失		2 037.65		156.88	326.41	457.84	2 978.78

根据表2-5-3,编制记账凭证:

(1)结转不可修复废品成本

借:废品损失——甲电机　　　　　　　　　　　　　3 878.78

　　贷:基本生产成本——甲电机(直接材料)　　　　　2 537.65

　　　　　　　　　　——甲电机(燃料及动力)　　　　156.88

　　　　　　　　　　——甲电机(直接人工)　　　　　726.41

　　　　　　　　　　——甲电机(制造费用)　　　　　457.84

(2)收回废品残料、过失人赔偿

借:原材料　　　　　　　　　　　　　　　　　　　500

　　其他应收款——张新　　　　　　　　　　　　　400

　　　　贷:废品损失——甲电机　　　　　　　　　　900

(3)将废品净损失2978.78元转入合格产品成本

借:基本生产成本——甲电机　　　　　　　　　　　2 978.78

　　贷:废品损失——甲电机　　　　　　　　　　　　2 978.78

根据记账凭证登记相关明细账,见表2-5-4和表2-5-5。

表2-5-4　基本生产成本明细账

明细科目甲电机

202×年		凭证号数	摘要	(借)方分析项目				
月	日			直接材料	燃料及动力	直接人工	制造费用	废品损失
3	01		期初余额	25 500.00	700.00	3 500.00	2 200.00	
	31	略	原材料费用分配表	353 516.08				
	"		燃料费用分配表		6 688.52			
	"		包装物费用分配表	1 631.00				
	"		外购动力费用分配表		14 400.00			
	"		工资费用分配表			69 071.10		
	"		社会保险费计提表			20 030.62		
	"		住房公积金、工会经费计提表			8 288.53		
	"		制造费用分配表				61 388.45	
	"		转出不可修复废品成本	2 537.65	156.88	726.41	457.84	
	"		转入不可修复废品净损失					2 978.78

表2-5-5　废品损失明细账

明细科目甲电机

202×年		凭证号数	摘要	(借)方分析项目				
月	日			直接材料	燃料及动力	直接人工	制造费用	合计
3	31	略	不可修复废品成本	2 537.65	156.88	726.41	457.84	3 878.78
	"		残料入库	500.00				500.00

续表

202×年		凭证号数	摘要	（借）方分析项目				
月	日			直接材料	燃料及动力	直接人工	制造费用	合计
	"		过失人赔偿			400.00		400.00
	"		合计	2 037.65	156.88	326.41	457.84	2 978.78
	"		结转不可修复废品净损失	2 037.65	156.88	326.41	457.84	2 978.78

【任务1-2】

根据资料2，按定额成本计算甲电机废品成本和废品损失，编制"废品损失计算表"。"废品损失计算表"见表2-5-6。

表2-5-6　废品损失计算表

产品名称：甲电机　　　　　　　　　　　　　　　　　　　　废品数量/工时：5件/18 h

项目	直接材料	燃料及动力	直接工资	制造费用	合计
废品单位定额	500	8	40	25	—
废品定额成本	2 500	144	720	450	3 814
减：回收残值	500				500
过失人赔偿			400		400
废品损失	2 000	144	320	450	2 914

【任务1-3】

根据资料3编制记账凭证：

（1）发生的修复费用

借：废品损失——乙电机　　　　　　　　　　970

　　贷：原材料　　　　　　　　　　　　　　　　600

　　　　燃料　　　　　　　　　　　　　　　　　70

　　　　应付职工薪酬　　　　　　　　　　　　300

（2）应收过失人赔偿

借：其他应收款——李明　　　　　　　　　　200

　　贷：废品损失——乙电机　　　　　　　　　　200

（3）结转废品净损失

借：基本生产成本——乙电机（废品损失）　　770

　　贷：废品损失——乙电机　　　　　　　　　　770

根据记账凭证填制"基本生产成本——乙电机"明细账和"废品损失——乙电机"明细账。"基本生产成本——乙电机"明细账和"废品损失——乙电机"明细账见表2-5-7和表2-5-8。

表 2-5-7　**基本生产成本明细账**

明细科目*乙电机*

202×年		凭证号数	摘要	（借）方分析项目				
月	日			直接材料	燃料及动力	直接人工	制造费用	废品损失
3	01		期初余额	55 500.00	1 500.00	7 125.00	4 688.00	
	31	略	原材料费用分配表	291 783.92				
	"		燃料费用分配表		5 911.48			
	"		包装物费用分配表	1 869.00				
	"		外购动力费用分配表		9 600.00			
	"		工资费用分配表			55 256.90		
	"		社会保险费计提表			16 024.50		
	"		住房公积金、工会经费计提表			6 630.83		
	"		制造费用分配表				49 110.76	
	"		转入可修复废品净损失					770.00

表 2-5-8　**废品损失明细账**

明细科目*乙电机*

202×年		凭证号数	摘要	（借）方分析项目				
月	日			直接材料	燃料及动力	直接人工	制造费用	合计
3	31	略	修复废品费用	600	70	300		970
	"		过失人赔偿			200		200
	"		合　计	600	70	100		770
	"		结转不可修复废品净损失	600	70	100		770

边学边练

边学边练
答案及解析

资料1：远信公司2020年5月生产A产品1 000件，生产过程中发现其中10件为不可修复废品。合格品和废品共同发生的生产费用分别为：直接材料费用25 000元，直接工资费用4 000元，制造费用3 250元，共计32 250元，原材料在生产开始时一次投入。产品生产工时为：合格品496 h，废品4 h，废品残料价值20元，应由责任人李旭赔偿100元。

资料2：远信公司2020年5月生产B产品700件，生产过程中发现了8件可修复废品。在修理过程中，耗用原材料500元，人工费用300元，制造费用180元。应由责任人张辉赔偿80元。

要求：

1.根据资料1，计算不可修复废品的实际成本，其中，原材料费用按产量比例分配，其他费用按生产工时比例分配。

2.根据计算结果，编制"废品损失计算表"。"废品损失计算表"见表2-5-9。

3.根据资料2,填制记账凭证。

表 2-5-9　不可修复废品损失计算表

产品名称：　　　　　　　　　　　　　　　　　　　　　　　　　　　　　　　金额单位:元

项目	产量/台	直接材料	生产工时/h	燃料及动力	直接人工	制造费用	成本合计
生产费用总额							
费用分配率							
废品生产成本							
减:残料价值							
过失人赔偿							
废品损失							

子任务二　核算停工损失费用

工作任务 2

资料:宏达机电 202×年 3 月份,基本生产车间生产乙电机重要零件的班组发生机器故障停工修理 3 天,停工期间应负担职工工资 1 560 元,应负担制造费用 1 200 元,由过失人陈鑫赔偿 800 元。这种情况企业只是偶尔发生,宏达机电决定对停工损失不单独核算。

要求:

1.接项目二中任务五:【任务 1-3】的任务实施结果,根据资料编制停工损失的记账凭证,并登记"基本生产成本——乙电机"明细账。

2.假设宏达机电需要对停工损失单独核算,根据相关资料计算停工损失,编制"停工损失计算表"和记账凭证,并登记"基本生产成本——乙电机"明细账。

知识链接

一、停工损失的内容

停工损失是指企业生产部门在停工期间发生的各项费用,包括停工期间支付的职工薪酬、所耗用的燃料和动力费用以及应负担的制造费用。企业停工的原因很多,如停电、待料、机器设备发生故障或进行大修、发生非常灾害以及计划减产等造成的停工。其中,停工待料、电力中断、机器故障等原因造成的停工,如果车间只生产一种产品,应将停工期间负担的损失费用计入"基本生产成本",如果车间生产两种以上产品,应将停工期间负担的损失费用分配计入"基本生产成本";非常灾害造成的停工,应计入"营业外支出";季节性停产、修理期间停产的停工损失,应计入"制造费用";不满一个工作日的停工,可以不计算停工损失。

二、归集与分配停工损失

企业发生停工时,由车间填制"停工单",并在考勤记录中登记,在"停工单"中,应详细列明停工的范围、起止时间、原因、过失单位或过失人等内容。"停工单"经会计部门审核后,作为停工损失核算的原始凭证。

为了归集与分配停工损失,应设置"停工损失"账户,并在"基本生产成本"明细账中增设"停工损失"成本项目。"停工损失"账户借方归集本月发生的停工损失,贷方登记应索赔的停工损失和分配结转的停工损失。该账户月末一般没有余额。

如果企业只是偶尔发生停工,且其停工损失不大,那么停工损失可以不单独核算,不需要增设"停工损失"账户,"基本生产成本"明细账中不需要单独设置"停工损失"成本项目。只有在回收废料和应收赔款时,借记"原材料""其他应收款"等账户,贷记"基本生产成本"账户,并从其所属明细账中的"直接材料""直接人工"成本项目中扣除残料价值和应收赔款。

任务实施

【任务 2-1】

根据工作任务 2 资料,编制记账凭证:

借:其他应收款——陈鑫　　　　　　　　　　800

　　贷:基本生产成本——乙电机(直接人工)　　800

根据记账凭证,登记"基本生产成本——乙电机"明细账。"基本生产成本——乙电机"明细账见表 2-5-10。

表 2-5-10　**基本生产成本**明细账

明细科目乙电机

202×年		凭证号数	摘要	(借)方分析项目				
月	日			直接材料	燃料及动力	直接人工	制造费用	废品损失
3	01		期初余额	55 500.00	1 500.00	7 125.00	4 688.00	
	31	略	原材料费用分配表	291 783.92				
	"		燃料费用分配表		5 911.48			
	"		包装物费用分配表	1 869.00				
	"		外购动力费用分配表		9 600.00			
	"		工资费用分配表			55 256.90		
	"		社会保险费计提表			16 024.50		
	"		住房公积金、工会经费计提表			6 630.83		
	"		制造费用分配表				49 110.76	
	"		转入可修复废品净损失					770.00
	"		转入停工损失赔偿款			800		

【任务 2-2】

如果宏达机电对停工损失需要单独核算,则需要把停工期间负担的费用计入"停工损失"账户。编制乙电机的停工损失明细账见表 2-5-11。

表 2-5-11　停工损失计算表

产品名称:乙电机　　　　　　　　　202×年 3 月　　　　　　　　　单位:元

项目	直接材料	燃料及动力	直接人工	制造费用	合计
停工损失			1 560	1 200	2 760
减:过失人赔偿			800		800
停工净损失			760	1 200	1 960

根据"停工损失计算表"编制记账凭证

(1)停工期间发生的费用

借:停工损失——乙电机(直接人工)　　　　　　　1 560

　　　　——乙电机(制造费用)　　　　　　　　1 200

　　贷:基本生产成本——乙电机　　　　　　　　　　　　2 760

(2)过失人赔偿

借:其他应收款——陈鑫　　　　　　　　　　　　800

　　贷:停工损失——乙电机(直接人工)　　　　　　　　　800

(3)结转停工净损失

借:基本生产成本——乙电机 (停工损失)　　　　1 960

　　贷:停工损失——乙电机　　　　　　　　　　　　　　1 960

根据会计凭证登记"停工损失——乙产品"明细账和"基本生产成本——乙产品"明细账。"停工损失——乙产品"明细账和"基本生产成本——乙产品"明细账见表 2-5-12 和表 2-5-13。

表 2-5-12　停工损失明细账

明细科目乙产品

202×年		凭证号数	摘要	(借)方分析项目				
月	日			直接材料	燃料及动力	直接人工	制造费用	合计
3	31	略	停工损失计算表			1 560	1 200	2 760
	〃		过失人赔偿			800		800
	〃		结转停工净损失			760	1 200	1 960

表 2-5-13　基本生产成本明细账

明细科目乙电机

202×年		凭证号数	摘要	(借)方分析项目				
月	日			直接材料	燃料及动力	直接人工	制造费用	废品损失
3	01		期初余额	55 500.00	1 500.00	7 125.00	4 688.00	
	31	略	原材料费用分配表	291 783.92				
	〃		燃料费用分配表		5 911.48			

续表

202×年		凭证号数	摘要	（借）方分析项目				
月	日			直接材料	燃料及动力	直接人工	制造费用	废品损失
	"		包装物费用分配表	1 869.00				
	"		外购动力费用分配表		9 600.00			
	"		工资费用分配表			55 256.90		
	"		社会保险费计提表			16 024.50		
	"		住房公积金、工会经费计提表			6 630.83		
	"		制造费用分配表				49 110.76	
	"		转入可修复废品净损失					770.00
	"		转出停工损失			1 560	1 200	
	"		转入停工净损失					1 960

边学边练

边学边练
答案及解析

资料：中泰公司基本车间发生设备故障停工5天，停工期间应负担工人工资13 680元，应负担制造费用2 000元，过失人赔偿2 000元。该企业对停工损失需要单独核算。

要求：根据以上资料，填制记账凭证。

夯实基础

一、判断题

1.由自然灾害造成的停工损失，计入制造费用。　　　　　　　　　　　（　　）

2.不可修复废品的净损失与可修复废品的修复费应转入"基本生产成本"科目。（　　）

二、单项选择题

1.下列各项中，不属于废品损失的是（　　）。

　　A.可以降价出售的不合格产品的降价损失

　　B.可修复废品的修复费用

　　C.不可修复废品的生产成本扣除回收残料价值以后的损失

　　D.生产过程中发现的和入库后发现的不可修复废品的生产成本

2.废品净损失应由（　　）。

　　A.同种合格产品成本负担　　　　　　　　B.营业成本负担

　　C.营业外支出负担　　　　　　　　　　　D.税后利润负担

3.产成品入库后，管理不当等原因造成的损失，应计入（　　）。

　　A.管理费用　　　　　B.销售费用　　　　　C.生产成本　　　　　D.营业外支出

三、多项选择题

1.下列各项中,可用以计算不可修复废品的生产成本有(　　　)。

　　A.按所耗实际费用计算　　　　　　　B.按所耗定额费用计算

　　C.按所耗实际费用扣除残值计算　　　D.按所耗定额费用扣除残值计算

2.下列费用属于制造费用的有(　　　)。

　　A.生产单位管理人员工资及福利费　　B.生产单位照明用电费

　　C.季节性修理期间停工损失　　　　　D.生产单位固定资产折旧

3.废品损失包括(　　　)。

　　A.可修复废品修复费用　　　　　　　B.次品损失

　　C.不可修复废品净损失　　　　　　　D.合格品入库变质损失

4.对停工损失处理,其可能对应的借方科目有(　　　)。

　　A.其他应收款　　　B.营业外支出　　　C.制造费用　　　D.基本生产成本

小试牛刀

资料:凯丰模具有限责任公司2020年9月投产Ⅰ号模具550件,Ⅱ号模具260件,月末Ⅰ号模具在产品80件,Ⅱ号模具月末在产品20件。在产品完工程度均为50%。本月可修复废品和不可修复废品情况见表2-5-14—表2-5-18。

表2-5-14　废品通知单

生产车间　　　　　　　　　　　　　　　2020年9月

产品名称	计量单位	单位定额工时	不可修复废品数量	可修复废品数量
Ⅰ号模具	件	3.5	4	
Ⅱ号模具	件			2

废品原因:工人工作疏忽、材料不合格。

表2-5-15　废品损失赔偿通知单

生产车间　　　　　　　　　　　　　　　2020年9月　　　　　　　　　　单位:元

责任者姓名	工种	追偿废品赔偿金额	备注
秦敏	车工	120	不可修复废品
张宇	采购员	100	不可修复废品
张宇	采购员	100	可修复废品

表2-5-16　工资通知单

财务科　　　　　　　　　　　　　　　2020年9月　　　　　　　　　　单位:元

部门	产品名称	产品数量	单位计件工资	合计	备注
生产车间	Ⅱ号模具	2	80	160	修复废品
明细见附表				企管科　2020年9月	

表 2-5-17　凯丰模具有限责任公司入库单

编号:　　　　供货部门:　　　　　　　2020 年 9 月 30 日　　　　　　　　仓库:

材料编号	材料名称	计量单位	数量	单价/元	金额/元	用途
其他	Ⅰ号模具残料	kg			530	残料入库

供应单位:　　　　　　　　　　　保管员:刘利　　　　　　　　　　　收料人:

表 2-5-18　凯丰模具有限责任公司领料单

编号:　　　　供货部门:　　　　　　　2020 年 9 月 22 日　　　　　　　　仓库:

材料编号	材料名称	计量单位	数量	单价/元	金额/元	用途
302	轴承	套	2	20	40	修复废品

要求

1.根据项目二中任务一至任务四:"小试牛刀"的资料、任务实施结果和以上资料,计算废品损失并填制"废品损失计算表",登记"废品损失"明细账和"基本生产成本"明细账。

2.编制相关记账凭证,见表 2-5-19—表 2-5-22。

表 2-5-19　废品损失计算表

产品名称:Ⅰ号模具　　　　　　　　　　2020 年 9 月　　　　　　　　金额单位:元

项目	数量	直接材料	生产工时	燃料动力	直接人工	制造费用	合计
生产费用总额							
分配率							
废品成本							
减:残料入库							
过失人赔偿							
废品净损失							

表 2-5-20　废品损失明细账

明细科目Ⅰ号模具

年		凭证字号	摘要	直接材料	燃料动力	直接人工	制造费用	合计
月	日							
			转入废品生产成本					
			废品残值回收					
			过失人赔偿					
			转出废品净损失					

表 2-5-21 废品损失计算表

产品名称:Ⅱ号模具　　　　　　　　2020 年 9 月　　　　　　　　单位:元

项目	数量	直接材料	燃料动力	直接人工	制造费用	合计
修复材料费用						
修复人工费用						
减:过失人赔偿						
废品净损失						

表 2-5-22 废品损失明细账

明细科目Ⅱ号模具

年		凭证字号	摘要	直接材料	燃料动力	直接人工	制造费用	合计
月	日							
			修复材料费用					
			修复人工费用					
			过失人赔偿					
			合计					
			转出废品净损失					

任务六　计算产品成本

工作任务 1

资料 1:熙园公司 A 产品月末在产品成本只计算材料费用,材料在生产开始时一次投入。该企业 6 月份有关产量及费用资料见表 2-6-1。

表 2-6-1 A 产品产量及费用表

项目	月初在产品		本月发生		月末生产数量	
	数量	成本	数量	生产费用	完工	在产品
直接材料		5 600		103 300		
直接人工				21 800		
制造费用				9 200		
合计	380	5 600	800	134 300	760	420

资料 2:熙园公司生产 B 产品,本月完工 280 件,月末在产品 120 件,在产品完工程度

60%，月初和本月发生的原材料费用共 32 400 元，原材料在生产开始时一次投入。

资料3：接资料2，在产品完工程度60%，月初和本月发生的原材料费用共 32 400 元，原材料随生产进度陆续投入且投入程度与加工进度一致。

资料4：远方公司生产 C 产品需经过三道工序加工完成，原材料在各工序开始时一次投入。三道工序每件产品投料定额分别为 1 200 kg、600 kg 和 200 kg，各工序在产品数量分别为 100 件、200 件和 300 件。本月完工产品 1 460 件，月初与本月共发生材料费用 37 800 元。

资料5：远方公司生产 C 产品，各工序工时定额分别为 50 h、30 h、20 h；各工序在产品数量分别为 100 件、200 件、300 件。月初与本月发生的直接人工费用 43 700 元，制造费用 32 600元。

资料6：202×年3月，宏达机电生产的甲电机完工 650 件，月末在产品 100 件；生产的乙电机完工 750 件，月末在产品 200 件。在产品完工程度均为 50%。

资料7：202×年8月，清徐公司生产 D 产品，原材料在生产开始时一次投入，月初在产品成本共 15 000 元，其中：直接材料 8 000 元，直接人工 4 000 元，制造费用 3 000 元。本月发生生产费用共计 65 000 元，其中：直接材料 35 000 元，直接人工 18 000 元，制造费用 12 000 元。月末在产品 200 件，在产品每件材料消耗定额为 8 kg，每千克 4 元，工时定额为 20 h，小时工资率 1.2 元，小时制造费用率 0.6 元。

资料8：202×年7月，清徐公司生产 E 产品，月初在产品成本共计 6 700 元，其中：直接材料 3 700 元，直接人工 1 800 元，制造费用 1 200 元。本月在产品 100 件，发生生产费用分别为直接材料 38 700 元，直接人工 26 200 元，制造费用 21 500 元。完工产品定额直接材料费用为 33 000 元，定额工时为 16 000 h；月末在产品定额直接材料费用为 7 000 元，定额工时为 4 000 h。直接材料按定额费用比例分配，其他各项费用按定额工时比例分配。

要求：

1.根据资料1，采用在产品按所耗直接材料费用计价法计算熙园公司 A 产品月末完工产品和在产品的成本。

2.根据资料2，采用约当产量法计算熙园公司 B 产品月末完工产品和在产品应分配的材料费用。

3.根据资料3，采用约当产量法计算熙园公司 B 产品月末完工产品和在产品应分配的材料费用。

4.根据资料4，采用约当产量法计算远方公司 C 产品月末完工产品与在产品应分配的材料费用。

5.接资料4，如果该公司原材料分工序陆续投入，但投料程度与产品加工进度不一致，采用约当产量法计算远方公司 C 产品月末完工产品与在产品应分配的材料费用。

6.根据资料5，采用约当产量法计算远方公司 C 产品月末在产品与完工产品应分配的人工费用和制造费用。

7.根据项目二中任务五：【任务1-1】、【任务2-1】的任务实施结果和资料6，采用约当产量法计算宏达机电 202×年3月生产的甲电机、乙电机的月末在产品成本和完工产品成本，编制成本计算单和记账凭证，并登记"基本生产成本"明细账。

8.根据资料7，采用在产品按定额成本计价法计算清徐公司 D 产品月末在产品成本和完工产品成本。

9.根据资料8,采用定额比例法计算清徐公司E产品月末在产品成本和完工产品成本。

知识链接

计算完工产品成本和在产品成本,是产品成本计算的最后一个步骤。

通过归集与分配各项费用,应计入产品成本的各项费用都已经按成本项目全部在"基本生产成本"明细账的借方集中反映。如果产品已经全部完工,"基本生产成本"明细账中归集的生产费用之和就是这种完工产品的成本;如果产品全部未完工,"基本生产成本"明细账中归集的生产费用之和就是该种在产品的成本;如果既有完工产品又有在产品,"基本生产成本"明细账中归集的生产费用之和就应该采用适当的方法,在完工产品与在产品之间进行分配,从而计算出完工产品与月末在产品的成本。

生产费用合计数与本月完工产品及月末在产品成本之间的关系,可以用公式表示为:

月初在产品成本 + 本月发生的费用 = 本月完工产品成本 + 月末在产品成本

一、在产品的概念

在产品是指企业已经投入生产,但尚未最后完工,不能作为商品销售的产品。在产品有广义与狭义之分。广义的在产品是就整个企业而言的,是指产品生产从投料开始,到最终制成产成品交付验收入库前的一切产品,包括正在加工中的在产品、已经完成一个或几个生产步骤但还需继续加工的半成品、尚未验收入库的产成品和等待返修的废品。狭义在产品是就某一个生产单位或某一生产步骤而言,它仅指在本单位或本生产步骤尚未加工或装配完成的产品。在本书中没有特别说明的在产品指的就是狭义在产品。

二、确定在产品数量

企业要正确计算产品成本,必须加强在产品的实物管理,取得准确的在产品数量。在产品数量可以结合其账面核算资料和实地盘点资料来确定。

(一)通过账面核算资料确定

企业为了随时掌握在产品数量的动态信息,通常设置"在产品收发结存账"进行在产品收发结存的日常核算。这种账簿也称为在产品台账,其应当分别按照生产部门(如车间、分厂等)、产品的品种和在产品名称(如零件、部件等)设立,以便用来反映生产部门各种在产品的转入、转出和结存的数量。生产部门应当认真做好在产品的计量、验收和交接工作,并在此基础上由其核算员根据领料凭证、在产品内部转移凭证、产成品检验凭证和产品交库凭证等依据及时完整地登记在产品台账。

(二)通过实地盘点资料确定

为了核实在产品的数量,企业应当认真做好在产品实物的清查工作。由于在产品品种规格多,又处于不断流动之中,因此在产品清查可以采用不定期轮流清查,也可以采用定期清查,特别是没有设置在产品台账进行日常收发核算的生产部门,应当于每月月末清查一次在产品,以确保企业取得准确的在产品实际盘存数量。

三、计算产品成本

(一)不计算在产品成本法

某些企业所生产的产品,如采煤企业,月末在产品数量少,且各月变化不大,在产品成本的计算与否,对完工产品成本影响不大,为了简化核算,可以不计算在产品成本。在这种方法下,"基本生产成本"明细账中归集的全部生产成本就是完工产品的成本,账面上没有月末在产品成本,即本月完工产品成本等于本月发生的生产费用。

(二)在产品成本按年初固定成本计价法

某些企业生产的产品,如钢铁企业或化工企业,在产品数量比较稳定,是否计算各月月初、月末在产品成本的差额对确定完工产品成本的影响较小。为了简化产品成本计算工作,各月月末在产品成本可以按年初固定数计算。采用这种方法,每年 1—11 月,无论在产品数量是否发生变化,都以固定的年初在产品成本作为各月在产品成本,只在年末根据盘点数重新计算 12 月份在产品成本,作为次年在产品成本计价的依据。这样,每月发生的生产费用仍然是该月完工产品的成本,但账面上有期末在产品成本。

本月完工产品成本=月初在产品成本(年初固定数)+本月发生的生产费用−月末在产品成本(年初固定数)=本月发生的生产费用

(三)在产品按所耗材料费用计价法

某些企业所生产的产品,如酿酒、造纸等行业,各月末在产品数量较大且变化较大,但直接材料费用在成本总额中所占比重较大。此时,为了简化核算,月末在产品可以按所耗用的直接材料费用计价。采用这种方法计算在产品成本,月末在产品成本只按所耗用的直接材料计算确认,直接人工和制造费用等则全部由完工产品承担。其计算公式如下:

$$直接材料费用分配率 = \frac{直接材料费用总额}{完工产品产量 + 月末在产品约当产量}$$

$$月末在产品成本 = 月末在产品约当产量 \times 直接材料费用分配率$$

$$本月完工产品成本 = 月初在产品成本 + 本月生产费用 − 月末在产品成本$$

(四)在产品按完工产品成本计算

如果企业生产的产品到月末已经接近完工,此时,为了简化核算,可以把在产品视同完工产品,按完工产品与在产品成本的数量比例分配各项成本费用,确定月末在产品成本和本月完工产品成本。这种在产品按完工产品成本计价的方法,也称为完工产品法。

(五)约当产量比例法

约当产量比例法是指将月末在产品数量按其投料程度或完工程度折算为相当于完工产品的数量(即约当产量),然后将期初在产品成本与本期发生的生产费用之和,按照完工产品数量与月末在产品约当产量的比例进行分配,从而计算完工产品与月末在产品成本的方法。这种方法主要适用于月末在产品数量较大,各月末在产品数量变化也较大,产品成本中材料费用、人工费用和制造费用的比重相差不大的产品。有关计算公式如下:

$$在产品约当产量 = 在产品实际数量 \times 在产品投料程度(或完工程度)$$

$$某项费用分配率 = \frac{月初在产品成本 + 本月发生的生产费用}{本月完工产品产量 + 月末在产品约当产量}$$

$$完工产品应分配该项费用 = 完工产品产量 \times 该项费用分配率$$

$$月末在产品应分配该项费用 = 月末在产品约当产量 \times 该项费用分配率$$

由于在产品在生产过程中加工程度和投料情况不同,因此必须区别成本项目计算在产品约当产量。要正确计算在产品约当产量,必须先确定投料程度和完工程度。

1.分配"直接材料"费用在产品的约当产量

分配"直接材料"费用时,在产品的约当产量一般是按投料程度计算的。在产品的投料程度是指在产品已投材料占完工产品应投材料的百分比。在生产过程中,材料投入方式通常有4种,即材料在生产开始时一次投入、材料随生产进度陆续投入且投入程度与加工进度一致、材料在各工序开始时一次投入和材料在各工序陆续投入且投入程度与加工进度不一致。由于投料方式不同,在产品的投料程度也不一样。

(1)材料在生产开始时一次投入

如果材料在生产开始时一次投入,则在产品和完工产品所耗用的材料数量相同,在产品的投料程度为100%。此时,无论产品完工程度如何,分配直接材料费用时,直接按完工产品与在产品数量比例分配。

$$在产品约当产量 = 在产品实际数量 \times 在产品投料程度(100\%)$$

(2)材料随生产进度陆续投入且投入程度与加工进度一致

如果材料随生产进度陆续投入且投入程度与加工进度一致,则在产品的投料程度与完工程度一致,即分配材料费用的在产品约当产量按在产品的完工程度折算。

$$在产品约当产量 = 在产品实际数量 \times 完工程度$$

(3)材料在各工序开始时一次投入

如果材料分工序投入,且在每道工序开始时一次投入,则某道工序投料程度的计算公式如下:

$$某道工序投料程度 = \frac{前面各道工序投料定额之和 + 本工序投料定额}{完工产品投料定额} \times 100\%$$

(4)材料在各工序陆续投入且投入程度与加工进度不一致

如果材料分工序陆续投入,但投料程度与产品加工进度不一致,则月末在产品投料程度的计算公式如下:

$$某道工序投料程度 = \frac{前面各道工序投料定额之和 + 本工序投料定额 \times 50\%}{完工产品投料定额} \times 100\%$$

2.分配"直接材料"费用以外的其他成本项目在产品的约当产量

计算"直接材料"费用以外的其他成本项目在产品的约当产量,通常按完工程度进行折算。完工程度通常有两种形式:

(1)不分工序计算在产品完工程度

如果企业生产进度比较均衡,各道工序在产品数量和加工量都相差不大时,后面各工序在产品多加工的程度可以弥补前面各工序少加工的程度。为了简化核算,可以对全部在产品完工程度都按50%确定。

（2）分工序计算在产品完工程度

如果各工序在产品数量和加工量差别较大,后面各工序在产品多加工的程度不足以弥补前面各工序少加工的程度,则需要分工序分别计算在产品的完工程度。在产品完工程度的计算公式如下:

$$某道工序完工程度 = \frac{前面各道工序投料定额之和 + 本工序投料定额 \times 50\%}{完工产品投料定额} \times 100\%$$

（六）在产品按定额成本计价法

在产品按定额成本计价法是指月末在产品成本根据月末在产品数量和单位定额成本计算,然后从本月该种产品的全部生产费用(包括月初在产品成本和本月发生的生产费用)中扣除,以计算完工产品成本的方法。这种方法适用于企业定额管理基础较好,各项消耗定额或费用定额比较准确、稳定,而且各月在产品数量变化不大的产品。其计算公式如下:

在产品定额直接材料成本 = 在产品数量 × 在产品材料消耗定额 × 材料单价

在产品定额直接人工成本 = 在产品数量 × 在产品工时消耗定额 × 小时工资率

在产品定额制造费用成本 = 在产品数量 × 在产品工时消耗定额 × 小时费用率

在产品定额成本 = 在产品定额材料成本 + 在产品定额人工成本 + 在产品定额制造费用成本

完工产品成本 = 月初在产品定额成本 + 本月发生的生产费用 − 月末在产品定额成本

（七）定额比例分配法

定额比例分配法是指产品的生产费用按完工产品与在产品的定额消耗量或定额费用的比例进行分配,计算完工产品和月末在产品成本的一种方法。其中,直接材料费用按材料的定额消耗量或定额费用比例分配;直接人工、制造费用等按定额工时或定额费用比例分配。这种方法适用于各项消耗定额或费用定额比较准确、稳定,生产工艺过程已经定型,但各月月末在产品数量变化较大的产品。各项生产费用分配计算的公式如下:

1.直接材料费用的分配

$$直接材料费用分配率 = \frac{月初在产品直接材料成本 + 本月发生的直接材料费用}{本月完工产品材料定额消耗量(或费用) + 月末在产品材料定额消耗量(或费用)}$$

完工产品应分配直接材料费用 = 完工产品材料定额消耗量(或费用) × 直接材料费用分配率

月末在产品应分配直接材料费用 = 月末在产品材料定额消耗量(或费用) × 直接材料费用分配率

2.直接人工或其他费用的分配

$$直接人工或其他费用分配率 = \frac{月初在产品直接人工或其他费用 + 本月发生的直接人工或其他费用}{本月完工产品定额工时 + 月末在产品定额工时}$$

完工产品应分配的直接人工或其他费用 = 完工产品定额工时 × 直接人工或其他费用分配率

月末在产品应分配的直接人工或其他费用 = 月末在产品定额工时 × 直接人工或其他费用分配率

在完工产品与在产品之间分配生产费用的方法较多,企业可以根据生产不同产品的特点及管理要求选用其中一种或几种。为了使不同时期的产品成本具有可比性,计算方法一旦选定,没有特殊情况不能随意更改。

任务实施

【任务1-1】

$$直接材料费用分配率=\frac{5\ 600+103\ 300}{760+420}\approx92.3$$

因为在产品成本只按原材料费用计算,所以月末在产品成本为:

月末在产品成本=420×92.3=38 766(元)

完工产品成本为:

直接材料费用=5 600+103 300-38 766=70 134(元)

直接人工费用=21 800(元)

制造费用=9 200(元)

【任务1-2】

因为原材料在生产开始时一次投入,所以投料程度为100%。

$$直接材料费用分配率=\frac{32\ 400}{280+120}=81$$

完工产品成本=81×280=22 680(元)

在产品成本=120×81=9 720(元)

【任务1-3】

如果原材料随生产进度陆续投入且投入程度与加工进度一致,则完工产品和月末在产品原材料费用分别为:

$$直接材料费用分配率=\frac{32\ 400}{280+120×60\%}=92.045$$

完工产品成本=92.045×280=25 772.6(元)

在产品成本=32 400-25 772.6=6 627.4(元)

【任务1-4】

(1)计算月末每道工序在产品投料程度及约当产量

如果原材料在各工序开始生产时一次投入,则月末每道工序在产品投料程度为:

$$第一道工序在产品投料程度=\frac{1\ 200}{1\ 200+600+200}×100\%=60\%$$

$$第二道工序在产品投料程度=\frac{1\ 200+600}{1\ 200+600+200}×100\%=90\%$$

$$第三道工序在产品投料程度=\frac{1\ 200+600+200}{1\ 200+600+200}×100\%=100\%$$

在产品约当产量=100×60%+200×90%+300×100%=540(件)

(2)计算直接材料费用分配率

$$直接材料费用分配率=\frac{37\ 800}{1\ 460+540}=18.9$$

(3)计算月末完工产品与在产品成本应分配的直接材料费用

完工产品应分配的直接材料费用＝1 460×18.9＝27 594(元)

月末在产品应分配的直接材料费用＝37 800−27 594＝10 206(元)

【任务 1-5】

(1)计算月末每道工序在产品投料程度及约当产量

如果该公司原材料分工序陆续投入,但投料程度与产品加工进度不一致,则月末每道工序在产品投料程度为:

$$第一道工序在产品投料程度＝\frac{1\ 200×50\%}{1\ 200+600+200}×100\%＝30\%$$

$$第二道工序在产品投料程度＝\frac{1\ 200+600×50\%}{1\ 200+600+200}×100\%＝75\%$$

$$第三道工序在产品投料程度＝\frac{1\ 200+600+200×50\%}{1\ 200+600+200}×100\%＝95\%$$

在产品约当产量＝100×30%+200×75%+300×95%＝465(件)

(2)计算直接材料费用分配率

$$直接材料费用分配率＝\frac{37\ 800}{1\ 460+465}≈19.64$$

(3)计算月末完工产品与在产品成本应分配的直接材料费用

完工产品应分配的直接材料费用＝1 460×19.64＝28 674.4(元)

月末在产品应分配的直接材料费用＝37 800−28 674.4＝9 125.6(元)

【任务 1-6】

分配直接人工和制造费用等其他费用时,月末在产品按完工程度计算约当产量。

(1)计算月末每道工序在产品完工程度及约当产量

$$第一道工序在产品完工程度＝\frac{50×50\%}{50+30+20}×100\%＝25\%$$

$$第二道工序在产品完工程度＝\frac{50+30×50\%}{50+30+20}×100\%＝65\%$$

$$第三道工序在产品完工程度＝\frac{50+30+20×50\%}{50+30+20}×100\%＝90\%$$

在产品约当产量＝100×25%+200×65%+300×90%＝425(件)

(2)计算直接人工、制造费用分配率

$$直接人工分配率＝\frac{43\ 700}{1\ 460+425}≈23.18$$

$$制造费用分配率＝\frac{32\ 600}{1\ 460+425}≈17.29$$

(3)计算月末完工产品与在产品应分配的直接人工、制造费用

完工产品应分配的直接人工费用＝1 460×23.18＝33 842.8(元)

月末在产品应分配的直接人工费用＝43 700−33 842.8＝9 857.2(元)

完工产品应分配的制造费用＝1 460×17.29＝25 243.4(元)

月末在产品应分配的制造费用＝32 600-25 243.4＝7 356.6(元)

【任务1-7】

1.根据项目二中任务五:【任务1-1】的任务实施结果,计算甲电机的产品成本。

(1)甲电机生产费用合计

直接材料费用合计＝25 500+353 516.08+1 631-2 537.65＝378 109.43(元)

燃料动力费用合计＝700+6 688.52+14 400-156.88＝21 631.64(元)

直接人工费用合计＝3 500+97 390.25-726.41＝100 163.84(元)

制造费用合计＝2 200+61 388.45-457.84＝63 130.61(元)

(2)甲电机生产费用分配率

$$直接材料费用分配率＝\frac{378\ 109.43}{645+100×100\%}≈507.529\ 44$$

$$燃料动力费用分配率＝\frac{21\ 631.64}{645+100×50\%}≈31.124\ 67$$

$$直接人工费用分配率＝\frac{100\ 163.84}{645+100×50\%}≈144.120\ 63$$

$$制造费用分配率＝\frac{63\ 130.61}{645+100×50\%}≈90.835\ 41$$

(3)甲电机完工产品成本

直接材料成本＝645×507.529 44≈327 356.49(元)

燃料动力成本＝645×31.124 67≈20 075.41(元)

直接人工成本＝645×144.120 63≈92 957.81(元)

制造费用＝645×90.835 41≈58 588.84(元)

废品损失费用＝2 978.78(元)

(4)甲电机单位成本

直接材料单位成本＝327 356.49÷645＝507.53(元)

燃料动力单位成本＝20 075.41÷645＝31.12(元)

直接人工单位成本＝92 957.81÷645＝144.12(元)

制造费用单位成本＝58 588.84÷645＝90.84(元)

废品损失单位成本＝2 978.78÷645＝4.62(元)

(5)甲电机月末在产品成本

直接材料在产品成本＝378 109.43-327 356.49＝50 752.94(元)

燃料动力在产品成本＝21 631.64-20 075.41＝1 556.23(元)

直接人工在产品成本＝100 163.84-92 957.81＝7 206.03(元)

制造费用在产品＝63 130.61-58 588.84＝4 541.77(元)

根据计算结果,编制"甲电机成本计算单"。"甲电机成本计算单"见表2-6-2。

表 2-6-2　宏达机电产品成本计算单

产品名称:甲电机　　　　　　　完工合格产品数量:645 件　　　　　月末在产品数量:100 件

202×年 3 月　　　　　　　　　　计量单位:元、件、元/件

项目	直接材料	燃料动力	直接人工	制造费用	废品损失	合计
月初在产品成本	25 500	700	3 500	2 200		31 900.00
本月发生的生产费用	352 609.43	20 931.64	96 663.84	60 930.61	2 978.78	534 114.30
生产费用合计	378 109.43	21 631.64	100 163.84	63 130.61	2 978.78	566 014.30
本月完工产品产量	645	645	645	645		
月末在产品约当产量	100	50	50	50		
本月生产成本分配率	507.529 44	31.124 67	144.120 63	90.835 41		
本月完工产品成本	327 356.49	20 075.41	92 957.81	58 588.84	2 978.78	501 957.33
本月完工产品单位成本	507.53	31.12	144.12	90.84	4.62	778.23
月末在产品成本	50 752.94	1 556.23	7 206.03	4 541.77	0	64 056.97

2.根据项目二中任务五:【任务2-1】的任务实施结果,计算乙电机的产品成本。

(1)乙电机生产费用合计

直接材料费用合计 = 55 500+293 652.92 = 349 152.92(元)

燃料动力费用合计 = 1 500+15 511.48 = 17 011.48(元)

直接人工费用合计 = 7 125+77 112.23 = 84 237.23(元)

制造费用合计 = 4 688+49 110.76 = 53 798.76(元)

(2)乙电机生产成本分配率

直接材料费用分配率 = 349 152.92÷(750+200×100%) ≈ 367.529 39

燃料动力费用分配率 = 17 011.48÷(750+200×50%) ≈ 20.013 51

直接人工费用分配率 = 84 237.23÷(750+200×50%) ≈ 99.102 62

制造费用分配率 = 53 798.76÷(750+200×50%) ≈ 63.292 66

(3)乙电机完工产品成本

直接材料成本 = 750×367.529 39 ≈ 275 647.04(元)

燃料动力成本 = 750×20.013 51 ≈ 15 010.13(元)

直接人工成本 = 750×99.102 62 ≈ 74 326.97(元)

制造费用 = 750×63.292 66 ≈ 47 469.50(元)

废品损失费用 = 770(元)

(4)乙电机单位成本

直接材料单位成本 = 275 647.04÷750 = 367.53(元)

燃料动力单位成本 = 15 010.13÷750 = 20.01(元)

直接人工单位成本 = 74 326.96÷750 = 99.10(元)

制造费用单位成本 = 47 469.50÷750 = 63.29(元)

废品损失单位成本 = 770÷750 = 1.03(元)

（5）乙电机月末在产品成本

直接材料在产品成本＝349 152.92－275 647.04＝73 505.88(元)

燃料动力在产品成本＝17 011.48－15 010.13＝2 001.35(元)

直接人工在产品成本＝84 237.23－74 326.97＝9 910.26(元)

制造费用在产品合计＝53 798.76－47 469.50＝6 329.26(元)

根据计算结果,编制"乙电机成本计算单"。"乙电机成本计算单"见表2-6-3。

表2-6-3 宏达机电产品成本计算单

产品名称:乙电机　　　　完工合格产品数量:750件　　　　月末在产品数量:200件

202×年3月　　　　　　　　　　　　　　　　　　　　　　计量单位:元、件、元/件

项目	直接材料	燃料动力	直接人工	制造费用	废品损失	合计
月初在产品成本	55 500.00	1 500.00	7 125.00	4 688.00		68 813.00
本月发生的生产费用	293 652.92	15 511.48	77 112.23	49 110.76	770.00	436 157.39
生产费用合计	349 152.92	17 011.48	84 237.23	53 798.76	770.00	504 970.39
本月完工产品产量	750	750	750	750		
月末在产品约当产量	200	100	100	100		
本月生产成本分配率	367.529 39	20.013 51	99.102 62	63.292 66		
本月完工产品成本	275 647.04	15 010.13	74 326.97	47 469.50	770.00	413 223.64
本月完工产品单位成本	367.53	20.01	99.10	63.29	1.03	550.96
月末在产品成本	73 505.88	2 001.35	9 910.26	6 329.26	0.00	91 746.75

3.根据甲、乙电机成本计算单编制记账凭证

借:库存商品——甲电机　　　　　　　　　　501 957.33

　　　　　　——乙电机　　　　　　　　　　413 223.64

贷:基本生产成本——甲电机　　　　　　　　501 957.33

　　　　　　　——乙电机　　　　　　　　　413 223.64

根据记账凭证和成本计算单登记甲、乙电机"基本生产成本"明细账。甲、乙电机"基本生产成本"明细账见表2-6-4、表2-6-5。

表2-6-4 基本生产成本明细账

明细科目甲电机

202×年		凭证号数	摘要	（借）方分析项目					合计
月	日			直接材料	燃料动力	直接人工	制造费用	废品损失	
3	01		期初余额	25 500.00	700.00	3 500.00	2 200.00		31 900.00
	"	略	原材料费用分配表	353 516.08					353 516.08
	"		燃料费用分配表		6 688.52				6 688.52
	"		包装物费用分配表	1 631.00					1 631.00
	"		外购动力费用分配表		14 400.00				14 400.00

续表

202×年		凭证号数	摘要	(借)方分析项目					合计
月	日			直接材料	燃料动力	直接人工	制造费用	废品损失	
3	01		期初余额	25 500.00	700.00	3 500.00	2 200.00		31 900.00
	"		工资费用分配表			69 071.10			69 071.11
	"		社会保险费计提表			20 030.62			20 030.62
	"		住房公积金、工会经费计提表			8 288.53			8 288.53
	"		制造费用分配表				61 388.45		61 388.45
	"		结转不可修复废品成本	2 537.65	156.88	726.41	457.84		3 878.78
	"		转入不可修复废品净损失					2 978.78	2 978.78
	"		本月完工入库合格品总成本	327 356.49	20 075.41	92 957.81	58 588.84	2 978.78	501 957.33

表 2-6-5　**基本生产成本明细账**

明细科目 乙电机

202×年		凭证号数	摘要	(借)方分析项目					合计
月	日			直接材料	燃料动力	直接人工	制造费用	废品损失	
3	01		期初余额	55 500.00	1 500.00	7 125.00	4 688.00		68 813.00
		略	原材料费用分配表	291 783.92					291 783.92
	"		燃料费用分配表		5 911.48				5 913.32
	"		包装物费用分配表	1 869.00					1 869.00
	"		外购动力费用分配表		9 600.00				9 600.00
	"		工资费用分配表			55 256.90			55 256.89
	"		社会保险费计提表			16 024.50			16 024.50
	"		住房公积金、工会经费计提表			6 630.83			6 630.83
	"		制造费用分配表				49 110.76		49 110.76
	"		转入可修复废品净损失					770.00	770.00
	"		停工损失			800.00			800.00
	"		本月完工入库合格品总成本	275 647.04	15 010.13	74 326.97	47 469.50	770.00	413 223.64

产品成本计算工作是一项烦琐但非常重要的工作。成本核算人员要不断培养自己的工

匠精神,力求成本核算的每一个环节准确无误。

【任务1-8】

在产品定额直接材料成本=200×8×4=6 400(元)

在产品定额直接人工成本=200×20×1.2=4 800(元)

在产品定额制造费用成本=200×20×0.6=2 400(元)

在产品定额成本=6 400+4 800+2 400=13 600(元)

根据计算结果编制"产品成本计算单","产品成本计算单"见表2-6-6。

表2-6-6　产品成本计算单

产品名称:D产品　　　　　　　　　　　202×年8月　　　　　　　　　　　单位:元

项目	直接材料	直接人工	制造费用	合计
月初在产品成本	8 000	4 000	3 000	15 000
本月发生生产费用	35 000	18 000	12 000	65 000
合计	43 000	22 000	15 000	80 000
完工产品成本	36 600	17 200	12 600	66 400
月末在产品定额成本	6 400	4 800	2 400	13 600

【任务1-9】

$$直接材料费用分配率=\frac{3\ 700+38\ 700}{7\ 000+33\ 000}×100\%=1.06\%$$

完工产品应分配的直接材料费用=33 000×1.06=34 980(元)

在产品应分配的直接材料费用=42 400−34 980=7 420(元)

$$直接人工费用分配率=\frac{1\ 800+26\ 200}{4\ 000+16\ 000}=1.4$$

完工产品应分配的直接人工费用=1.4×16 000=22 400(元)

在产品应分配的直接人工费用=28 000−22 400=5 600(元)

$$制造费用分配率=\frac{1\ 200+21\ 500}{4\ 000+16\ 000}=1.135$$

完工产品应分配的制造费用=1.135×16 000=18 160(元)

在产品应分配的制造费用=22 700−18 160=4 540(元)

根据计算结果,编制"产品成本计算单"。"产品成本计算单"见表2-6-7。

表2-6-7　产品成本计算单

产品名称:E产品　　　　　　　　　　　202×年8月　　　　　　　　　　　单位:元

项目	直接材料	直接人工	制造费用	合计
月初在产品成本	3 700	1 800	1 200	6 700
本月发生生产费用	38 700	26 200	21 500	86 400
合计	42 400	28 000	22 700	93 100

续表

项目		直接材料	直接人工	制造费用	合计
费用分配率		1.06	1.4	1.135	—
完工产品成本	定额	33 000	16 000 h		
	实际成本	34 980	22 400	18 160	75 540
月末在产品成本	定额	7 000	4 000 h		
	实际成本	7 420	5 600	4 540	17 560

边学边练

边学边练
答案及解析

资料1:银星公司生产A产品需要经过三道工序,原材料在每道工序开始时一次投入。2020年6月完工A产品500台,月初在产品成本共计11 868元,其中:直接材料5 600元,直接人工3 210元,制造费用3 058元;本月发生生产费用合计为71 097元,其中:直接材料34 529元,直接人工24 800元,制造费用11 768元。各工序的有关资料见表2-6-8—表2-6-11。

表2-6-8 在产品数量及定额资料表

工序	1	2	3	合计
直接材料定额/kg	400	240	160	800
工时定额/h	80	120	200	400
在产品数量/台	90	70	50	210

要求:采用约当产量比例法计算A产品本月完工产品成本和月末在产品成本。

表2-6-9 A产品投料程度和约当产量计算表

工序	直接材料定额	投料程度	在产品数量/台	约当产量/台
1				
2				
3				
合计				

表2-6-10 A产品完工程度和约当产量计算表

工序	工时定额	完工程度	在产品数量/台	约当产量/台
1				
2				
3				
合计				

表 2-6-11　产品成本计算单

产品名称:A 产品　　　　　　　　　　　2020 年 6 月　　　　　　　　　　　单位:元

项目	直接材料	直接人工	制造费用	合计
月初在产品成本				
本月生产费用				
生产费用合计				
完工产品数量				
在产品约当产量				
分配率				
完工产品成本				
月末在产品成本				

资料 2:振华公司生产 B 产品,原材料在生产开始时一次投入。2020 年 4 月份 B 产品有关资料如下:

月初在产品直接材料 12 000 元,直接人工 2 100 元,制造费用 3 200 元;本月实际发生直接材料 48 000 元,直接人工 13 000 元,制造费用 14 000 元。单位产品原材料费用定额 200 元,工时定额 60 h,工资率 0.6 元/h,制造费用率 0.8 元/h。月末在产品产量 50 件,完工程度 50%。

要求:根据以上资料,采用在产品定额成本计价法计算月末在产品定额成本和完工产品成本,见表 2-6-12。

表 2-6-12　产品成本计算单

产品名称:B 产品　　　　　　　　　　　2020 年 4 月　　　　　　　　　　　单位:元

项目	直接材料	直接人工	制造费用	合计
月初在产品成本				
本月发生生产费用				
合计				
完工产品成本				
月末在产品定额成本				

资料 3:华烁公司生产 M 产品,2020 年 10 月有关生产资料见表 2-6-13。

表 2-6-13　M 产品费用及有关定额等资料

金额单位:元

成本项目 内容	直接材料	直接工资	制造费用	合计
月初在产品成本	5 600	2 600	1 400	9 600

续表

内容　　　　　成本项目	直接材料	直接工资	制造费用	合计
本月生产费用	44 800	19 000	16 840	80 640
完工产品单位定额	80 kg	50 h	50 h	
月末在产品单位定额	80 kg	20 h	20 h	
完工产品产量/件				500
月末在产品产量/件				200

要求:采用定额比例法,计算本月完工产品成本和月末在产品成本,见表2-6-14。

表2-6-14　产品成本计算单

产品名称:M产品　　　　　　　　　2020年10月　　　　　　　　　单位:元

项目		直接材料	直接人工	制造费用	合计
月初在产品成本					
本月发生生产费用					
合计					
费用分配率					
完工产品成本	定额成本				
	实际成本				
月末在产品成本	定额成本				
	实际成本				

夯实基础

一、判断题

1.采用按年初数固定计算在产品成本法时,某种产品本月发生的生产费用就是本月完工产品的成本。　　　　　　　　　　　　　　　　　　　　　　　　(　　)

2.计算产品成本,都要在完工产品与月末在产品之间分配费用。　　　　(　　)

3.如果原材料在生产开始时一次投入,不管在产品完工程度如何,原材料费用的投料程度均为100%。　　　　　　　　　　　　　　　　　　　　　　　　　　(　　)

4.约当产量比例法适用于月末在产品数量较大,各月末在产品数量变化也较大,产品成本中原材料费用和工资等费用比重相差较大的产品。　　　　　　　　　(　　)

5.在产品成本的大小,一般与完工产品成本的大小无直接关系。　　　　(　　)

6.狭义在产品包括车间或生产步骤完工的半成品在内。　　　　　　　　(　　)

7.当企业的各项消耗定额或费用定额比较准确、稳定,而且各月末在产品数量变化不大

时,可采用定额比例法计算在产品的成本。　　　　　　　　　　　　　　　（　　）

8.完工产品与在产品之间分配费用的约当产量比例法只适用于工资和其他加工费用的分配,不适用于原材料费用的分配。　　　　　　　　　　　　　　　　　　（　　）

9.分别采用定额比例法和定额成本法计算在产品成本,其完工产品成本应是相同的。
　　　　　　　　　　　　　　　　　　　　　　　　　　　　　　　　　　　（　　）

10.在产品按其所耗原材料费用计价时,在产品所耗其他费用全部由完工产品成本负担。
　　　　　　　　　　　　　　　　　　　　　　　　　　　　　　　　　　　（　　）

二、单项选择题

1.材料费用的分配方法是(　　)。
　　A.约当产量法　　　　　　　　　B.定额耗用量比例分配法
　　C.生产工时比例分配法　　　　　D.直接分配法

2.在"基本生产成本"账户中归集的材料费用是(　　)。
　　A.生产产品领用的原材料　　　　B.行政管理部门领用的原材料
　　C.生产车间一般消耗的材料　　　D.辅助生产领用的原材料

3.采用在产品成本按年初固定成本计价法,将生产费用在完工产品与期末在产品之间的分配,适用于(　　)。
　　A.各月在产品数量很大　　　　　B.各月末在产品数量虽大,但各月之间变化不大
　　C.各月末在产品数量变化较大　　D.各月成本水平相差不大

4.当企业月末在产品数量较大且数量变化也较大,而原材料费用在成本中所占比重较大的产品,通常应按(　　)将生产费用在完工产品和月末在产品之间分配。
　　A.定额比例法　　　　　　　　　B.在产品按所耗原材料费用计价法
　　C.约当产量法　　　　　　　　　D.在产品按定额成本计价法

5.通过对在产品成本的计算,从而计算出完工产品的生产成本,然后将其转入(　　)。
　　A."库存商品"账户　　　　　　　B."原材料"账户
　　C."基本生产成本"账户　　　　　D."主营业务成本"账户

6.某种产品经两道工序加工而成。单位产品的工时定额为40 h,其中,第一工序为10 h,第二工序为30 h,各道工序在产品在本道工序的加工程度按工时定额的50%计算。第一工序在产品数量80件,第二工序在产品数量40件,则期末在产品的约当产量为(　　)件。
　　A.120　　　　　　B.35　　　　　　C.25　　　　　　D.60

7.如果某种产品的月末在产品数量较大,各月在产品数量变化也较大,产品成本中各项费用的比重相差不大,生产费用在完工产品与月末在产品之间分配,应采用的方法是(　　)。
　　A.不计在产品成本法　　　　　　B.约当产量比例法
　　C.在产品按完工产品计算方法　　D.定额比例法

8.某企业某种产品本月完工250件,月末在产品160件,在产品完工程度为40%,月初和本月发生的原材料费用共56 520元,原材料随着加工进度陆续投入,则完工产品和月末在产品的原材料费用分别为(　　)。
　　A.45 000元和11 250元　　　　　　B.40 000元和16 250元
　　C.45 000元和11 520元　　　　　　D.34 298元和21 952元

9.下列方法中不属于完工产品与月末在产品之间分配费用的方法是(　　　)。

    A.约当产量比例法　　　　　　　　B.不计算在产品成本法

    C.年度计划分配率分配法　　　　　D.定额比例法

三、多项选择题

1.本月发生的生产费用与月初、月末在产品及本月完工产品成本之间的关系是(　　　)。

    A.月初在产品成本+本月发生的生产费用=本月完工产品成本+月末在产品成本

    B.月初在产品成本+本月完工产品成本=本月发生的生产费用+月末在产品成本

    C.本月完工产品成本=月初在产品成本+本月发生的生产费用-月末在产品成本

    D.本月完工产品成本=月末在产品成本+本月发生的生产费用-月初在产品成本

2.广义在产品包括(　　　)。

    A.正在车间加工中的在制品

    B.已完成某个或几个加工步骤需进一步加工的半成品

    C.返修中的废品

    D.未经检验入库的产品

3.完工产品与月末在产品之间分配费用的方法有(　　　)。

    A.交互分配法　　　　　　　　　　B.不计算在产品成本法

    C.约当产量比例法　　　　　　　　D.在产品按定额成本计价法

4.确定完工产品与月末在产品之间费用分配的方法时,应考虑的条件是(　　　)。

    A.各项费用比重的大小　　　　　　B.在产品数量的多少

    C.定额管理基础的好坏　　　　　　D.各月在产品数量变化的程度

5.采用在产品按原材料费用计价法分配生产费用时,应具备以下条件(　　　)。

    A.原材料费用在产品成本中占比重较大

    B.各月末在产品数量较大

    C.各月末在产品数量变化较大

    D.各月在产品数量比较稳定

6.约当产量比例法下,在产品完工程度,应(　　　)计算。

    A.分工序　　　　　B.分完工数量　　　　　C.分成本项目　　　　　D.分生产周期

7.采用约当产量比例法,必须正确计算在产品的约当产量,而在产品约当产量的计算正确与否取决于产品完工程度的测定,测定在产品完工程度的方法有(　　　)。

    A.按50%平均计算各工序完工程度　B.分工序分别计算完工程度

    C.按定额比例法计算　　　　　　　D.按定额工时计算

8.采用约当产量法计算在产品成本时,一般适用于下列费用的分配(　　　)。

    A.销售费用　　　　　　　　　　　B.一次投入的原材料费用

    C.管理费用　　　　　　　　　　　D.职工薪酬等加工费用

    E.随生产进度陆续投料的原材料费用

9.采用定额比例法计算在产品成本时,所使用的定额主要有(　　　)。

    A.材料定额消耗量　　　　　　　　B.材料定额费用

    C.工时定额消耗量　　　　　　　　D.材料计划单位成本

小试牛刀

资料:2020 年 9 月,凯丰模具有限责任公司生产的 Ⅰ 号模具月末在产品 80 件,生产的 Ⅱ 号模具月末在产品 20 件。在产品完工程度均为 50%。

要求:根据项目二:任务一至任务五中"小试牛刀"的任务实施结果和上述资料,采用约当产量法计算 9 月份完工产品和在产品成本,编制成本计算单和记账凭证,并登记"基本生产成本"明细账。

表 2-6-15　基本生产成本明细账

产品名称:　　　　　　　　　　20　　年　　月　　　　　　　　　　单位:元

项目	直接材料	直接人工	燃料及动力	制造费用	废品损失	合计
月初在产品成本						
本月发生生产费用						
合计						
在产品约当产量						
完工产品数量						
分配率						
完工产品成本						
完工产品单位成本						
月末在产品成本						

任务七　编制与分析成本报表

子任务一　编制成本报表

工作任务 1

资料 1:宏达机电 202×年主要生产甲、乙两种电机,甲电机每月计划产量为 650 件,乙电机每月计划产量为 750 件。主要产品成本全年计划降低率为 5%;甲电机销售单价为 1 200 元,乙电机销售单价为 900 元。该企业有关成本费用资料见表 2-7-1—表 2-7-4。

表 2-7-1　各种主要产品单位成本资料

金额单位:元

成本项目	历史先进水平		上年实际平均		本年计划	
	甲电机	乙电机	甲电机	乙电机	甲电机	乙电机
直接材料	500	360	510	380	490	360
燃料动力	26	18	35	25	30	24
直接人工	112	89	156	102	150	100
制造费用	81	57	112	71	105	65
废品损失	2	0	7	2	4	2
合计	721	524	820	580	779	551

表 2-7-2　制造费用资料

金额单位:元

费用项目	本年月计划	上年同期实际
原材料费用	4 300	4 500
燃料动力费	38 000	42 000
机物料费用	1 000	1 100
职工薪酬	27 000	26 000
折旧费	5 000	4 800
办公费	1 500	2 200
保险费	4 200	4 200
修理费	28 000	29 500
其他	1 800	1 900
合计	110 800	116 200

表 2-7-3　202×年 1—2 月各种主要产品的累计产量及成本资料

金额单位:元

成本项目	甲产品累计产量 1 250 台		乙产品累计产量 1 480 台	
	累计总成本	平均单位成本	累计总成本	平均单位成本
直接材料	632 500	506	544 640	368
燃料动力	41 250	33	35 520	24
直接人工	181 250	145	140 600	95
制造费用	116 250	93	96 200	65
废品损失	7 500	6	2 960	2
合计	978 750	783	819 920	554

表 2-7-4　1—2 月制造费用累计实际

金额单位:元

费用项目	金额
原材料费用	9 200
燃料动力费	67 000
机物料费用	2 000
职工薪酬	51 000
折旧费	9 800
办公费	3 000
保险费	8 400
修理费	48 000
其他	3 600
合计	202 000

资料 2:202×年宏达机电利用剩余生产能力增设一条生产线,试生产丙产品,该产品的各项成本费用单独核算,只计算材料费用和人工费用。本月试生产丙产品 50 件,累计共生产 100 件。丙产品计划单位成本 145 元,其中:材料费用 100 元,人工费用 45 元。本月实际单位成本 150 元,其中:材料费用 105 元,人工费用 45 元。累计实际平均单位成本 148 元,其中:材料费用 103 元,人工费用 45 元。

要求:根据宏达机电资料 1 和资料 2 的成本资料,接项目二中任务四:【任务 1-2】和任务六:【任务 1-7】的任务实施结果,编制宏达机电 202×年 3 月份的全部产品生产成本表、主要产品单位成本表和制造费用明细表。

知 识 链 接

通过前面的工作,运用品种法已经将企业生产产品的成本核算出来,但为了进一步满足企业经济管理的需要,期末还需要把日常核算的成本资料分类汇总,编制出成本报表,提供给企业管理部门,以便决策者及时了解成本,利用成本数据进行各种预测和决策。

一、成本报表的概念和作用

(一)成本报表的概念

成本报表是企业会计报表体系的重要组成部分,是根据日常成本核算资料定期编制的、用以反映企业一定时期产品成本水平,考核产品成本计划和生产费用预算执行情况的书面报告,是企业的内部报表。

(二)成本报表的作用

①反映企业报告期内产品成本水平。通过编制成本报表体现企业一定时期成本水平,及时发现企业在生产、技术、质量、管理等方面取得的成绩和存在的问题,进而不断总结经验,提高企业经济效益。

②反映企业成本计划的完成情况。成本报表中反映的各项产品成本指标,对掌握企业一定时期的成本水平,分析和考核产品成本计划完成情况及加强成本管理具有重要作用。

③为制订成本计划提供依据。企业各个管理部门根据本期提供的成本报表资料,结合本期成本计划完成情况,考虑计划期可能出现的各种有利与不利因素,对未来时期的成本进行预测,制订成本计划,为企业制订正确的经营决策提供重要的数据。

④为企业的成本决策提供信息。通过成本报表分析,可以发现成本管理中存在的问题,有针对性地采取措施,从而促进成本水平不断降低。

二、成本报表的分类

(一)按成本报表的编制时间分类

按成本报表的编制时间划分,可以分为日报、周报、旬报、月报、季报和年报;按其是否定期编制,可以分为定期成本报表和不定期成本报表。定期报表是指为了满足企业日常成本管理的需要,及时反馈成本信息而按照规定期限编制的成本报表。定期报表一般按年、半年、季、月等定期编报,如果内部管理有特殊需要,可以按半月、旬、周、日等定期编报,它充分体现了成本报表的及时反馈。不定期报表是指针对成本、费用管理中出现的某些较大问题或亟待解决的问题而随时按要求编报的成本报表,如异常成本差异报表等,它体现了成本报表适应管理需要的灵活性。

(二)按报表反映的内容分类

①反映费用支出情况的报表。这类报表主要有制造费用明细表、管理费用明细表、销售费用明细表和财务费用明细表。利用这些表可知各项费用支出的合理程度和变化趋势,从而为制订费用预算、考核费用计划的完成情况提供依据。

②反映成本计划执行情况的报表。这类报表主要有产品生产成本报表和主要产品单位成本表。这类成本报表综合反映了企业的实际成本水平,用表中的实际数与计划数对比,可以掌握成本计划的完成情况。

③反映成本管理专题的报表。这类报表主要有责任成本报表和质量成本报表。

(三)按成本报表编制的范围分类

成本报表按编制的范围划分,可以分为企业成本报表、车间成本报表、班组成本报表和个人成本报表等。

三、成本报表的编制要求

(一)数字准确

成本报表的数据必须来源于成本核算的实际数,不能用计划数或定额数等其他数据代替。编报前做到账实相符、账账相符;编报后做到账表相符、表表相符,保证成本报表资料的真实可靠。只有真实可靠的成本报表数据,才能如实反映企业的成本费用情况。

(二)相关可比

成本报表所提供的成本费用信息必须与报表使用者的决策需要相关。对重要的成本费用项目,应当在成本报表中单独列示;对次要的成本费用项目,可以合并反映,以满足报表使用者的需求。在会计计量和编报方法上,各报表项目的数据应当口径一致,相互可比,以便于成本信息使用者进行比较,作出正确的决策。

(三)内容完整

报表的种类应当齐全,表内项目和表外的补充资料应齐全,指标数字和文字说明应齐全。表内项目和表外补充资料,无论根据账簿资料直接填写还是分析计算填写,都应当完整无缺,不得随意取舍。

(四)编报及时

无论是定期报表还是不定期报表,都要根据企业管理部门的需要及时提供各种成本报表,为企业的成本预测和成本计划提供有用的数据。

四、编制成本报表

(一)编制全部产品生产成本报表

全部产品生产成本报表是反映企业在报告期内生产的全部产品生产总成本和单位生产成本的会计报表。通过该表,可以了解企业报告期内全部产品实际成本构成和变动情况,考核成本计划的执行情况,分析可比产品成本降低任务的完成情况,评价企业成本管理工作的业绩,并为预测产品未来成本水平和制订目标成本提供资料。该报表按照格式划分为按产品品种编制的全部产品生产成本报表和按成本项目编制的全部产品生产成本报表。

1.按产品品种编制的全部产品生产成本报表

按产品品种编制的全部产品生产成本报表是指按产品品种汇总编制企业在会计报告期内生产的全部产品的单位成本和总成本的报表。全部产品生产成本报表按可比产品和不可比产品分别编制其单位成本和总成本。可比产品是指以前年度或上年度正式生产过、具有较完备成本资料的产品;不可比产品是指以前年度或上年度未正式生产过,没有成本资料的产品。按产品种类反映的产品生产成本表一般由基本报表和补充资料两个部分构成。其中,基本报表部分一般是分别按照可比产品和不可比产品汇总反映实际产量、单位成本、本月总成本和本年累计总成本;补充资料部分主要反映可比产品的降低和降低率等资料。该报表的具体编制方法如下:

①"产品名称"栏。企业生产的主要产品,应当按照产品品种分为可比产品和不可比产品填列;企业生产的非主要产品,可以按照产品类别合并填列本月总成本和本年累计总成本;如果有不合格产品,应当单独列示一行,并注明"不合格产品"字样、不应当与合格产品合并填列。

②"实际产量"栏。"实际产量"栏中的"本月"栏,应当根据本月份"产品成本计算单"的资料填列;"本年累计"栏应当根据上月份本表的"本年累计"栏的数量加上本月份本表的"本月"栏的数量计算填列。

③"单位成本"栏。"单位成本"栏中的"上年实际平均"栏应当根据上年末本表所列各种可比产品的"本年累计实际平均"栏的数据填列;"本年计划"栏应当根据本年度成本计划资料填列;"本月实际"栏应当根据本月份"产品成本计算单"的资料填列;"本年累计实际平均"栏应当根据自年初起至本月末止的"产品成本计算单"的资料计算填列。

④"本月总成本"栏。"本月总成本"栏中的"按上年实际平均单位成本计算"栏、"按本年计划单位成本计算"栏,应当根据本月实际产量分别乘以"上年实际平均单位成本""本年计划单位成本"后的积填列;"本月实际"栏应当根据本月份"产品成本计算单"的资料填列。

⑤"本年累计总成本"栏。"本年累计总成本"栏中的"按上年实际平均单位成本计算"栏、"按本年计划单位成本计算"栏,应当根据本年累计实际产量分别乘以"上年实际平均单位成本""本年计划单位成本"后的积填列;"本年实际"栏应当根据"本月总成本"栏中的"本月实际"的数据加上月份本表的"本年累计总成本"栏中的"本年实际"的数据计算填列。

⑥"补充资料"栏。"补充资料"栏中的"本年计划降低额"项目、"本年计划降低率"项目,应当根据企业制订的可比产品成本降低计划中的计划降低额和计划降低率直接填列。计划降低额是指可比产品计划总成本比按计划产量计算的上年实际总成本的降低数额;计划降低率是指计划降低额除以计划总成本的比率。"可比产品成本的实际降低额""可比产品成本的实际降低率"应当按照下列公式计算填列:

$$可比产品成本实际降低额 = \sum \left[实际产量 \times (上年实际单位成本 - 本年累计实际单位成本) \right]$$

$$可比产品成本实际降低率 = \frac{可比产品成本实际降低额}{\sum (实际产量 \times 上年实际单位成本)} \times 100\%$$

$$可比产品计划降低额 = \sum 某产品计划产量 \times 上年实际单位成本 - \sum 某产品计划产量 \times 本年计划单位成本$$

$$可比产品计划降低率 = \frac{本年计划降低额}{\sum (某产品计划产量 \times 上年实际单位成本)} \times 100\%$$

2.按成本项目编制的全部产品生产成本报表

按成本项目编制的全部产品生产成本报表是按成本项目汇总反映企业在会计报告期内发生的全部生产成本以及产品生产成本合计数的报表。通过该表,可以了解会计报告期内全部产品生产成本项目的支出及其构成情况,将表中本年累计实际生产成本与本年计划数、上年实际数相比较,可以分析和考核年度生产成本及产品生产成本计划的执行情况以及本年比上年生产成本的升降情况。该报表的具体编制方法如下:

①"上年实际"栏。"上年实际"栏应当根据上年 12 月份本表的"本年累计实际"栏的数据填列。

②"本年计划"栏。"本年计划"栏应当根据本年度成本计划有关资料填列。

③"本月实际"栏。"本月实际"栏应当根据各种产品本月产品成本明细账按照成本项目分别汇总的数据填列。

④"本年累计实际"栏。"本年累计实际"栏应当根据"本月实际"栏的数据加上上月份本表的"本年累计实际"栏的数据计算填列。

(二)编制主要产品单位成本报表

主要产品单位成本报表是反映企业在报告期内生产的各种主要单位产品的构成情况和各项主要技术经济指标执行情况的报表,该报表按每种主要产品分别编制。通过该表,可以了解企业生产的各种主要产品的实际单位成本水平及其构成情况,考核各种主要产品单位成本的变动和计划执行情况,并为分析各项主要技术经济指标的各项消耗数量的变化和执行情况提供资料,从而便于与同行业产品成本进行对比,进一步挖掘降低成本潜力。主要产品单位成本报表一般由产品单位成本和主要经济技术指标两个部分构成。由于该报表是产品成本报表的补充,所以,该表中按成本项目反映的"上年实际平均""本年计划""本月实际""本年累计实际平均"的单位成本,应与产品成本表中相应的单位成本的数字一致。该报表的具体编制方法如下:

①"产品销售单价"项目。"产品销售单价"项目应当分别根据企业的产品定价表资料填列。

②"本月计划产量""本年累计计划产量"项目。"本月计划产量""本年累计计划产量"项目应当分别根据本月、本年产品产量计划资料填列。

③"本月实际产量""本年累计实际产量"项目。"本月实际产量""本年累计实际产量"项目应当根据"产品成本计算单"等相关资料填列。

④"历史先进水平"栏。"历史先进水平"栏应当根据历史上该种产品成本最低年度本表的实际平均单位成本填列。

⑤"上年实际平均"栏。"上年实际平均"栏应当根据上年末本表"本年累计实际平均"栏数据填列。

⑥"本年计划"栏。"本年计划"栏应当根据本年度计划成本填列。

⑦"本月实际"栏。"本月实际"栏应当根据该种产品本月"产品成本计算单"等相关资料填列。

⑧"本年累计实际平均"栏。"本年累计实际平均"栏应当根据该种产品自年初起至本月末止完工入库总成本除以本年累计实际产量填列。

⑨"主要技术经济指标"栏。"主要技术经济指标"栏应当分别根据该种产品的实际消耗记录、计划,上年度等有关技术经济资料和企业或上级机构规定的指标名称、填列方法计算填列。

(三)编制制造费用明细表

制造费用明细表是反映企业在一定时期内为组织和管理生产所发生的费用总额和各明细项目数额的报表,该表按照费用明细项目反映企业在本期内实际发生的各项费用。通过该表,可以了解制造费用各构成项目的实际发生及其增减变动情况,分析和考核制造费用预算或计划的执行情况及其结果,充分揭示差异及其产生的原因。该报表的具体编制方法如下:

①"上年同期实际数"栏。"上年同期实际数"栏根据本表上年的实际数填列。

②"本年计划数"栏。"本年计划数"栏根据本年制造费用计划资料填列。

③"本月实际"栏。"本月实际"栏根据企业各基本生产车间制造费用明细账的本月实际数据汇总计算填列。

④"本年累计实际数"栏。"本年累计实际数"栏根据上述制造费用明细账本月末的累计数汇总计算填列。

(四)编制期间费用明细表

期间费用明细表是指反映企业在报告期(月、季、半年、年)内发生的经营管理费用总额及其各项费用构成情况的报表。它包括销售费用明细表、管理费用明细表和财务费用明细表等。通过这些明细表,可以了解企业销售费用、管理费用和财务费用各构成项目的实际发生及其增减变动情况,分析和考核销售费用、管理费用和财务费用预算或计划的执行情况及其结果,充分揭示差异及其产生的原因。

销售费用明细表、管理费用明细表和财务费用明细表一般按费用项目分别反映其本年计划、上年同期实际、本月实际和本年累计实际等指标。

任务实施

(一)编制"全部产品生产成本报表"

1.按产品品种编制全部产品生产成本报表(见表2-7-5)

编制单位：宏达机电

表 2-7-5　全部产品生产成本报表

202×年 3 月

金额单位：件,元

产品名称	产量		单位成本				本月总成本			本年累计总成本		
	本月	本年累计	上年实际	本年计划	本月实际	本年累计实际平均	按上年实际平均单位成本计算	按本年计划单位成本计算	本月实际	按上年实际平均单位成本计算	按本年计划单位成本计算	本年实际
	(1)	(2)	(3)	(4)	(5)	(6)=(12)/(2)	(7)=(1)×(3)	(8)=(1)×(4)	(9)	(10)=(2)×(3)	(11)=(2)×(4)	(12)
可比产品合计	—	—	—	—	—	—	963 900.00	915 705.00	915 180.97	2 847 300.00	2 704 935.00	2 713 850.97
甲电机	645	1 895	820.00	779.00	778.23	781.38	528 900.00	502 455.00	501 957.33	1 553 900.00	1 476 205.00	1 480 707.33
乙电机	750	2 230	580.00	551.00	550.96	552.98	435 000.00	413 250.00	413 223.64	1 293 400.00	1 228 730.00	1 233 143.64
不可比产品合计	—	—	—	—	—	—	—	7 250.00	7 500.00	—	14 500.00	14 800.00
丙产品	50	100	—	145.00	150.00	148.00	—	7 250.00	7 500.00	—	14 500.00	14 800.00
全部产品成本合计							963 900.00	922 955.00	922 680.97	2 847 300.00	2 719 435.00	2 728 650.97

注：补充资料（按本年累计总成本计算）

1. 可比产品成本的实际降低额为 133 449.03 元；本年计划降低额为 145 200.00 元。

2. 可比产品成本的实际降低率为 4.7%；本年计划降低率为 5.0%。

可比产品生产成本实际降低额 $=2\,847\,300.00-2\,713\,850.97=133\,449.03$（元）

可比产品生产成本实际降低率 $=133\,449.03\div2\,847\,300\approx4.7\%$

可比产品生产成本计划降低额

$=(650\times3\times820+750\times3\times580)-(650\times3\times779+750\times3\times551)$

$=2\,904\,000-2\,758\,800=145\,200$（元）

可比产品生产成本计划降低率 $=145\,200\div2\,904\,000=5\%$

2.按产品成本项目编制全部产品生产成本报表（见表2-7-6）

表2-7-6　全部产品各成本项目成本报表

202×年3月

编制单位：宏达机电　　　　　　　　　　　　　　　　　　　　　　　　　　　　单位：元

成本项目	上年实际总成本	本年月计划	本月实际	本年累计实际
直接材料	7 433 684.21	593 500.00	608 253.53	1 790 443.53
燃料动力	473 684.21	37 500.00	35 085.54	111 855.54
直接人工	2 178 947.37	174 750.00	169 534.78	493 634.78
制造费用	1 477 894.74	117 000.00	106 058.34	318 508.34
废品损失	51 789.47	4 100.00	3 748.78	14 208.78
合计	11 616 000.00	926 850.00	922 680.97	2 728 650.97

（二）编制"主要产品单位成本报表"（见表2-7-7、表2-7-8）

表2-7-7　主要产品单位成本报表

202×年3月

编制单位：宏达机电　　　　　　本月计划产量：650件　　　　　　本年累计计划产量：1 950件

产品名称：甲电机　　　　　　　本月实际产量：645件　　　　　　本年累计实际产量：1 895件

产品售价：1 200 元　　　　　　　　　　　　　　　　　　　　　　　　　　单位：件、元

成本项目	上年实际平均	本年计划	本月实际	本年累计实际平均
直接材料	510	490	507.53	506.52
燃料动力	35	30	31.12	32.36
直接人工	156	150	144.12	144.70
制造费用	112	105	90.84	92.26
废品损失	7	4	4.62	5.53
合计	820	779	778.23	781.37

表 2-7-8　主要产品单位成本报表

202×年 3 月

编制单位:宏达机电　　　　　本月计划产量:750 件　　　　本年累计计划产量:2 250 件

产品名称:乙电机　　　　　　本月实际产量:750 件　　　　本年累计实际产量:2 230 件

产品售价:900 元　　　　　　　　　　　　　　　　　　　　　　　　　单位:件、元

成本项目	上年实际平均	本年计划	本月实际	本年累计实际平均
直接材料	380	360	367.53	367.84
燃料动力	25	24	20.02	22.66
直接人工	102	100	99.1	96.38
制造费用	71	65	63.29	64.43
废品损失	2	2	1.03	1.67
合计	580	551	550.97	552.98

(三)编制"制造费用明细表"(见表 2-7-9)

表 2-7-9　制造费用明细表

202×年 3 月

单位:元

项目	本年累计计划数	上年同期实际数	本月实际	本年累计实际数
原材料费用	12 900.00	4 500.00	4 200.00	13 400.00
燃料动力费	114 000.00	42 000.00	36 609.18	103 609.18
机物料费用	3 000.00	1 100.00	1 200.00	3 200.00
职工薪酬	81 000.00	26 000.00	26 226.00	77 226.00
折旧费	15 000.00	4 800.00	5 000.00	14 800.00
办公费	4 500.00	2 200.00	1 680.00	4 680.00
保险费	12 600.00	4 200.00	4 200.00	12 600.00
修理费	84 000.00	29 500.00	29 524.03	77 524.03
其他	5 400.00	1 900.00	1 860.00	5 460.00
合计	332 400.00	116 200.00	110 499.21	312 499.21

边学边练

资料:大宇公司 2020 年生产 B、D、F 三种产品,其中,F 产品是本年的新产品,B 产品计划产量 1 500 件,D 产品计划产量 1 000 件。三种产品生产成本的有关资料见表 2-7-10。

边学边练
答案及解析

要求:根据资料填制"产品生产成本报表"(表 2-7-10)。

表 2-7-10　产品生产成本报表

编制单位:某公司　　　　　　　　　　　　202×年 12 月　　　　　　　　　　全额单位:元

产品名称	产量		单位成本				本月总成本			本年累计总成本		
	本月	本年累计	上年实际平均	本年计划	本月实际	本年累计实际平均	按上年实际平均单位成本计算	按本年计划单位成本计算	本月实际	按上年实际平均单位成本计算	按本年计划单位成本计算	本年实际
	(1)	(2)	(3)	(4)	(5)	(6)	(7)	(8)	(9)	(10)	(11)	(12)
可比产品合计												
B 产品	120	1450	850	800	830	840						
D 产品	90	980	540	520	528	525						
不可比产品合计												
F 产品	40	320	—	210	220	235						
全部商品产品成本												

补充资料:
1.本年可比产品成本实际降低额为_____,实际降低率为_____。
2.本年可比产品成本计划降低额为_____,计划降低率为_____。

夯实基础

一、判断题

1.成本报表是一种内部管理会计报表,一般不对外报送和公开。　　　　　　　(　　)

2.由于成本指标的特殊性,成本报表只能定期编制。　　　　　　　　　　　(　　)

3.制造费用明细表与期间费用明细表的编制方法类似。　　　　　　　　　　(　　)

4.成本报表是反映企业一定时期产品成本水平、考核产品成本计划和生产费用预算执行情况的书面报告。　　　　　　　　　　　　　　　　　　　　　　　　　　　(　　)

5.按现行制度规定,企业必须按时向工商、税务、财政、银行等部门报送成本报表。

　　　　　　　　　　　　　　　　　　　　　　　　　　　　　　　　　　(　　)

6.产品生产成本表中的"本月实际单位成本"应根据表中累计实际总成本除以本月累计产量计算填列。　　　　　　　　　　　　　　　　　　　　　　　　　　　(　　)

7.产品生产成本表与主要产品单位成本表相比,前者反映企业全部产品的生产成本,后者反映主要产品的生产成本。　　　　　　　　　　　　　　　　　　　　　　(　　)

二、单项选择题

1.可比产品成本降低额与降低率之间的关系是( )。

A.成反比 　　　　　B.成正比 　　　　　C.同方向变动 　　　　D.无直接关系

2.企业成本报表( )。

A.是对外报送的报表

B.是对内编制的报表

C.由有关部门规定哪些指标对外公布,哪些指标不对外公布

D.可根据债权人和投资人的要求,确定哪些指标对外公布,哪些指标不对外公布

3.企业成本报表的种类、项目、格式和编制方法( )。

A.由国家统一规定 　　　　　　　　B.由企业自行制订

C.由企业主管部门统一规定 　　　　D.由企业主管部门与企业共同制订

4.主要产品单位成本表的单位成本部分是按( )反映的。

A.生产费用要素 　　B.消耗定额 　　　C.成本项目 　　　　D.费用定额

5.主要产品单位成本表中的"历史先进水平"是指( )。

A.企业历史上单位成本水平最低年份的成本水平

B.企业历史上单位成本水平最高年份的成本水平

C.企业开业第一年的单位成本水平

D.与其他企业相比单位成本较低年份的成本水平

6.主要产品单位成本表可以考核( )。

A.全部商品成本和各种主要商品产品成本计划的执行结果

B.制造费用、企业管理费用计划的执行结果

C.可以按照成本项目分析和考核主要产品单位成本计划的执行结果

D.主要产品技术经济指标执行情况

三、多项选择题

1.制造企业成本报表一般包括( )。

A.产品生产成本表 　　　　　　　　B.主要产品单位成本表

C.制造费用明细表 　　　　　　　　D.各种期间费用明细表

2.主要产品单位成本表反映的单位成本包括( )。

A.本月实际 　　　　　　　　　　　B.历史先进水平

C.本年计划 　　　　　　　　　　　D.同行业同类产品实际

3.企业可以自行决定本企业成本报表的( )。

A.报表格式 　　　B.编报项目 　　　C.编报时间 　　　　D.报送对象

4.企业编制成本报表的主要依据是( )。

A.报告期的成本账簿、成本计划、费用预算资料

B.以前年度的成本账簿、成本计划、费用预算资料

C.以前年度的成本报表资料

D.统计核算资料

5.在主要产品单位成本表的正表中填列的项目有(　　　)。

　　A.成本项目　　　　　B.历史先进水平　　　　C.单位成本　　　　D.本月总成本

6.编制成本报表的基本要求是(　　　)。

　　A.数字真实　　　　　B.计算正确　　　　C.内容完整　　　　D.编报及时

7.全部产品生产成本表的基本部分由(　　　)组成。

　　A.可比产品　　　　　B.不可比产品　　　　C.本期实际数　　　　D.差异数

8.在产品生产成本表中补充资料部分列示的项目有(　　　)。

　　A.可比产品成本降低额　　　　　　　　B.可比产品成本降低率

　　C.产值成本率　　　　　　　　　　　　D.不可比产品成本降低率

小试牛刀

　　资料1:凯丰模具有限责任公司2020年主要生产Ⅰ号模具和Ⅱ号模具,Ⅰ号模具每月计划产量为500件,Ⅱ号模具每月计划产量为300件。Ⅰ号模具销售单价为1 000元,Ⅱ号模具销售单价为1 200元。该企业有关成本费用资料见表2-7-11—表2-7-14。

表2-7-11　各种主要产品单位成本资料

金额单位:元

成本项目	历史先进水平		上年实际平均		本年计划	
	Ⅰ号模具	Ⅱ号模具	Ⅰ号模具	Ⅱ号模具	Ⅰ号模具	Ⅱ号模具
直接材料	360	314	364	322	365	322
燃料动力	27	45	30	50	32	50
直接人工	60	130	65	131	66	133
制造费用	230	320	225	315	220	310
废品损失	8	1	6	2	5	0
合计	685	810	690	820	688	815

表2-7-12　制造费用资料

金额单位:元

费用项目	本年月计划	上年同期实际
原材料费用	1 000	850
水电汽费用	58 000	60 000
职工薪酬	18 000	18 500
折旧费	71 000	70 000
办公费	1 000	1 650
保险费	20 000	20 000
修理费	22 000	25 000
其他	4 000	4 500
合计	195 000	200 500

表 2-7-13　2020 年 1—8 月各种主要产品的累计产量及成本资料

金额单位:元

成本项目	Ⅰ号模具累计产量4 100台		Ⅱ号模具累计产量2 300台	
	累计总成本	平均单位成本	累计总成本	平均单位成本
直接材料	1 492 400	364	736 000	320
燃料动力	123 000	30	103 500	45
直接人工	287 000	70	310 500	135
制造费用	926 600	226	726 800	316
废品损失	20 500	5	2 300	1
合计	2 849 500	695	1 879 100	817

表 2-7-14　1—8 月制造费用累计实际

金额单位:元

费用项目	金额
原材料费用	8 500
水电汽费用	460 000
职工薪酬	150 000
折旧费	560 000
办公费	7 200
保险费	160 000
修理费	175 000
其他	32 000
合计	1 552 700

资料 2:2020 年 9 月,凯丰模具有限责任公司试生产Ⅲ号模具,该产品成本只计算材料费用。本月试生产Ⅲ号模具 50 件。Ⅲ号模具计划单位成本 80 元,本月实际单位成本 95 元。

要求:根据凯丰模具有限责任公司资料 1 和资料 2 的成本费用资料,接项目二中任务四至任务六:"小试牛刀"的任务实施结果,编制凯丰模具有限责任公司 2020 年 9 月份的产品生产成本表、主要产品单位成本表和制造费用明细表(表 2-7-15—表 2-7-19)。

编制单位：

单位：元

表2-7-15 全部产品生产成本报表

2020年 月

产品名称	产量		单位成本				本月总成本			本年累计总成本		
	本月	本年累计	上年实际	本年计划	本月实际	本年累计实际平均	按上年实际平均单位成本计算	按本年计划单位成本计算	本月实际	按上年实际平均单位成本计算	按本年计划单位成本计算	本年实际
	(1)	(2)	(3)	(4)	(5)	(6) =(12)/(2)	(7) =(1)×(3)	(8) =(1)×(4)	(9)	(10) =(2)×(3)	(11) =(2)×(4)	(12)
可比产品合计												
不可比产品合计												
全部产品成本合计												

补充资料（按本年累计总成本计算）：

1. 可比产品成本的实际降低额为 _____ 元；本年计划降低额为 _____ 元。

2. 可比产品成本的实际降低率为 _____ %；本年计划降低率为 _____ %。

表 2-7-16　全部产品各成本项目成本报表
2020 年　　月

编制单位：　　　　　　　　　　　　　　　　　　　　　　　　　　　　　　　单位:元

成本项目	上年实际总成本	本年月计划	本月实际	本年累计实际
直接材料	—			
燃料动力	—			
直接人工	—			
制造费用	—			
废品损失	—			
合　计	—			

表 2-7-17　主要产品单位成本报表
2020 年　　月

编制单位：　　　　　　　　本月计划产量：　　件　　　　本年累计计划产量：　　件
产品名称：　　　　　　　　本月实际产量：　　件　　　　本年累计实际产量：　　件
　　　　　　　　　　　　　　　　　　　　　　　　　　　　　　　　　单位:件、元

成本项目	上年实际平均	本年计划	本月实际	本年累计实际平均
直接材料				
燃料动力				
直接人工				
制造费用				
废品损失				
合　计				

表 2-7-18　制造费用明细表
2020 年　　月

编制单位：　　　　　　　　　　　　　　　　　　　　　　　　　　　　　　　单位:元

项目	本年累计计划数	上年同期实际数	本月实际	本年累计实际数
原材料费用				
水电汽费用				
职工薪酬				
折旧费				
办公费				
保险费				
修理费				
其他				
合　计				

子任务二　分析成本报表

工作任务 2

资料 1:阳关公司生产 M 产品,2020 年 5 月直接材料费用计划和实际资料见表 2-7-19。

表 2-7-19　M 产品直接材料耗用表

指标	单位	计划数	实际数	差异
产品产量	件	100	110	10
单位产品原材料消耗量	kg	20	18	−2
原材料单价	元	6	5	−1
材料费用总额	元	12 000	9 900	−2 100

资料 2:宏达机电产品成本资料见项目二中任务七:【工作任务 1】有关资料和任务实施结果。

要求:

1.根据资料 1,分别采用连环替代法和差额分析法分析 M 产品材料消耗量和材料单价对直接材料项目成本变化的影响。

2.根据资料 2,编制宏达机电"全部产品生产成本计划完成情况分析表""主要产品单位成本项目计划完成情况分析表"和"制造费用计划完成情况分析表"。

知识链接

分析成本报表是指利用成本报表及其相关成本费用资料,按照一定程序,采用专门的方法,对企业一定时期产品成本和期间费用的水平和构成情况进行分析评价,揭示产品成本和期间费用变动的原因以及各种因素对其变动的影响程度,以挖掘降低成本费用的潜力,提高企业的经济效益。

一、成本报表分析的一般程序

(一)明确分析目标

成本报表分析目标是整个成本分析的出发点和关键。只有明确了分析目标,才能确定分析范围,设计具体的分析程序,正确地收集和整理相关资料,选择恰当的分析方法和评价标准,以得出正确的分析结论。

(二)收集和整理相关资料

为了全面、系统地进行成本报表分析,揭示企业成本管理现状,成本分析人员应当根据分析目标收集成本报表、成本计划、相关的统计、业务技术、同行业成本水平等相关资料,并对其进行审查、调整、重编等相关处理,以满足成本分析的需要。

(三)选择分析方法和评价标准

为了得出正确的分析结论,成本分析人员应当根据分析目标选择恰当的成本分析方法,并选定适当的评价标准,将分析结果与设定的标准进行比较,以评价企业成本管理的业绩及其成因和发展趋势等。

(四)得出分析结论

根据分析评价的结果,提出对决策有用的信息。

二、分析成本报表常用的方法

(一)比较分析法

比较分析法是指通过将实际数与选定的基数指标进行对比,计算差异的绝对数,从数量上确定差异的一种分析方法。根据分析的目的不同,比较基数可以选取计划数、定额数、前期的实际数、历史先进水平和同行业先进水平等。

实际工作中通常有以下几种形式:

①将本期的实际指标与本期的成本计划或定额指标对比,分析成本或定额的完成情况。

②将本期的实际指标与前期的实际成本指标对比,分析企业成本指标的变动情况或变动趋势。

③将本企业实际成本指标与国内外同行业先进指标对比,可以发现本企业与先进水平之间的差距,取长补短,降低企业生产经营成本。

(二)比率分析法

比率分析法是通过计算和对比各项经济指标之间的比率,进行数量分析的一种方法。比率分析法主要有相关指标比率分析法和结构比率分析法两种。

1.相关指标比率分析法

相关指标比率分析法是计算两个性质不同而又相关的指标的比率进行数量分析的方法,如成本利润率、销售利润率等指标。通过对比分析,从客观联系的经济活动中更深入地认识企业的生产经营状况。

2.结构比率分析法

结构比率分析法是指某项经济指标的各个组成部分占总体的比重,如把各个成本项目与产品成本进行比较,计算直接材料费用比率、直接人工费用率、制造费用比率等。通过计算,可以发现成本结构是否合理,以便为进一步降低成本找到有利的途径。

(三)因素分析法

因素分析法是在确定某一综合指标形成差异的基础上,将该项综合指标分解为若干相互联系的因素,并分别计算、分析各因素影响程度的一种分析方法。

1.连环替代法

连环替代法是指在影响综合指标的若干相互联系的因素中,顺序地把其中一个因素当作可变因素进行替换,以测定该因素的变化对综合指标影响程度的一种分析方法。

计算分析程序如下:

①确定影响某项指标的各项因素。

②确定各因素之间的数学关系。

③分别用实际数替换基数,每次把实际数保留下来,几个因素就替换几次,直到最后是实际数。

④将每一次的替换结果与上一次的结果进行比较,求差异数。

⑤将差异数汇总,求总差异数。

2.差额分析法

差额分析法是指利用各个因素的实际数与基数之间的差额,直接计算各个因素变动对综合指标影响程度的一种分析方法。其计算公式为:

$$某个因素对综合指标的影响程度 = 前面因素的实际数 × 该因素的变动程度$$
$$= (实际数 - 基数) × 后面因素的基数$$

(四)趋势分析法

趋势分析法是指将企业连续若干期成本报表中的相同指标的绝对数(或相对数)进行对比,揭示该项成本费用指标的增减变化,据以预测其发展变化趋势的一种分析方法。通过这种分析可以反映成本管理的业绩。

趋势分析法按照对比期的指标基准数据是否固定,可以分为定基比率趋势分析法和环比比率趋势分析法两种。

定基比率趋势分析法是指在采用趋势分析法时,选定分析期中的某一期的指标数据为固定的基期指标数据,将其他各期的指标数据与其对比,以分析该指标发展趋势的一种分析方法。

环比比率趋势分析法是指在采用趋势分析法时,以每一分析期的前一期指标数据为基期指标数据,将每一分析期的指标数据与其对比,以分析该指标发展趋势的一种分析方法。

三、分析产品生产成本表

全部产品包括可比产品和不可比产品。分析产品生产成本表主要分析全部产品生产成本计划完成情况,即将全部产品的计划总成本和实际总成本对比,确定实际成本相对于计划成本的降低额和降低率。

分析产品生产成本是从产品成本计划完成情况进行分析。分析产品生产成本可以按产品品种分析产品成本计划完成情况,也可以按产品成本项目分析产品成本计划完成情况。

(1)按产品品种分析产品成本计划完成情况

按产品品种分析产品成本计划完成情况,是指将全部产品和各种主要产品的计划成本与实际成本对比,确定全部产品和各种主要产品实际成本与计划成本的差异,从而了解成本计划的执行结果。产品成本的变动主要受产量和单位成本两个因素影响,为了使对比的产品成本指标具有可比性,计划成本是按实际产量计算的计划成本,剔除了产量变动对产品成本的影响。

其计算公式为：

$$全部产品生产成本降低额 = 实际总成本 - \sum (实际产量 \times 计划单位成本)$$

$$全部产品生产成本降低率 = \frac{全部产品生产成本降低额}{\sum (实际产量 \times 计划单位成本)} \times 100\%$$

（2）按产品成本项目分析产品成本计划完成情况

按产品成本项目分析产品成本计划完成情况，是指将全部产品的各项生产成本和产品生产成本合计的上年实际数、本年计划数与本年累计实际数对比，确定其差异，以便进一步分析、查明发生差异的原因。

四、分析主要产品单位成本表

主要产品是指在企业生产经营过程中产品产量大或成本变化额较大的产品，是企业成本管理的重点。分析主要产品单位成本报表就是对各种主要产品单位成本计划完成情况和成本项目进行分析。

（一）分析主要产品单位成本计划完成情况

分析主要产品单位成本计划完成情况一般采用比较分析法，将单位产品的实际成本与计划成本比较，借以揭示影响单位成本升降的原因。

（二）分析主要产品单位成本项目

产品的单位成本是由材料费用、人工费用、制造费用等成本项目共同影响的。通过对产品单位成本的各个成本项目进行分析，找到产品成本升降的真正原因。

1.分析直接材料成本项目

引起产品单位成本中直接材料费用变动的因素主要有单位产品材料消耗量和材料单价。采用因素分析法进行分析，其计算公式为：

$$材料消耗量变动的影响 = (实际消耗量 - 计划耗用量) \times 计划价格$$

$$材料价格变动的影响 = 实际耗用量 \times (实际价格 - 计划价格)$$

2.分析直接人工成本项目

引起产品单位成本中直接人工费用变动的因素主要有单位产品生产工时和小时工资率。采用因素分析法进行分析，其计算公式为：

$$单位产品生产工时变动的影响 = (实际生产工时 - 计划生产工时) \times 计划小时工资率$$

$$小时工资率变动的影响 = 实际生产工时 \times (实际小时工资率 - 计划小时工资率)$$

3.分析制造费用成本项目

制造费用一般属于间接计入生产费用。如果企业产品成本中的制造费用是根据生产工时等标准分配计入的，对产品单位成本中制造费用的分析，由工时消耗量和工时价格（每小时的制造费用成本）两个因素变动引起的，可以采用因素分析法进行分析，查明这两个因素变动的原因。但制造费用成本项目繁杂，且有些成本项目属于固定成本，仅用单位成本耗用工时和工时价格两个因素进行分析，难以揭示问题真相。对制造费用成本项目的分析，主要通过分析制造费用总额、对比实际数和计划数来进行。

任务实施

【任务2-1】

1.根据阳关公司资料,可以得知直接材料费用实际比计划节约2 100元,是由产量、单位消耗量、原材料价格3个因素影响所致。用连环替代法分析各因素对直接材料费用总额的影响程度,计算如下:

(1)以计划数为基数,分别替换各个影响因素:

第一次替换:直接材料费用总额=110×20×6=13 200(元)

产量变动对直接材料费用总额的影响金额=13 200−12 000=1 200(元)

第二次替换:直接材料费用总额=110×18×6=11 880(元)

单位消耗量对直接材料费用总额的影响金额=11 880−13 200=−1 320(元)

第三次替换:直接材料费用总额=110×18×5=9 900(元)

原材料单价对直接材料费用总额的影响金额=9 900−11 880=−1 980(元)

(2)汇总各因素变动影响金额:

各因素变动影响金额=1 200−1 320−1 980=−2 100(元)

2.采用差额分析法分析各因素对直接材料费用的影响程度,计算如下:

(1)分析对象:

9 900−12 000=−21 000(元)

(2)确定各因素的影响程度:

产量变动对直接材料费用的影响程度=(110−100)×20×6=1 200(元)

单位消耗变动对直接材料费用的影响程度=110×(18−20)×6=−1320(元)

单价变动对直接材料费用的影响程度=110×18×(5−6)=−1 980(元)

各因素变动影响合计=1 200−1 320−1 980=−2 100(元)

【任务2-2】

根据表2-7-5,按产品品种编制全部产品生产成本计划完成情况分析表。"全部产品生产成本计划完成情况分析表"见表2-7-20。

表2-7-20　全部产品生产成本计划完成情况分析表

编制单位:宏达机电　　　　　　　　　　202×年3月　　　　　　　　　　单位:元

产品名称	按本月实际产量和本年计划单位成本计算的总成本 (1)	本月实际总成本 (2)	本月实际比计划	
			降低额 (3)=(1)−(2)	降低率 (4)=(3)÷(1)
可比产品合计	915 705.00	915 180.97	524.03	0.06%
其中:甲电机	502 455.00	501 957.33	497.67	0.10%
乙电机	413 250.00	413 223.64	26.36	0.01%

续表

产品名称	按本月实际产量和本年计划单位成本计算的总成本（1）	本月实际总成本（2）	本月实际比计划	
			降低额（3）=（1）-（2）	降低率（4）=（3）÷（1）
不可比产品合计	7 250.00	7 500.00	-250.00	-3.45%
其中:丙电机	7 250.00	7 500.00	-250.00	-3.45%
全部产品合计	922 955.00	922 680.97	274.03	0.03%

　　根据表2-7-20的计算结果可知,该企业全部产品生产成本实际总成本比计划降低了274.03元,降低率0.03%,全部产品生产成本计划完成。各种产品中,可比产品甲、乙电机完成了成本计划,成本降低率分别为0.1%和0.01%,不可比产品丙电机未完成成本计划,超支3.45%。

　　根据表2-7-6,按产品成本项目编制全部产品生产成本计划完成情况分析表。"全部产品各成本项目成本计划完成情况分析表"见表2-7-21。

表2-7-21　全部产品各成本项目成本计划完成情况分析表

编制单位:宏达机电　　　　　　　　　　202×年3月　　　　　　　　　　单位:元

成本项目	产品成本		降低指标	
	计划	实际	降低额	降低率
直接材料	593 500	608 253.53	-14 753.53	-2.49%
燃料动力	37 500	35 085.54	2 414.46	6.44%
直接人工	174 750	169 534.78	5 215.22	2.98%
制造费用	117 000	106 058.34	10 941.66	9.35%
废品损失	4 100	3 748.78	351.22	8.57%
合计	926 850	922 680.97	4 169.03	0.45%

　　根据表2-7-21的计算结果可知,直接材料实际成本比计划超支了14 753.53元,超支率2.49%,其他成本项目实际成本均比计划成本低,其中,制造费用项目和废品损失项目成本降低较多。

　　根据表2-7-7、表2-7-8,编制"主要产品单位成本计划完成情况分析表"。"主要产品单位成本计划完成情况分析表"见表2-7-22、表2-7-23。

表2-7-22　主要产品单位成本计划完成情况分析表

产品名称:甲电机　　　　　　　　　　202×年3月　　　　　　　　　　单位:元

项目	计划成本	实际成本	降低额	降低率
直接材料	490	507.53	-17.53	-3.58%
燃料动力	30	31.12	-1.12	-3.73%
直接人工	150	144.12	5.88	3.92%

续表

项目	计划成本	实际成本	降低额	降低率
制造费用	105	90.84	14.16	13.49%
废品损失	4	4.62	−0.62	−15.50%
合计	779	778.23	0.77	0.10%

表 2-7-23　主要产品单位成本计划完成情况分析表

产品名称:乙电机　　　　　　　　　　202×年 3 月　　　　　　　　　　单位:元

项目	计划成本	实际成本	降低额	降低率
直接材料	360	367.53	−7.53	−2.09%
燃料动力	24	20.01	3.99	16.63%
直接人工	100	99.1	0.9	0.90%
制造费用	65	63.29	1.71	2.63%
废品损失	2	1.03	0.97	48.50%
合计	551	550.96	0.04	0.01%

根据表 2-7-22 和表 2-7-23 可知,甲电机单位成本实际比计划降低 0.77 元,降低率 0.10%。其中:直接材料超支额 17.53 元,超支率 3.58%;燃料及动力超支额 1.12 元,超支率 3.73%;直接人工降低额 5.88 元,降低率 3.92%;制造费用降低额 14.16 元,降低率 13.49%;废品损失超支 0.62 元,超支率 15.50%。乙电机单位成本实际比计划降低 0.04 元,降低率 0.01%。其中:直接材料超支额 7.53 元,超支率 2.09%;燃料及动力降低额 3.99 元,降低率 16.63%;直接人工降低额 0.9 元,降低率 0.90%;制造费用降低额 1.71 元,降低率 2.63%;废品损失降低额 0.97元,降低率 48.50%。从各成本项目降低额对单位成本的影响程度看,甲电机材料费用、燃料费用和废品损失费用均超支,制造费用降低率较高,为成本降低作了主要贡献;乙电机只有材料费用超支,其他费用均有一定程度降低,且废品损失费用控制很好。

根据制造费用明细表中资料,编制"制造费用成本项目分析表"。"制造费用成本项目分析表"见表 2-7-24。

表 2-7-24　制造费用成本项目分析表

编制单位:宏达机电　　　　　　　　　202×年 3 月　　　　　　　　　　单位:元

费用项目	本年每月计划	本月实际	降低额	降低率
原材料费用	4 300.00	4 200.00	100.00	2.33%
燃料动力费	38 000.00	36 609.18	1 390.82	3.66%
机物料费用	1 000.00	1 200.00	−200.00	−20.00%
职工薪酬	27 000.00	26 226.00	774.00	2.87%
折旧费	5 000.00	5 000.00	0.00	0.00%

续表

费用项目	本年每月计划	本月实际	降低额	降低率
办公费	1 500.00	1 680.00	−180.00	−12.00%
保险费	4 200.00	4 200.00	0.00	0.00%
修理费	28 000.00	29 524.03	−1 524.03	−5.44%
其他	1 800.00	1 860.00	−60.00	−3.33%
合计	110 800.00	110 499.21	300.79	0.27%

根据表2-7-24可知,本月制造费用整体降低了300.79元,其中,材料费用、燃料动力费用和职工薪酬均有一定程度降低,但机物料费用、办公费和修理费用均超支,需进一步分析超支原因。

边学边练

根据表2-7-10,编制"全部产品生产成本计划完成情况分析表"。"全部产品生产成本计划完成情况分析表"见表2-7-25。

边学边练
答案及解析

表2-7-25 **全部产品生产成本计划完成情况分析表**

编制单位: 202×　年　月 单位:元

产品名称	按本月实际产量和本年计划单位成本计算的总成本（1）	本月实际总成本（2）	本月实际比计划	
			降低额（3）=（1）-（2）	降低率（4）=（3）÷（1）
可比产品合计				
其中:				
不可比产品合计				
其中:				
全部产品合计				

夯实基础

一、判断题

1.对比分析法的主要作用在于揭示客观上存在的差距,并为进一步分析指出方向。

（　　）

2.相关指标比率是指某项经济指标的各个组成部分占总体的比重。　　　　　（　　　）

3.通过对比某一经济指标不同时期的构成比例变动,可以了解该项经济指标的增长速度。

（　　　）

4.采用比率分析法,先要把对比的数值变成相对数,求出比率,再进行对比分析。（　　　）

5.因素分析法是成本报表分析中最常用的基本方法,是差额分析法的发展和补充。

（　　　）

二、单项选择题

1.主要产品单位成本的一般分析,通常首先采用(　　　)进行分析。

    A.对比分析法　　　　　B.趋势分析法　　　　　C.比率分析法　　　　　D.连环替代法

2.采用连环替代法分析成本,可以揭示(　　　)。

    A.产生差异的因素　　　　　　　　　　B.实际数与计划数之间的差异

    C.产生差异的因素和各因素的影响程度　　D.产生差异的因素和各因素的变动原因

3.成本报表的分析方法很多,如果通过计算两个性质不同而又相关的指标的比率进行数量分析,应采用的方法是(　　　)。

    A.比率分析法　　　　　　　　　　B.相关指标比率分析法

    C.构成比率分析法　　　　　　　　D.对比分析法

4.在进行成本报表分析时,分析各因素对某一指标的影响程度时,可采用(　　　)。

    A.对比分析法　　　　　B.结构分析法　　　　　C.比率分析法　　　　　D.因素分析法

5.进行(　　　)变动分析时,应从单位产品工时和小时费用率两个因素着手。

    A.计时工资　　　　　B.营业费用　　　　　C.管理费用　　　　　D.制造费用

6.因素分析法各因素的排列顺序一般是(　　　)。

    A.数量指标在前,质量指标在后的原则　　B.质量指标在前,数量指标在后的原则

    C.数量指标在前,也可以在后　　　　　　D.质量指标在前,也可以在后

三、多项选择题

1.用来分析各因素对总体指标影响程度的分析方法有(　　　)。

    A.对比分析法　　　　　B.比率分析法　　　　　C.因素分析法　　　　　D.差额分析法

2.比较分析法是应用最为广泛的成本分析方法,在进行(　　　)等分析中都应用了这一方法。

    A.全部产品生产成本变动情况　　　　　B.主要产品单位成本变动的影响

    C.主要产品直接材料变动的影响　　　　D.主要产品单位成本项目变动

3.利用主要产品单位成本表,可进行(　　　)分析。

    A.按成本项目分析和考核主要产品单位成本计划执行情况

    B.按成本项目将本期与历史先进水平相比较,了解单位成本升降趋势

    C.分析和考核主要技术经济指标的执行情况

    D.分析和考核企业产品成本计划执行情况

小试牛刀

资料:凯丰模具有限责任公司有关成本费用资料根据项目二中任务七的子任务1:"小试牛刀"的相关资料和任务实施结果。

要求:编制凯丰模具有限责任公司202×年9月"全部产品生产成本计划完成情况分析表""主要产品单位成本计划完成情况分析表"和"制造费用计划完成情况分析表"。"全部产品生产成本计划完成情况分析表""主要产品单位成本计划完成情况分析表"和"制造费用计划完成情况分析表"见表2-7-26—表2-7-30。

表2-7-26 全部产品生产成本计划完成情况分析表

编制单位: 2020 年 月 单位:元

产品名称	按本月实际产量和本年计划单位成本计算的总成本（1）	本月实际总成本（2）	本月实际比计划	
			降低额（3）=（1）-（2）	降低率（4）=（3）÷（1）
可比产品合计				
其中:				
不可比产品合计				
其中:				
全部产品合计				

表2-7-27 全部产品各成本项目成本计划完成情况分析表

编制单位: 2020 年 月 单位:元

成本项目	产品成本		降低指标	
	计划	实际	降低额	降低率
直接材料				
燃料动力				
直接人工				
制造费用				
废品损失				
合计				

表 2-7-28 主要产品单位成本计划完成情况分析表

产品名称： 2020 年 月 单位:元

项目	计划成本	实际成本	降低额	降低率
直接材料				
燃料动力				
直接人工				
制造费用				
废品损失				
合计				

表 2-7-29 主要产品单位成本计划完成情况分析表

产品名称： 2020 年 月 单位:元

项目	计划成本	实际成本	降低额	降低率
直接材料				
燃料动力				
直接人工				
制造费用				
废品损失				
合计				

表 2-7-30 制造费用成本项目分析表

编制单位： 2020 年 月 单位:元

费用项目	本年每月计划	本月实际	降低额	降低率
原材料费用				
水电汽费用				
职工薪酬				
折旧费				
办公费				
保险费				
修理费				
其他				
合计				

项目三

运用分步法核算产品成本

学习目标

1. 了解分步法的概念、适用范围及特点。
2. 知道分步法核算产品成本的工作流程。
3. 能够按产品品种和生产步骤归集与分配各项生产费用。
4. 会计算各步骤产品成本并编制成本计算单。
5. 能对分步法成本核算相关业务进行正确账务处理。
6. 逐步培养实事求是、客观公正、不做假账的职业操守。

思政小课堂

生于欺骗，死于造假——金亚科技造假案

2008年至2009年7月，为使公司能够在A股市场顺利上市挂牌交易，金亚科技董事长及实际控制人周××，以公司名义授意时任财务总监花××、销售经理郑××等人进行财务数据造假，并要求公司其他部门员工予以协助配合，虚增、夸大公司2006年度至2008年度以及2009年第一、二季度营业收入及盈利能力。

2009年10月30日，金亚科技正式登陆资本市场，成为创业板首批28家上市公司之一，被称为"电视游戏第一股"。

2012年、2013年金亚科技业绩大幅亏损，为了扭转公司的亏损，避免ST，时任董事长周××在2014年年初定下了公司当年利润为3 000万元左右的目标，并授意时任财务负责人(2014年6月20日之前是张××，之后是丁×)进行财务数据造假。

经核实，金亚科技通过虚构客户、伪造合同、伪造银行单据、伪造材料产品收发记录、隐瞒费用支出等方式虚增利润。金亚科技2014年年度报告合并财务报表共计虚增营业收入

73 635 141.10元,虚增营业成本19 253 313.84元,少计销售费用3 685 014元,少计管理费用1 320 835.10元,少计财务费用7 952 968.46元,少计营业外收入19 050.00元,少计营业外支出13 173 937.58元,虚增利润总额80 495 532.40元,占当期披露的利润总额的比例为335.14%,上述会计处理使金亚科技2014年年度报告利润总额由亏损变为盈利。

2018年3月7日,证监会决定对金亚科技给予警告,并给予人民币60万元罚款,对周××给予人民币90万元罚款,终身禁入证券市场,对张××、丁×等给予警告,并分别处以人民币10万元至30万元不等的罚款,并采取10年禁入证券市场的措施。2020年5月14日,金亚科技披露《股票终止上市的公告》。2021年3月,四川省成都市中级人民法院终审判决,判处金亚科技罚金人民币392万元,判处周××有期徒刑3年,并处罚金人民币10万元;判处丁×有期徒刑1年3个月,并处罚金人民币5万元。

思考:结合金亚科技财务造假案例,谈谈你对不做假账的理解。

二十大精神

我们要坚持走中国特色社会主义法治道路,建设中国特色社会主义法治体系、建设社会主义法治国家,围绕保障和促进社会公平正义,坚持依法治国、依法执政、依法行政共同推进,坚持法治国家、法治政府、法治社会一体建设,全面推进科学立法、严格执法、公正司法、全民守法,全面推进国家各方面工作法治化。

任务一 分步法的基本认知

工作任务

资料:舒悦家具有限责任公司是一家生产办公家具的企业,设立3个基本生产车间。第一生产车间按要求生产家具所需的方料,生产完工后交第二生产车间;第二生产车间将方料组装成家具白坯后交第三生产车间;第三生产车间按要求对白坯打磨上漆,完工验收合格交产成品库。为了加强各生产步骤的成本管理,便于考核和分析成本费用,企业要求计算各步骤半成品成本。

要求:作为企业的成本会计人员,请根据企业产品的生产特点和管理需要,选择合适的成本计算方法,并确定正确的核算程序。

知 识 链 接

一、分步法的特点和适用范围

分步法是指按照产品品种和每种产品所经过的生产步骤归集生产费用、计算产品成本的一种方法。

(一)分步法的特点

采用分步法计算产品成本,其计算对象是各种产品及其所经过的各生产步骤。这里的步骤既可以是生产步骤,也可以是成本计算步骤。两者可以一致,也可以不一致。当每一生产步骤都是成本计算步骤时,这两者就是一致的;如果某一生产步骤并不要求进行成本计算,可以根据管理需求,将几个生产步骤合并为一个成本计算步骤,这时,两者就不一致。分步法的特点主要有以下5个方面:

①按生产步骤及产品品种设置成本计算单,以便按成本项目归集各步骤的生产费用。如果一个生产步骤只生产一种产品,可按该种产品和生产步骤设置成本计算单;如果一个生产步骤生产多种产品,则需按生产步骤和产品品种分别设置成本计算单。

②某步骤各种产品发生的直接计入费用,应直接计入该步骤该种产品成本计算单的相应成本项目;某步骤各种产品共同发生的间接计入费用,应采用一定的标准,分配计入该步骤各种产品的成本计算单内。

③成本计算期与企业会计报告期一致,与产品的生产周期不一致。

④月末计算各步骤完工产品成本(或记入产成品成本份额)和在产品成本。月末将各生产步骤中各成本计算单上归集的全部生产费用,在各完工产品和在产品之间进行分配,计算出各步骤的完工产品成本和在产品成本。

⑤结转各步骤半成品成本(或计入产成品成本份额),计算产成品总成本和单位成本。月末应采用适当的方法,按产品品种结转各步骤成本,计算出每种产品的总成本和单位成本。

(二)适用范围

分步法适用于大量大批多步骤的复杂生产且管理上要求分步骤计算产品成本的企业。例如,机械制造企业可分为铸造、加工、装配等多步骤;造纸业可分为制浆、制纸等多步骤;纺织企业可分为纺织、织纱等步骤。为了加强各生产步骤的成本管理,不仅要按照品种计算成本,而且要求按照生产步骤计算成本,以便更好地考核和分析成本计划的执行情况。

二、分步法的分类

在实际工作中,企业管理要求不同,以及各生产步骤的成本计算和结转方式不同,根据各生产步骤是否需要计算半成品成本,分步法分为逐步结转分步法和平行结转分步法。

任务实施

　　舒悦家具有限责任公司的产品生产经过 3 个基本生产步骤,且企业要求计算各步骤半成品成本,企业应该采用分步法计算产品成本,以产品种类和生产步骤作为成本计算对象,按产品种类和生产步骤设置基本生产成本明细账,归集各步骤半成品和产成品成本。

边学边练

边学边练
答案及解析

1.(多选题)下列企业中,适用分步法的有(　　　)。
　　A.冶金企业　　　　　　　　　　　　B.纺织企业
　　C.机械制造企业　　　　　　　　　　D.造纸企业
2.(单选题)分步法的主要特点是(　　　)。
　　A.为了计算半成品成本
　　B.为了计算各步骤应计入产成品的份额
　　C.按产品生产步骤计算产品成本
　　D.分车间计算产品成本

任务二　逐步结转分步法

工作任务 1

　　资料:康乐公司 2020 年 10 月份生产甲产品,经过 3 个生产车间顺序加工,第一车间生产的甲Ⅰ半成品直接被第二车间领用生产加工成甲Ⅱ半成品,第二车间生产的甲Ⅱ半成品直接被第三车间领用,并将其加工成最终甲产品。原材料在第一车间开始生产时一次投入,在产品按约当产量法计算。有关的产量、成本计算资料分别见表 3-2-1、表 3-2-2。

表 3-2-1　各车间产量记录

单位:件

项目	第一车间	第二车间	第三车间
月初在产品	100	200	160
本月投产(或上月转出)	1 000	960	1 080
本月完工产品	960	1 080	1 200
月末在产品	140	80	40
在产品完工程度%	50	50	50

表 3-2-2　各车间成本费用资料

单位:元

成本项目	第一车间		第二车间		第三车间	
	月初在产品成本	本月发生费用	月初在产品成本	本月发生费用	月初在产品成本	本月发生费用
直接材料(或半成品)	32 480	333 600	73 600	—	61 440	—
直接人工	3 192	47 880	18 240	64 152	21 888	96 672
制造费用	840	11 200	4 800	13 200	5 120	12 720
合计	36 512	392 680	96 640	77 352	88 448	109 392

要求:

1.根据以上资料,采用综合结转分步法计算产品成本,编制"产品成本计算单"和记账凭证。

2.根据"产品成本计算单"进行成本还原,编制"成本还原单"。

3.根据以上资料,采用分项结转分步法计算产品成本,编制"产品成本计算单"和记账凭证。

知识链接

一、逐步结转分步法的特点和适用范围

逐步结转分步法也称为计算半成品成本法,是指按照产品加工顺序逐步计算并结转半成品成本,一直算到最后加工步骤,计算出产成品成本的一种成本计算方法。

(一)逐步结转分步法的特点

①成本计算对象是产品品种及所经过的各生产步骤。逐步结转分步法就是为了计算半成品成本而采用的一种分步法,它的计算对象是各种产成品及其所经过的各步骤的半成品成本。

②各步骤的生产费用既包括本步骤发生的生产费用,也包括耗用上一步骤的半成品的费用。各步骤所耗用的上一步骤半成品的成本,要随着半成品实物的转移,从上一步骤的产品成本明细账转入下一步骤相同的产品成本明细账中,以便逐步计算各步骤的半成品成本和最后步骤的产成品成本。

③成本计算期与企业会计报告期一致,与生产周期不一致。

④月末各步骤的生产费用需要在各步骤的完工产品和在产品之间分配。

(二)适用范围

在大量大批多步骤生产企业中,各步骤所生产完工的半成品既可以作为本企业下一个步骤继续加工的对象,也可以对外销售。为了计算对外销售的半成品成本和计算以后生产步骤

的产品成本,采用逐步结转分步法计算出各步骤半成品的成本,如纺织企业、机械制造企业和冶金企业。

二、逐步结转分步法的工作流程

逐步结转分步法的工作流程取决于半成品实物的流转程序。半成品实物流转程序有两种情况:一种是不设半成品仓库而直接在各步骤间转移;另一种是通过半成品仓库收发而间接在各步骤间传递。

如果半成品完工后不通过半成品库收发,而为下一步直接领用,半成品成本就在各步骤的产品成本明细账之间直接结转,不必进行结转半成品成本的账务处理。半成品如果通过半成品仓库收发,领用自制半成品应视同领用材料进行核算。

采用逐步结转分步法计算产品成本有以下几个步骤:

(一)确定成本计算对象,建成本费用明细账

以产品的生产步骤和产品品种作为成本计算对象,开设基本生产成本明细账、制造费用明细账、辅助生产费用明细账、管理费用等期间费用明细账。

(二)编制各种费用分配表,归集分配各生产步骤产品的生产费用

通过编制各项要素费用分配表、辅助生产费用分配表、制造费用分配表归集分配各步骤每种产品的成本费用。对能够分清生产步骤、产品品种的生产费用,属于直接计入生产费用,直接计入该步骤的每种产品成本明细账;对不能分清生产步骤或产品品种的生产费用,属于间接计入生产费用,应当采用适当的方法,分配计入各步骤的每一种产品成本明细账。

(三)计算各生产步骤的完工产品成本

月末,各生产步骤的产品成本明细账归集的生产费用(含耗用的上一生产步骤生产的半成品成本),一般需要采用适当的分配方法在该生产步骤完工产品和在产品之间进行分配,从而计算出该生产步骤的完工产品成本。

在逐步结转分步法下,各生产步骤完工产品成本应当从该生产步骤产品成本明细账中转出;各生产步骤耗用的上一生产步骤生产的半成品成本,应当作为该生产步骤的生产费用计入该生产步骤产品成本明细账。如果各生产步骤完工的自制半成品通过半成品仓库收发,那么企业还应当增设"自制半成品"账户。

逐步结转分步法按照各生产步骤生产的自制半成品成本在下一生产步骤产品成本明细账中的列示方法不同,分为综合逐步结转分步法和分项逐步结转分步法两种。

三、应用综合逐步结转分步法计算产品成本

(一)分步骤计算完工产品和在产品成本

综合逐步结转分步法就是将各生产步骤所耗用的上一步骤的半成品成本,以其总成本转入下一步骤的产品成本计算单中的"自制半成品"或"直接材料"成本项目中计算产品成本的一种方法。

(二)成本还原

为了了解产品成本项目费用的真实构成,需要对产品成本进行成本还原。所谓成本还原

综合逐步结转分步法计算成本的流程

就是将完工产品的成本项目还原为原始成本项目的过程。即从最后一个步骤起,把各步骤耗用前一步骤半成品的成本总额,按本月所生产这种半成品的成本结构比例逐步进行还原,逐步分解还原为"直接材料""直接人工""制造费用"等原始成本项目,使完工产品成本按原始成本项目反映成本构成的过程。

成本还原的方法一般有两种:

1.成本项目比重还原法

成本项目比重还原法就是将本月产成品耗用上一步骤半成品的成本,按照上一步骤完工半成品各成本项目占全部成本的比重进行还原的方法。其计算公式为:

$$还原率(项目比重) = \frac{上一步骤完工半成品各成本项目的金额}{上一步骤完工半成品成本合计} \times 100\%$$

$$还原后各成本项目金额 = 半成品成本项目 \times 还原分配率$$

2.系数还原法

系数还原法就是按某步骤产品耗用上一步骤半成品成本总额占上一步骤生产该种半成品成本总额的比重进行成本还原的方法。其计算公式为:

$$还原率 = \frac{本期某步骤完工产品耗用上一步骤半成品成本总额}{本期上一步骤生产该种半成品成本总额}$$

$$还原后各成本项目金额 = 本期上一步骤生产的半成品各成本项目金额 \times 还原率$$

这种成本还原方法,没有考虑以前月份所产的半成品结构对本月产成品所耗半成品成本结构的影响。在各月份半成品成本结构变动较大的情况下,对还原结果的正确性有一定的影响。

材料在第一生产步骤生产开始时一次投入时,还原后,产成品各成本项目主要为:

①直接材料:还原后得到的原始投入材料费用。

②直接人工:各还原步骤还原所得的直接人工费用+完工产品本月发生的直接人工费用。

③制造费用:各还原步骤还原所得的制造费用+完工产品本月发生的制造费用。

四、运用分项结转分步法计算产品成本

分项结转分步法是按照成本项目,将上一步骤的半成品成本分项转入下一步骤成本计算单上相应的成本项目的一种方法。采用分项结转分步法计算各步骤产品成本时,上一步骤的半成品成本以原始成本项目转入下一步骤半成品或产成品成本项目中,最终计算出产成品成本,不需要进行成本还原。

任务实施

【任务1-1】

根据以上资料,采用综合结转分步法,分步骤计算完工产品和在产品成本,并编制"产品成本计算单"。

分步骤计算完工产品和在产品成本的成本计算单见表3-2-3—表3-2-6。

（一）计算第一车间甲Ⅰ半成品成本

表 3-2-3 产品成本计算单

2020 年 10 月

生产车间：第一车间

产品名称：甲Ⅰ半成品

产量：960 件

成本项目	月初在产品成本	本月发生费用	费用合计	分配率	完工半成品成本	月末在产品成本
直接材料	32 480	333 600	366 080	332.80	319 488	46 592
直接人工	3 192	47 880	51 072	49.58	47 597	3 475
制造费用	840	11 200	12 040	11.69	11 222	818
合计	36 512	392 680	429 192	394.07	378 307	50 885

表 3-2-3 有关计算过程如下：

直接材料费用分配率＝366 080÷（960＋140×100%）＝332.80

直接人工费用分配率＝51 072÷（960＋140×50%）＝49.58

制造费用分配率＝12 040÷（960＋140×50%）＝11.69

根据"甲Ⅰ半成品成本计算单"编制记账凭证：

借：基本生产成本——第二车间（甲Ⅱ半成品）　　378 307

　　贷：基本生产成本——第一车间（甲Ⅰ半成品）　　378 307

（二）计算第二车间甲Ⅱ半成品成本

表 3-2-4 产品成本计算单

2020 年 10 月

生产步骤：第二车间

产品名称：甲Ⅱ半成品

产量：1 080 件

成本项目	月初在产品成本	本月发生费用	费用合计	分配率	完工半成品成本	月末在产品成本
甲Ⅰ半成品	73 600	378 307	451 907	389.58	420 746	31 161
直接材料	—	—	—	—	—	—
直接人工	18 240	64 152	82 392	73.56	79 445	2 947
制造费用	4 800	13 200	18 000	16.07	17 356	644
合计	96 640	455 659	552 299	479.21	517 547	34 752

表 3-2-4 有关计算过程如下：

甲Ⅰ半成品成本费用分配率＝451 907÷（1 080＋80×100%）＝389.58

直接人工费用分配率＝82 392÷（1 080＋80×50%）＝73.56

制造费用分配率＝18 000÷（1 080＋80×50%）＝16.07

根据"甲Ⅱ半成品成本计算单"编制记账凭证：

借：基本生产成本——第三车间（甲产品）　　　　517 547

　　贷：基本生产成本——第二车间（甲Ⅱ半成品）　　517 547

（三）计算第三车间甲产品成本

表 3-2-5　产品成本计算单

2020 年 10 月

生产步骤：第三车间

产品名称：甲产品　　　　　　　　　　　　　　　　　　　　　　　　产量：1 200 件

成本项目	月初半产品成本	本月发生费用	费用合计	分配率	完工产成品成本	月末在产品成本
甲Ⅱ半成品	61 440	517 547	578 987	466.93	560 316	18 671
直接材料	—	—	—	—	—	—
直接人工	21 888	96 672	118 560	97.18	116 616	1 944
制造费用	5 120	12 720	17 840	14.62	17 544	296
合计	88 448	626 939	715 387	578.73	694 476	20 911

表 3-2-5 有关计算过程如下：

半成品成本费用分配率 = 578 987 ÷（1 200 + 40 × 100%）= 466.93

直接人工费用分配率 = 118 560 ÷（1 200 + 40 × 50%）= 97.18

制造费用分配率 = 17 840 ÷（1 200 + 40 × 50%）= 14.62

表 3-2-6　产成品成本计算单

2020 年 10 月

产品名称：甲产品　　　　　　　　　　　　　　　　　　　　　　　　产量：1 200 件

成本项目	总成本	单位成本
甲Ⅱ半成品	560 316	466.93
直接人工	116 616	97.18
制造费用	17 544	14.62
合计	694 476	578.73

根据"甲产品成本计算单"编制记账凭证：

借：库存商品——第三车间（甲产品）　　　　694 476

　　贷：基本生产成本——第三车间（甲产品）　　694 476

【任务 1-2】

1.根据【任务 1-1】计算出来的甲产品成本，采用成本项目比重法，按半成品成本项目占半成本总额的比重进行成本还原。编制的成本还原表见表 3-2-7。

表 3-2-7　成本还原计算表

2020 年 10 月

单位:元

成本项目	还原前总成本	二车间半成品成本	还原率/%	还原额	一车间半成品成本	还原率/%	还原额	还原后总成本
栏目	1	2	3＝2 栏各项÷2 栏合计	4＝3 栏各项×1 栏半成品项目	5	6＝5 栏各项÷5 栏合计	7＝6 栏项×4 栏半成品项目	8
直接材料							384 701	384 701
半成品	560 316	420 746	81.30	455 537	319 488	84.45		
直接人工	116 616	79 445	15.35	86 009	47 597	12.58	57 307	259 932
制造费用	17 544	17 356	3.35	18 770	11 222	2.97	13 529	49 843
合计	694 476	517 547	100	560 316	378 307	100	455 537	694 476

还原后甲产品总成本为 694 476 元,其中:

直接材料费用＝384 701(元)

直接人工费用＝116 616+86 009+57 307＝259 932(元)

制造费用＝17 544+18 770+13 529＝49 843(元)

通过上述计算可知,第三车间产成品耗用的半成品成本 560 316 元,经过连续还原计算,其总成本没有变化,但是其成本构成有了变化。即将以综合成本项目反映的"半成品"项目,还原为原始的成本项目。这为按成本项目考核成本计划的执行情况提供了可靠的核算资料。

2.根据【任务 1-1】计算出来的甲产品成本,采用系数法,即按本步骤产品耗用上一步骤半成品成本总额占上一步骤生产该种半成品成本总额的比重进行成本还原。编制的成本还原表见表 3-2-8。

表 3-2-8　成本还原计算表

2020 年 10 月

单位:元

成本项目	还原前总成本	二车间半成品成本	还原额及还原率	一车间半成品成本	还原额及还原率	还原后总成本
栏目	1	2	3	4	5	6
还原率			1.082 637 9		1.204 090 9	
直接材料					384 693	384 693
半成品	560 316	420 746	455 516	319 488		
直接人工	116 616	79 445	86 010	47 597	57 311	259 937
制造费用	17 544	17 356	18 790	11 222	13 512	49 846
合计	694 476	517 547	560 316	378 307	455 516	694 476

第 3 栏还原率＝560 316÷517 547＝1.082 637 9

第 5 栏还原率＝455 516÷378 307＝1.204 090 9

第 3 栏(即对甲Ⅱ半成品)各成本项目还原额为:

甲Ⅰ半成品成本＝420 746×1.082 637 9＝455 516(元)

直接人工费用＝79 445×1.082 637 9＝86 010(元)

成本计算与管理

制造费用＝17 356×1.082 637 9＝18 790(元)

第5栏(即对甲Ⅰ半成品)各成本项目还原额为：

直接材料费用＝319 488×1.204 090 9＝384 693(元)

直接人工费用＝47 597×1.204 090 9＝57 311(元)

制造费用＝11 222×1.204 090 9＝13 512(元)

还原后甲产品总成本为694 476元，其中：

直接材料费用＝384 693(元)

直接人工费用＝116 616＋86 010＋57 311＝259 937(元)

制造费用＝17 544＋18 790＋13 512＝49 846(元)

【任务1-3】

沿用【任务1-1】资料，按分项结转分步法计算各生产车间半成品成本和最后车间的产成品成本，填制第一、第二、第三车间"产品成本计算单"。第一、第二、第三车间"产品成本计算单"见表3-2-9—表3-2-11。

表3-2-9　产品成本计算单

2020 年 10 月

生产步骤：第一车间

产品名称：甲Ⅰ半成品　　　　　　　　　　　　　　　　　　　产量：960 件

成本项目	月初在产品成本	本月发生费用	费用合计	费用分配率	完工半成品成本(960 件)	月末在产品成本(140 件)
直接材料	32 480	333 600	366 080	332.80	319 488	46 592
直接人工	3 192	47 880	51 072	49.58	47 597	3 475
制造费用	840	11 200	12 040	11.69	11 222	818
合计	36 512	392 680	429 192	394.07	378 307	50 885

表3-2-9中有关计算过程如下：

直接材料费用分配率＝366 080÷(960＋140×100%)＝332.80

直接人工费用分配率＝51 072÷(960＋140×50%)＝49.58

制造费用分配率＝12 040÷(960＋140×50%)＝11.69

根据"甲Ⅰ半成品成本计算单"编制记账凭证：

借：基本生产成本——第二车间(甲Ⅱ半成品)　　　378 307

　　贷：基本生产成本——第一车间(甲Ⅰ半成品)　　　378 307

表3-2-10　产品成本计算单

2020 年 10 月

生产步骤：第二车间

产品名称：甲Ⅱ半成品　　　　　　　　　　　　　　　　　　　产量：1 080 件

成本项目	月初在产品成本	本月本车间发生费用	耗用一车间半成品成本	费用合计	费用分配率	完工半成品成本(1 080 件)	月末在产品成本(80 件)
直接材料	73 600	—	319 488	393 088	338.87	365 980	27 108
直接人工	18 240	64 152	47 597	129 989	116.06	125 345	4 644

86

成本项目	月初在产品成本	本月本车间发生费用	耗用一车间半成品成本	费用合计	费用分配率	完工半成品成本（1 080 件）	月末在产品成本（80 件）
制造费用	4 800	13 200	11 222	29 222	26.09	28 177	1 045
合计	96 640	77 352	378 307	552 299	481.02	519 502	32 797

表 3-2-10 中有关计算过程如下：

直接材料费用分配率＝393 088÷（1 080+80×100%）＝338.87

直接人工费用分配率＝129 989÷（1 080+80×50%）＝116.06

制造费用分配率＝29 222÷（1 080+80×50%）＝26.09

根据"甲Ⅱ半成品成本计算单"编制记账凭证：

借：基本生产成本——第三车间（甲产品）　　　　　519 502

　　贷：基本生产成本——第二车间（甲Ⅱ半成品）　　519 502

表 3-2-11　产品成本计算单

2020 年 10 月

生产步骤：第三车间

产品名称：甲产成品　　　　　　　　　　　　　　　　产量：1 200 件

成本项目	月初在产品成本	本月本车间发生费用	耗用二车间半成品成本	费用合计	费用分配率	完工产成品成本（1 200 件）	月末在产品成本（40 件）
直接材料	61 440	—	365 980	427 420	344.69	413 628	13 792
直接人工	21 888	96 672	125 345	243 905	199.92	239 904	4 001
制造费用	5 120	12 720	28 177	46 017	37.72	45 264	753
合计	88 448	109 392	519 502	717 342	582.33	698 796	18 546

表 3-2-11 中有关计算过程如下：

直接材料费用分配率＝427 420÷（1 200+40×100）＝344.69

直接人工费用分配率＝243 905÷（1 200+40×50%）＝199.92

制造费用分配率＝46 017÷（1 200+40×50%）＝37.72

表 3-2-12　甲产品成本计算单

2020 年 10 月　　　　　　　　　　　　　　　　产量：1 200 件

成本项目	总成本	单位成本
直接材料	413 628	344.69
直接人工	239 904	199.92
制造费用	45 264	37.72
合计	698 796	582.33

根据"甲产品成本计算单"编制记账凭证：

借:库存商品——第三车间(甲产品)　　　　　　　　698 796

贷:基本生产成本——第三车间(甲产品)　　　　　698 796

从以上计算过程中可知,采用分项结转分步法,能够直接、准确地按原始成本项目反映企业的产品构成,不需要进行成本还原。但采用这种方法,成本结转工作比较复杂,而且在各步骤完工产品成本中看不出所耗上一步骤半成品成本以及本步骤发生的加工费用。这种方法一般适用于在管理上不要求考核各步骤所耗上一步骤半成品成本以及本步骤加工费用的情况。

这种方法的特点是将各步骤所耗用的上一步骤半成品成本,按照成本项目分项转入各该步骤产品成本明细账的各个成本项目中。如果半成品通过半成品库收发,在自制半成品明细账中登记半成品成本时,要按照成本项目分别登记。

采用分步法正确计算出产品成本就需要每一个成本计算步骤的计算结果都准确无误,不出纰漏。这就要求各环节的成本核算人员相互配合、团结协作,严格按照会计准则、规章制度进行成本核算。

边学边练

1.(单选题)采用综合结转分步法计算产品成本时,若有3个生产步骤,则需进行(　　)次成本还原。

A.1　　　　　　　B.2　　　　　　　C.3　　　　　　　D.4

2.(多选题)下列关于分步法的表述中,正确的有(　　)。

A.以产品品种与生产步骤作为成本计算对象,归集和分配生产费用,计算产品成本

B.适用于多步骤生产,管理上要求计算半成品成本的企业

C.如果月末有在产品,要将生产成本在完工产品和在产品之间进行分配

D.一般定期(每月月末)计算产品成本

3.(多选题)采用逐步结转分步法,按照结转的半成品成本在下一步骤产品成本明细账中的反映,可分为(　　)。

A.平行结转法　　　　　　　　　　　B.按实际成本结转法

C.分项结转法　　　　　　　　　　　D.综合结转法

夯实基础

一、判断题

1.生产步骤就是成本计算步骤,它们都是以生产车间为基础来确定的。　　　　　　(　　)

2.大量大批的多步骤生产企业都应按分步法计算成本。　　　　　　　　　　　　(　　)

3.分步法均应顺序结转半成品成本,直至最后步骤计算出完工产品成本。　　　　(　　)

二、单项选择题

1.下列关于逐步结转分步法的说法不正确的是(　　)。

A.成本结转工作量较大

B.能够全面地反映各步骤的生产耗费水平

C.能为各生产步骤的在产品实物管理及资金管理提供资料

D.各步骤的产品生产成本不伴随着半成品实物的转移而结转

2.需要进行成本还原所采用的成本计算方法是(　　)。

　　A.分批法　　　　　　　　　　B.平行结转分步法

　　C.综合逐步结转分步法　　　　D.分项逐步结转分步法

3.采用逐步结转分步法时,完工产品与在产品成本之间的费用分配,是指(　　)之间的费用分配。

　　A.产成品与月末在产品　　　　B.完工半成品与月末加工中的在产品

　　C.产成品与广义在产品　　　　D.各步骤的完工产品与在产品

三、多项选择题

1.采用分步法时,作为成本计算对象的生产步骤可以(　　)。

　　A.按实际生产步骤设立

　　B.按生产车间设立

　　C.按一个车间中的几个生产步骤分别设立

　　D.按几个车间合并成的一个生产步骤设立

2.采用逐步结转分步法,计算各步骤半成品成本的原因是(　　)。

　　A.为了计算外售半成品成本

　　B.为了与同行业半成品成本对比

　　C.为了计算各种产品成本提供所耗同一种半成品成本的数量

　　D.为了考核与分析各生产步骤等内部单位的生产耗费与资金占用水平

小试牛刀

资料:明晖机械厂有3个基本车间,顺序进行加工,最终第三车间生产出D产品。全部材料在生产开始时一次投入,在产品按定额成本法计价,车间之间半成品直接转移,不通过半成品库。该厂2020年8月份产品的产量、工时和成本资料见表3-2-13—表3-2-15。

表 3-2-13　产量记录

单位:件

成本项目	一车间	二车间	三车间
	D1 半成品	D2 半成品	D 产品
月初在产品	50	30	40
本月投入或上车间转入	500	520	530
本月产成品	520	530	560
月末在产品	30	20	10

表 3-2-14　单位在产品定额成本资料

成本项目	一车间	二车间	三车间
	D1 半成品	D2 半成品	D 产品
直接材料(半成品)	45	56	76
直接人工	8.55	11.4	22.80
制造费用	2.45	8.6	17.20
合计	56	76	116

表 3-2-15　各车间生产产品成本资料

成本项目	一车间	二车间	三车间
	D1 半成品	D2 半成品	D 产品
直接材料(半成品)	28 000		
直接人工	13 420	28 228	44 684
制造费用	5 118	23 172	42 516
合计	46 538	51 400	87 200

要求:采用综合结转分步法计算产品成本并进行成本还原,见表 3-2-16—表 3-2-21。

表 3-2-16　产品成本计算单

生产车间:　　　　　　　　　　　　年　　月

产品名称:　　　　　　　　　　　　　　　　　　　　　　　　产量: 件

成本项目	月初在产品成本	本月发生费用	费用合计	完工半成品成本(　件)	月末在产品成本(　件)
直接材料					
直接人工					
制造费用					
合计					

表 3-2-17　产品成本计算单

生产车间:　　　　　　　　　　　　年　　月

产品名称:　　　　　　　　　　　　　　　　　　　　　　　　产量: 件

成本项目	月初在产品成本	本月发生费用	费用合计	完工半成品成本(　件)	月末在产品成本(　件)
(　　)半成品					
直接材料					
直接人工					
制造费用					
合计					

表 3-2-18　**产品成本计算单**

生产车间：　　　　　　　　　　　　　　年　　月

产品名称：　　　　　　　　　　　　　　　　　　　　　　　　　产量：件

成本项目	月初在产品成本	本月发生费用	费用合计	完工半成品成本（　件）	月末在产品成本（　件）
（　　）半成品					
直接材料					
直接人工					
制造费用					
合计					

表 3-2-19　**产品成本计算单**

产品名称：　　　　　　　　　　　　年　　月　　　　　　　　　产量：件

成本项目	总成本	单位成本
（　　）半成品		
直接材料		
直接人工		
制造费用		
合计		

表 3-2-20　**成本还原计算表（成本项目比重法）**

年　　月　　　　　　　　　　　　　　单位：元

成本项目	还原前总成本	第二车间半成品成本	还原率/%	还原额	第一车间半成品成本	还原率/%	还原额	还原后总成本
栏目	1	2	3 = 2 栏各项÷2栏合计	4 = 3 栏各项×1 栏半成品项目	5	6 = 5 栏各项÷5栏合计	7=6 栏项×4栏半成品项目	8
直接材料								
直接人工								
制造费用								
合计								

表 3-2-21　成本还原计算表(系数法)

年　　月　　　　　　　　　　　　　　　　　单位:元

成本项目	还原前总成本	第二车间半成品成本	还原额及还原率	第一车间半成品成本	还原额及还原率	还原后总成本
栏目	1	2	3	4	5	6
还原率						
直接材料(半成品)						
直接人工						
制造费用						
合计						

任务三　平行结转分步法

工作任务

资料:新农公司生产 A 产品,连续经过 3 个步骤进行加工,材料在第一个生产步骤一次投入。各生产步骤的半成品,直接为下一个生产步骤耗用,不经过半成品库。第三步骤单位在产品和产成品耗用第二步骤半成品 1 件;第二步骤单位在产品和半成品耗用第一步骤半成品 1 件。月末在产品成本按约当产量法计算,其他有关资料如下:

1.2020 年 10 月产品产量资料见表 3-3-1。

表 3-3-1　产品产量表

单位:件

项目	第一步骤	第二步骤	第三步骤
月初在产品数量	300	200	100
本月投产数	600	500	400
本月完工产品数量	500	400	300
月末在产品数量	400	300	200
在产品完工程度	50%	50%	50%

2.产品费用资料见表3-3-2。

表 3-3-2　产品费用资料表

项目	月初在产品				本月发生费用			
	第一步骤	第二步骤	第三步骤	合计	第一步骤	第二步骤	第三步骤	合计
直接材料	36 000			36 000	36 000			36 000
直接人工	768	1 008	300		1 032	2 511	1 053.5	4 596.5
制造费用	2 379.14	1 484	875		2 918	3 339	1 746.5	8 003.5
合计	39 147.14	2 492	1 175		39 950	5 850	2 800	48 600

要求:根据以上资料,采用平行结转分步法计算 A 产品成本。

知识链接

一、平行结转分步法的特点和适用范围

平行结转分步法,也称不计算半成品成本分步法,主要适用于多步骤装配式生产的产业。这类企业各步骤生产半成品的种类很多,一般只供本企业生产产品所用,很少对外销售,管理上不要求提供各步骤半成品资料,只需核算各步骤所发生的费用及各步骤应该计入当期完工产品中的"份额"。然后,将各步骤应计入同一产品成本的份额平行结转、汇总,即可计算出该产品成本。这种平行结转各步骤成本的方法,称为平行结转分步法,即不计算半成品成本法。

(一)平行结转分步法的特点

①成本计算对象为生产产成品所经过的各步骤和最终产成品。

②各步骤不计算半成品成本,只计算本步骤生产费用中应计入产成品成本的份额。

③各步骤之间不结转半成品成本。无论半成品实物是在各生产步骤之间直接结转,还是通过半成品库收发,都不进行总分类核算,也就是说半成品成本不随半成品实物的转移而转移。

④每月终了,将各步骤成本计算单上发生的生产费用选择适当的方法在最终完工的产成品和广义在产品之间进行分配,计算出各步骤生产费用应计入最终完工产成品的成本份额。

⑤将各步骤生产费用中应计入产成品的"份额"平行汇总,计算该种产成品的总成本和单位成本。

(二)平行结转分步法的适用范围

平行结转分步法适用各步骤生产的半成品种类很多,管理上不要求提供各步骤半成品成本资料的大量、大批多步骤装配式生产的企业,也可以用于半成品不对外销售的连续式多步骤生产的企业。

二、平行结转分步法的工作流程

平行结转分步法下,各生产步骤不计算、也不逐步结转半产品成本,只是在企业产品入库时,才将各步骤费用中应计入产成品的份额从各步骤产品成本明细账中转出,从"基本生产成本"明细账的贷方转入"库存商品"明细账的借方。采用这一方法,无论半成品是在各生产步骤之间直接转移,还是通过半成品库收发,都不通过"自制半成品"科目进行总分类核算。平行结转分步法的工作流程如下:

平行结转分步法计算产品成本工作流程图

(一)确定各步骤待分配的生产费用

各步骤生产费用仅包括本步骤发生的直接材料、直接人工、制造费用等,不包括上一步骤半成品成本费用。

(二)确定本步骤期末广义在产品的约当产量

某步骤分配材料费用的期末广义在产品约当产量=已经本步骤加工而留存以后各步骤的月末半成品数量+本步骤期末在产品数量×本步骤期末在产品投料程度

某步骤分配人工、制造费用的期末广义在产品约当产量=已经本步骤加工而留存以后各步骤的月末半成品数量+本步骤期末在产品数量×本步骤期末在产品完工程度

(三)确定最终完工产成品耗用本步骤半成品的数量

确定最终完工产成品耗用本步骤半成品的数量=最终完工产成品数量×单位产成品耗用该步骤半成品的数量

(四)计算成本项目费用分配率

成本项目费用分配率可用约当产量法、定额比例法等方法计算求得。此处只介绍约当产量法下的计算公式。

$$成本项目费用分配率 = \frac{该步骤月初在产品成本 + 该步骤本月发生的生产费用}{最终完工产成品耗用本步骤半成品的数量 + 该步骤期末广义在产品的约当产量}$$

(五)计算各步骤计入最终完工产成品成本的份额

某步骤某项费用应计入最终产成品份额=最终完工产成品耗用本步骤半成品的数量×该步骤该项费用分配率

(六)计算各步骤在产品成本

某步骤某项费用期末在产品成本=该步骤该项费用期初在产品成本+该步骤该项费用本期发生额-该步骤该项费用应计入最终产成品成本的份额

(七)汇总最终完工产成品成本

最终完工产成品成本=各步骤费用应计入最终产成品成本的份额之和

三、平行结转分步法与逐步结转分步法的比较

平行结转分步法与逐步结转分步法在成本计算程序、各步骤包含的内容、完工产品的概念、在产品的概念等方面有不同之处,见表3-3-3。

表 3-3-3 平行结转分步法与逐步结转分步法比较表

比较内容	平行结转分步法	逐步结转分步法
成本计算程序	各步骤只计算本步骤应计入产品成本的份额,将各步骤应计入产品成本的份额进行平行加总,计算出完工产品成本	按产品生产过程逐步计算并结转半成品成本,最后计算出完工产品成本
各步骤所包含的费用	只包括本步骤所产生的费用,不包括上步骤转入的半成品成本	既包括本步骤所发生的费用,也包括上步骤转入的半成品成本
完工产品的概念	企业最终完工的产成品	既包括最终完工的产成品,也包括各步骤完工的半成品
在产品的概念	广义	狭义
提供的成本资料	不能提供各步骤所占用的生产资金数额,但能提供按原始成本项目反映的成本结构,不需要进行成本还原	能提供各步骤所占用的生产资金数额,但综合结转分步法不能提供按原始成本项目反映的成本结构,需要进行成本还原
成本与实物的关系	成本与实物转移可以不一致	成本与实物转移一致
成本计算的及时性	各步骤成本可同时进行,加快了成本计算速度	后一步骤必须在上一步骤成本计算后才能进行,影响了成本计算的及时性

任务实施

根据资料,运用平行结转分步法计算 A 产品成本。平行结转分步法下约当产量计算见表 3-3-4。

表 3-3-4 约当产量计算表

项目	第一生产步骤		第二生产步骤		第三生产步骤	
	投料约当产量	加工约当产量	投料约当产量	加工约当产量	投料约当产量	加工约当产量
最终产成品数量	300	300	300	300	300	300
广义在产品约当产量	300 + 200 + 400 × 100% = 900	300 + 200 + 400 × 50% = 700	200 + 300 × 100% = 500	200 + 300 × 50% = 350	200×100% = 200	200×50% = 100
约当总产量	1 200	1 000	800	650	500	400

A 产品的成本计算单见表 3-3-5—表 3-3-8。

表 3-3-5　产品成本计算单

生产步骤:第一步骤　　　　　　　　　　　　2020 年 10 月　　　　　　　　　　　　完工产量:300 件

成本项目	直接材料	直接人工	制造费用	合计
月初在产品成本	36 000.00	768.00	2 379.14	39 147.14
本月生产费用	36 000.00	1 032.00	2 918.00	39 950.00
生产费用合计	72 000.00	1 800.00	5 297.14	79 097.14
完工产成品数量	300	300	300	
以后各步骤期末在产品数量	500	500	500	
本步骤期末在产品数量	400	400	400	
投料率/完工程度	100%	50%	50%	
月末广义在产品约当量	900	700	700	
约当总产量	1 200	1 000	1 000	
费用分配率	60.000 0	1.800 0	5.297 1	
单位产成品耗用本步骤半成品数量	1	1	1	
计入完工产成品成本份额	18 000.00	540.00	1 589.14	20 129.14
月末在产品成本	54 000.00	1 260.00	3 708.00	58 968.00

直接材料费用分配率 = 72 000÷1 200 = 60

直接人工费用分配率 = 1 800÷1 000 = 1.8

制造费用分配率 = 5 297.14÷1 000 = 5.297 1

直接材料费用应计入完工产成品成本的份额 = 60×300 = 18 000(元)

直接人工费用应计入完工产成品成本的份额 = 1.8×300 = 540(元)

制造费用应计入完工产成品成本的份额 = 5.297 1×300 = 1 589.14(元)

表 3-3-6　产品成本计算单

生产步骤:第二步骤　　　　　　　　　　　　2020 年 10 月　　　　　　　　　　　　完工产量:300 件

成本项目	直接材料	直接人工	制造费用	合计
月初在产品成本		1 008.00	1 484.00	2 492.00
本月生产费用		2 511.00	3 339.00	5 850.00
生产费用合计		3 519.00	4 823.00	8 342.00
完工产成品数量		300	300	
以后各步骤期末在产品数量		200	200	
本步骤期末在产品数量		300	300	
投料率/完工程度		50%	50%	
月末广义在产品约当量		350	350	

续表

成本项目	直接材料	直接人工	制造费用	合计
约当总产量		650	650	
费用分配率		5.413 8	7.420 00	
单位产成品耗用本步骤半成品数量	1	1	1	
计入完工产成品成本份额		1 624.15	2 226.00	3 850.15
月末在产品成本		1 894.85	2 597.00	4 491.85

直接人工费用分配率＝3 519÷650＝5.413 8

制造费用分配率＝4 823÷650＝7.420 0

直接人工费用应计入完工产成品成本的份额＝5.413 8×300＝1 624.15(元)

制造费用应计入完工产成品成本的份额＝7.42×300＝2 226.00(元)

表 3-3-7　产品成本计算单

生产步骤:第三步骤　　　　　　　　　　　2020 年 10 月　　　　　　　　　　　完工产量:300 件

成本项目	直接材料	直接人工	制造费用	合计
月初在产品成本		300.00	875.00	1 175.00
本月生产费用		1 053.50	1 746.50	2 800.00
生产费用合计		1 353.50	2 621.50	3 975.00
完工产成品数量		300	300	
以后各步骤期末在产品数量		0	0	
本步骤期末在产品数量		200	200	
投料率/完工程度		50%	50%	
月末广义在产品约当量		100	100	
约当总产量		400	400	
费用分配率		3.383 8	6.553 8	9.937 5
单位产成品耗用本步骤半成品数量		1	1	
计入完工产成品成本份额		1 015.13	1 966.13	2 981.26
月末在产品成本		338.38	655.38	993.76

直接人工费用分配率＝1 353.5÷400＝3.383 8

制造费用分配率＝2 621.5÷400＝6.553 8

直接人工费用应计入完工产成品成本的份额＝3.383 8×300＝1 015.13(元)

制造费用应计入完工产成品成本的份额＝6.553 8×300＝1 966.13(元)

表 3-3-8　产品成本计算单

产品名称:A 产品　　　　　　　　　　2020 年 10 月　　　　　　　　　　完工产量:300 件

成本项目	直接材料	直接人工	制造费用	合计
第一步骤转入份额	18 000.00	540.00	1 589.14	20 129.14
第二步骤转入份额		1 624.15	2 226.00	3 850.15
第三步骤转入份额		1 015.13	1 966.13	2 981.26
总成本	18 000.00	3 179.28	5 781.27	26 960.55
单位成本	60	10.597 6	19.270 9	89.868 5

根据"产品成本计算单"编制记账凭证:

借:库存商品——A 产品　　　　　　　　　26 960.55

　贷:基本生产成本——第一步骤　　　　　20 129.14

　　　　　　——第二步骤　　　　　 3 850.15

　　　　　　——第三步骤　　　　　 2 981.26

从以上计算可知,平行结转分步法可以同时平行汇总计算产品成本,不用进行成本还原。这样既简化了成本计算手续,又加速了成本计算进度,但这种方法有以下缺点:

①在这种成本计算法下,各步骤间不结转半成品成本,实物结转和成本结转不一致,不能全面反映各步骤的生产情况,不便于加强车间成本管理。

②在这种成本计算法下,不计算半成品成本,不能为分析半成品成本计划的完成情况和计算销售半成品的成本提供资料。

平行结转分步法只适宜在半成品种类较多、逐步结转半成品成本时工作量较大、管理上又不要求提供半成品成本资料的情况下采用。

边学边练

1.(单选题)采用平行结转分步法,每一步骤的生产费用要在其完工产品与月末在产品之间进行分配。这里的在产品不包括(　　　)。

A.本步骤已完工转入半成品库的半成品

B.尚在本步骤加工中的在产品

C.从半成品库转入下一步骤继续加工的半成品

D.上步骤正在加工的在产品

2.(多选题)逐步结转法与平行结转法相比,优点是(　　　)。

A.能够提供各生产步骤的半成品成本资料

B.能够加速成本计算工作

C.能够简化成本计算工作

D.能够为在产品的实物管理和资金管理提供数据

边学边练
答案及解析

夯实基础

一、判断题

1.采用平行结转分步法,每一生产步骤的生产成本要在最终完工产品与本步骤尚未加工完成的在产品之间进行分配。　　　　　　　　　　　　　　　　　　　　　(　　)

2.平行结转分步法中的在产品是广义在产品,完工产品包括全部完工的产成品和各步骤完工的半成品。　　　　　　　　　　　　　　　　　　　　　　　　　　　　(　　)

3.生产步骤就是成本计算步骤,它们都是以生产车间为基础来确定的。　　　(　　)

二、单项选择题

1.下列各种分步法中,半成品成本不随实物转移而结转的方法是(　　)。

　　A.按实际成本综合结转法　　　　　B.按计划成本综合结转法

　　C.平行结转分步法　　　　　　　　D.分项结转法

2.采用平行结转分步法时,完工产品与在产品之间的费用分配是(　　)。

　　A.各生产步骤完工半成品与月末在产品之间费用的分配

　　B.各步骤产成品与各步骤在产品之间的费用分配

　　C.产成品与月末各步骤尚未加工完成的在产品和各步骤已完工但尚未最终完成的产品

　　D.产成品与月末在产品之间的费用分配

三、多项选择题

1.平行结转分步法下,计算各步骤成本时只计算(　　)。

　　A.上一步骤转入的生产费用　　　　B.各步骤半成品的成本

　　C.本步骤发生的各项费用　　　　　D.本步骤发生的费用应计入产品成本中的份额

2.下列(　　)分步法不需进行成本还原。

　　A.逐步综合结转　　　　　　　　　B.逐步分项结转

　　C.平行结转　　　　　　　　　　　D.按计划成本结转

3.平行结转分步法下,第二步骤的在产品包括(　　)。

　　A.第一生产步骤完工入库的半成品　B.第二生产步骤正在加工的半成品

　　C.第二生产步骤完工入库的半成品　D.第三生产步骤正在加工的半成品

小试牛刀

资料:某公司大量大批生产丙产品,顺序经过3个生产步骤,分设3个车间进行加工。原材料在第一车间生产开始时一次投入,在生产过程中第二车间单位产品耗用第一车间半成品1件,第三车间单位产品耗用第二车间半成品1件。该企业采用平行结转分步法计算产成品成本。月末在产品成本按约当产量法计算,在产品完工程度均为50%。该企业丙产品本月产量及有关费用资料见表3-3-9、表3-3-10。

表 3-3-9　产品产量资料

项目	一车间	二车间	三车间	产成品
月初在产品	50	40	70	
本月投入(或上步骤转入)	300	320	310	
本月完工	320	310	340	340
月末在产品	30	50	40	

表 3-3-10　成本费用资料

项目	车间	直接材料(自制半成品)	直接人工	制造费用	合计
月初在产品成本	一车间	15 000	2 200	1 700	18 900
	二车间		5 525	4 350	9 875
	三车间		6 360	5 540	11 900
本月发生费用	一车间	64 000	16 000	27 840	107 840
	二车间		16 900	19 700	36 600
	三车间		18 600	22 800	41 400

要求:

1.根据上述资料,填制第一、二、三车间成本计算单。

2.根据 3 个车间成本计算单中完工产成品份额编制丙产品成本汇总计算表(表 3-3-11—表 3-3-14)。

表 3-3-11　产品成本计算单

产品名称:丙半产品 I　　　　　车间名称:第一车间　　　　　完工产品产量:　　件

项目	直接材料	直接人工	制造费用	合计
月初在产品成本				
本月发生费用				
费用合计				
约当总产量				
单位成本				
计入产成品成本份额				
月末在产品成本				

表 3-3-12 产品成本计算单

产品名称:丙半产品Ⅱ　　　　　　车间名称:第二车间　　　　　　完工产品产量： 件

项目	直接材料	直接人工	制造费用	合计
月初在产品成本				
本月发生费用				
费用合计				
约当总产量				
单位成本				
计入产成品成本份额				
月末在产品成本				

表 3-3-13 产品成本计算单

产品名称:丙产品　　　　　　车间名称:第三车间　　　　　　完工产品产量： 件

项目	直接材料	直接人工	制造费用	合计
月初在产品成本				
本月发生费用				
费用合计				
约定总产量				
单位成本				
计入产成品成本份额				
月末在产品成本				

表 3-3-14 丙产品成本汇总计算表

产品名称:丙产品　　　　　　　　　　　　　　　　　完工产品产量： 件

项目	直接材料	直接人工	制造费用	合计
一车间应计入的份额				
二车间应计入的份额				
三车间应计入的份额				
产成品总成本				
产品单位成本				

项目四

运用分批法核算产品成本

学习目标

1.了解分批法的特点及适用范围。

2.能够熟练运用一般分批法计算产品成本。

3.会根据企业管理的要求及经济活动的特点适时运用简化分批法计算产品成本。

4.能对分批法成本核算相关业务进行正确账务处理。

5.逐步养成脚踏实地、通达权变、与时俱进的职业素养。

思政小课堂

从模仿到创新——比亚迪的发展历程

1995年,离开北京有色金属研究院的王传福靠借来的250万元启动资金进军镍镉电池领域。当时,一条镍镉电池自动化生产线需要几千万元的投入。面对资金的窘迫,王传福大胆创新,分拆生产流程,将自动化生产线改为核心技术自动化+其他技术人工化的半自动化生产线。为了保证人工的操作可以像机械手一样精准,王传福专门设计了许多夹具,这种夹具的成本只要几元钱。这种半自动化的生产线给比亚迪带来连锁性的成本优势。其他厂商一块成本4.9美元的锂电池,比亚迪则只需1.3美元。比亚迪的这种做法被称为中国特有的"低成本创新"的典型代表。凭借着低廉的价格和优秀的品质,比亚迪快速成为锂电池生产龙头企业。

2003年,比亚迪正式进军汽车行业,成为国内第二家民营轿车生产企业。2009—2018

年,是整个新能源汽车产业发生巨大变革的十年,也是比亚迪新能源汽车发展壮大的十年。2008 年,比亚迪推出全球第一款双模电动车 F3DM,打破了燃油车独霸天下的产品格局。目前,比亚迪拥有汽车、轨道交通、新能源、电子四大产业群,比亚迪新能源汽车已经遍布全球六大洲的 50 多个国家和地区,300 多个城市。在比亚迪新能源十年的成长历程中,创新成为企业最大的价值引领。

思考:比亚迪如何通过不断创新,由"电池大王"成长为新能源产业的龙头企业的?

二十大精神

坚持面向世界科技前沿、面向经济主战场、面向国家重大需求、面向人民生命健康,加快实现高水平科技自立自强。强化企业科技创新主体地位,发挥科技型骨干企业引领支撑作用,营造有利于科技型中小微企业成长的良好环境,推动创新链、产业链、资金链、人才链深度融合。

任务一　分批法基本认知

工作任务

资料:新蕾服装厂是一家专门加工中小学生校服的小型服装加工企业。2020 年 9 月,服装厂按订单生产了 111#、112#、113#、114#、115#、116#六批小学生的校服和 711#、712#、713#、714#、715#五批初中学生的校服,每批产品都包括男生校服和女生校服两种类型。

要求:作为该服装企业的会计,你应该如何计算各批次校服的成本?

知识链接

一、分批法的特点和适用范围

产品成本计算的分批法是指以产品的批次作为成本计算对象来归集生产费用、计算产品成本的一种方法。

(一)分批法的特点

1.分批法以产品的批次作为成本计算对象

在小批和单件生产中,产品的种类和每批产品的批量,大多是根据订单确定的。按批、按件计算产品成本,往往就是按照订单计算产品成本。但是,如果在一张订单中规定有几种产品,或虽然只有一种产品,但其数量较大而又要求分批交货,这时可以将上述订单按照产品品种划分批次组织生产,或将同类产品划分数批组织生产,计算成本。

2.分批法以每批产品的生产周期为成本计算期

由于产品的交货期要视合同要求而定,因此,产品成本计算期是不定期的,成本计算期与产品的生产周期基本一致,与会计核算期不一定相同。但采用分批法计算产品成本时,各批产品发生的费用是按月归集的。

3.生产费用月末一般不需要在完工产品与在产品之间分配

如果是单件生产,产品完工之前,产品成本明细账归集的生产费用就是在产品成本;产品完工时,产品明细账所归集的生产费用就是全部完工产品成本。如果是小批生产,批内产品一般能够同时完工,生产费用不需要在完工产品和在产品之间分配。如果批内产品是陆续跨月完工的,则需要采用适当的方法计算完工产品和在产品成本。

(二)适用范围

运用分批法计算产品成本,是按照产品批次归集生产费用、计算产品成本的一种方法。这种方法适用于小批生产和单件生产且管理上不要求分步骤计算产品成本的企业。适用分批法的企业通常有下列几种:

①单件或小批生产的精密仪器、专用设备、重型机械、船舶的制造或某些特殊精密铸件的熔铸、新产品的试制和专门进行机器设备修理的企业。

②根据购买者订单生产的企业。

③产品种类经常变动的小规模制造企业。

④辅助生产的工具模具。

⑤会计、税务、审计、法律等中介服务机构。

二、分批法的工作流程

采用分批法计算产品成本,可以按以下3个步骤进行:

(一)产品投产时,按批号(生产令号)设置成本明细账,账内按成本项目设置成本计算专栏

如果企业按产品批次生产,在产品投产时,生产计划部门要发出"生产通知单",将生产任务下达生产车间,并通知会计部门。会计部门应根据产品批号,设置成本明细账,账内按成本项目设置成本计算专栏,用于计算本批产品的成本。在实际工作中,一张订单上可能有几种产品或几张订单上有同一种产品,订单上产品数量不一致,企业为了便于管理,可以将几张订单上的相同产品合并成一批产品,也可以将一张订单上的几种产品分成几批组织生产。

(二)各月份按批次归集和分配生产费用

每月会计人员需要根据各种生产费用发生的原始凭证和其他有关资料,按各批次归集分配要素费用、辅助生产费用和制造费用,编制各种生产费用汇总分配表,并据以登记各批次产品成本明细账和费用明细账。由于各批产品可能耗用相同的原材料或半成品,因此在实际工作中,一定要分清每一个批次,防止"串批"。

(三)产品完工月份计算各批次产品成本

在每批产品全部完工的月份,应当计算该批产品的实际总成本和单位成本,但对已经转账的完工产品成本不作账面调整。如果同一批次产品跨月陆续完工的数量较多,月末同一批次完工产品的数量占全部批量的比重较大,应当采用适当的分配方法计算完工产品成本。在实际工作中,为了减少在完工产品与月末在产品之间分配生产费用的工作,提高成本计算的正确性和及时性,在合理组织生产的前提下,可以适当缩小产品的批量,以较小的批量分批投产,尽量使同一批次的产品能够同时完工,避免跨月陆续完工的情况。

三、分批法的分类

根据成本计算工作的繁简不同,分批法可以分为一般分批法和简化分批法。

(一)一般分批法

一般分批法是最基本、最常用的分批法,是指以产品的批次为成本计算对象,按批次设置明细账,分批次归集生产费用、计算产品成本的一种成本计算方法。一般分批法主要适用于批次较少的单件生产或小批生产的企业或部门。

(二)简化分批法

简化分批法就是在按批次设置基本生产成本明细账的同时还需要设置基本生产成本二级账,基本生产成本明细账分别归集各批次发生的直接计入费用和分配标准,基本生产成本二级账用于汇总各批次各项直接计入费用、间接计入费用和分配标准。待某批产品完工时,再将各项间接计入费用按一定的标准分配,据以计算本期完工批次产品生产成本的一种分批法。这种方法主要适用于同一月份投产产品批次较多、月末没有完工的产品批次也较多且各月份间接计入费用相差不大的单件或小批生产的企业或部门。

任务实施

新蕾服装厂作为一家小型服装加工企业,每年秋季按订单组织生产各学校不同规格的校服,在核算产品成本时可以按学校将各批订单进行分类合并,采用分批法计算各批产品的成本。

边学边练

边学边练
答案及解析

1.(单选题)分批法成本计算对象的确定通常是根据(　　　　)。

　　A.客户的订单　　　　　　　　B.产品的品种

　　C.企业的生产工艺　　　　　　D.生产任务通知单

2.(多选题)分批法下产品的批次,可以按(　　　　)确定。

　　A.同一订单中的多种产品

　　B.不同订单中的同种产品

　　C.同一订单中同种产品的组成部分

　　D.不同订单中的不同产品

任务二　一般分批法

工作任务

资料:新阳机械加工厂根据购买单位订单,小批生产甲、乙两种轴承,采用分批法计算产品成本。2020年7月份的生产情况和生产费用支出情况如下:

1.7月生产产品的批号

7219号甲轴承40件,5月份投产,7月全部完成。

7220号甲轴承100件,6月份投产,计划8月份完工,7月完工60件。

9231号乙轴承80件,本月投产,计划8月份完工,7月完工20件。

2.各批次产品的成本费用资料

根据各种费用分配表,归集各批产品各月发生的生产费用见表4-2-1。

表4-2-1　各批次产品的成本费用

单位:元

批号	月份	直接材料	直接人工	制造费用	合计
7219#	5月	6 560	540	530	7 630
	6月		3 100	1 250	4 350
	7月		2 980	970	3 950
7220#	6月	12 860	5 870	3 890	22 620
	7月		6 120	2 730	8 850
9231#	7月	9 360	5 740	3 010	18 110

3.生产成本费用在完工产品与在产品之间分配的方法

7220#甲轴承,7月完工产品数量较大,生产费用采用约当产量法在完工产品与在产品之间分配。原材料生产开始时一次投入,在产品完工程度为60%。

9231#乙轴承,7月完工产品数量为20件。为简化核算,完工产品按计划成本转出,每件计划成本为:直接材料116元,直接人工61元,制造费用33元,合计210元。

要求:根据上述各项资料采用分批法计算各批产品成本。

知 识 链 接

一般分批法的基本工作流程如下:

①根据企业生产资料,在各生产批次开始组织生产时,按产品生产批次和品种分别设置"基本生产成本"明细账。"基本生产成本"明细账见表4-2-2—表4-2-4。

②根据各生产批次成本计算对象,归集分配各项要素费用,编制各项要素费用分配表,根据各项要素费用分配表编制记账凭证并据以登记成本费用明细账。

③根据"辅助生产费用"明细账归集辅助生产费用,并按受益对象采用一定分配方法将归集的辅助生产费用进行分配,编制"辅助生产费用"分配表。根据"辅助生产费用"分配表编制记账凭证并据以登记成本费用明细账。

④根据"制造费用"明细账归集制造费用,并将归集的制造费用在各批次成本计算对象中进行分配,编制"制造费用"分配表。根据"制造费用"分配表编制记账凭证并据以登记成本费用明细账。

登记各生产批次的"基本生产成本"明细账见表4-2-5—表4-2-7。

⑤根据"基本生产成本"明细账中登记的金额,按产品生产批次编制成本计算单,计算各批次产品成本。各生产批次成本计算单见表4-2-8—表4-2-10。

⑥根据"成本计算单"编制记账凭证,并登记各生产批次产品"基本生产成本"明细账。

任务实施

1.按产品生产批次分别设置"基本生产成本"明细账。各产品生产批次"基本生产成本"明细账见表4-2-2—表4-2-4。

表4-2-2　**基本生产成本**明细账

明细科目 <u>7219#(甲轴承)</u>

2020 年		凭证号数	摘要	(借)方分析项目			
月	日			直接材料	直接人工	制造费用	合计
5	31						

表4-2-3　**基本生产成本**明细账

明细科目 <u>7220#(甲轴承)</u>

2020 年		凭证号数	摘要	(借)方分析项目			
月	日			直接材料	直接人工	制造费用	合计
6	31						

表4-2-4　**基本生产成本**明细账

明细科目 <u>9231#(乙轴承)</u>

2020 年		凭证号数	摘要	(借)方分析项目			
月	日			直接材料	直接人工	制造费用	合计
7	31						

2.在产品生产过程中,将各月发生的生产费用按产品批次和品种进行分配,编制费用分配表和记账凭证,根据各种费用分配表和记账凭证,登记成本费用明细账。其中,各生产批次产品基本生产成本明细账见表4-2-5—表4-2-7。

表4-2-5 **基本生产成本明细账**

明细科目 7219#(甲轴承)

2020 年		凭证号数	摘要	(借)方分析项目			
月	日			直接材料	直接人工	制造费用	合计
5	31	略	材料费用分配表	6 560			6 560
	"		职工薪酬费用分配表		540		540
	"		制造费用分配表			530	530
6	31		职工薪酬费用分配表		3 100		3 100
	"		制造费用分配表			1 250	1 250
7	31		职工薪酬费用分配表		2 980		2 980
	"		制造费用分配表			970	970

表4-2-6 **基本生产成本明细账**

明细科目 7220#(甲轴承)

2020 年		凭证号数	摘要	(借)方分析项目			
月	日			直接材料	直接人工	制造费用	合计
6	31	略	材料费用分配表	12 860			12 860
	"		职工薪酬费用分配表		5 870		5 870
	"		制造费用分配表			3 890	3 890
7	31		职工薪酬费用分配表		6 120		6 120
	"		制造费用分配表			2 730	2 730

表4-2-7 **基本生产成本明细账**

明细科目 9231#(乙轴承)

2020 年		凭证号数	摘要	(借)方分析项目			
月	日			直接材料	直接人工	制造费用	合计
7	31	略	材料费用分配表	9 360			9 360
	"		职工薪酬费用分配表		5 740		5 740
	"		制造费用分配表			3 010	3 010

3.根据基本生产成本明细账中归集的各生产批次产品成本费用,编制各生产批次产品成本计算单。各生产批次产品成本计算单见表4-2-8—表4-2-10。

表4-2-8　产品成本计算单

产品批号:7219#　　　　　　　　购货单位:远大公司　　　　　　　投产日期:5月

产品名称:甲轴承　　　　　　　　批量:40件　　　　　　　　　　完工日期:7月

　　　　　　　　　　　　　　　　　　　　　　　　　　　　　　　(本月完工:40件)

项目	直接材料	直接人工	制造费用	合计
月初在产品费用	6 560	3 640	1 780	11 980
本月生产费用		2 980	970	3 950
生产费用合计	6 560	6 620	2 750	15 930
完工产品成本	6 560	6 620	2 750	15 930
完工产品单位成本	164	165.5	68.75	398.25

表4-2-9　产品成本计算单

产品批号:7220#　　　　　　　　购货单位:顺阳公司　　　　　　　投产日期:6月

产品名称:甲轴承　　　　　　　　批量:100件　　　　　　　　　　完工日期:8月

　　　　　　　　　　　　　　　　　　　　　　　　　　　　　　　(本月完工:60件)

项目	直接材料	直接人工	制造费用	合计
月初在产品费用	12 860	5 870	3 890	22 620
本月生产费用		6 120	2 730	8 850
生产费用合计	12 860	11 990	6 620	31 470
完工60件产品成本	7 716	8 564	4 729	21 009
月末在产品成本	5 144	3 426	1 891	10 461
完工产品单位成本	128.6	142.73	78.82	350.15

在表4-2-9中,完工产品成本和月末在产品成本计算如下:

月末直接材料费用在产品约当产量=40×100%=40(件)

完工产品直接材料费用=12 860÷(60+40)×60=7 716(元)

月末在产品直接材料费用=12 860-7 716=5 144(元)

月末其他费用在产品约当产量=40×60%=24(件)

完工产品直接人工费用=11 990÷(60+24)×60=8 564(元)

月末在产品直接人工费用=11 990-8 564=3 426(元)

完工产品制造费用=6 620÷(60+24)×60=4 729(元)

月末在产品制造费用=6 620-4 729=1 891(元)

表 4-2-10　产品成本计算单

产品批号:9231#　　　　　　购货单位:圣元公司　　　　　　投产日期:7 月

产品名称:乙轴承　　　　　　批量:80 件　　　　　　　　完工日期:8 月

（本月完工:20 件）

项目	直接材料	直接人工	制造费用	合计
本月生产费用	9 360	5 740	3 010	18 110
单件计划成本	116	61	33	210
完工产品成本	2 320	1 220	660	4 200
月末在产品成本	7 040	4 520	2 350	13 910

4.根据成本计算单编制记账凭证,并登记各生产批次产品基本生产成本明细账。各生产批次产品基本生产成本明细账见表 4-2-11—表 4-2-13。

借:库存商品——甲轴承　　　　　　36 939

　　　　　　——乙轴承　　　　　　 4 200

贷:基本生产成本——7219 号　　　　 15 930

　　　　　　——7220 号　　　　 21 009

　　　　　　——9231 号　　　　　 4 200

表 4-2-11　基本生产成本明细账

明细科目 7219#（甲轴承）

2020 年		凭证号数	摘要	(借)方分析项目			
月	日			直接材料	直接人工	制造费用	合计
5	31	略	材料费用分配表	6 560			6 560
	"		职工薪酬费用分配表		540		540
	"		制造费用分配表			530	530
6	31		职工薪酬费用分配表		3 100		3 100
	"		制造费用分配表			1 250	1 250
7	31		职工薪酬费用分配表		2 980		2 980
	"		制造费用分配表			970	970
	"		结转完工产品成本	6 560	6 620	2 750	15 930

表 4-2-12　基本生产成本明细账

明细科目 7220#（甲轴承）

2020 年		凭证号数	摘要	(借)方分析项目			
月	日			直接材料	直接人工	制造费用	合计
6	31	略	材料费用分配表	12 860			12 860
	"		职工薪酬费用分配表		5 870		5 870

续表

2020 年		凭证号数	摘要	(借)方分析项目			
月	日			直接材料	直接人工	制造费用	合计
	"		制造费用分配表			3 890	3 890
7	31		职工薪酬费用分配表		6 120		6 120
	"		制造费用分配表			2 730	2 730
	"		结转完工产品成本	7 716	8 564	4 729	21 009

表 4-2-13　**基本生产成本**明细账

明细科目 9231#(乙轴承)

2020 年		凭证号数	摘要	(借)方分析项目			
月	日			直接材料	直接人工	制造费用	合计
7	31	略	材料费用分配表	9 360			9 360
	"		职工薪酬费用分配表		5 740		5 740
	"		制造费用分配表			3 010	3 010
	"		结转完工产品成本	2 320	1 220	660	4 200

　　合理确定各批次产品的生产数量,组织产品生产,可以减少成本会计人员的工作量,这需要会计人员脚踏实地,深入企业生产一线,熟悉企业生产业务,及时掌握企业生产动态,在实践中不断提高自身的职业分析能力和判断能力。

边学边练

　　(多选题)企业生产计划部门可以采取(　　　　)措施来组织批次,财会部门据以计算成本。

边学边练
答案及解析

　　A.将一张订单的多种产品,按照产品的品种划分为多个批次组织生产

　　B.将一张订单同一种类产品较多的,划分为几批组织生产

　　C.在一张订单中是一件大型复杂产品,可以按照产品的组成部分分批组织生产

　　D.在同一时期内,企业接到多个购货单位要求生产同一产品的订单,可以将多张订单合并为一批组织生产

夯实基础

一、判断题

1.分批法进行成本计算时,月末通常不需要在完工产品与月末在产品之间分配生产费用。
(　　　　)

2.分批法进行成本计算时成本计算期与会计报告期一致。　　　　　　　　　(　　　　)

3.分批法适用于小批、单件,管理上不要求分步骤计算成本的多步骤生产。　(　　　　)

二、单项选择题

1.分批法一般是按客户的订单来组织生产的,也称为(　　)。

　　A.订单法　　　　　　　B.系数法　　　　　　　C.分类法　　　　　　　D.定额法

2.运用分批法核算产品成本的主要特点有(　　)。

　　A.批内产品都同时完工,不存在完工产品与在产品之间分配费用的问题

　　B.费用归集和分配比较简便

　　C.定期计算成本

　　D.以产品批次为成本计算对象

三、多项选择题

1.采用分批法计算产品成本时,如果批内产品跨月陆续完工的情况不多,完工产品数量占全部批量的比重很小,先完工的产品可以(　　)从产品成本明细账转出。

　　A.按计划单位成本计价　　　　　　　　　　B.按定额单位成本计价

　　C.按近期相同产品的实际单位成本计价　　　D.按实际单位成本计价

2.分批法适用于(　　)。

　　A.单件生产的企业　　　　　　　　　　　　B.小批生产的企业

　　C.新产品的试制　　　　　　　　　　　　　D.工业性修理作业

3.采用分批法计算产品成本,如果批内产品跨月陆续完工且数量较大,则(　　)。

　　A.月末需要计算完工产品成本和在产品成本

　　B.月末需要将生产费用在完工产品和在产品之间进行分配

　　C.月末不需要将生产费用在完工产品和在产品之间进行分配

　　D.月末不需要计算产品成本

小试牛刀

资料:扬帆小型农机零件厂生产甲、乙两种农机零件,采用分批法计算产品成本。生产情况和生产费用资料如下:

1.4月份生产的产品批号

442#批次甲零件500件,3月投产,本月完工;512批次乙零件400件,本月投产,月末完工20件。

2.4月份的成本资料

442#批次甲零件的月初在产品费用为直接材料72 000元,直接人工58 000元,制造费用50 000元,合计180 000元。

各批次产品本月发生的费用见表4-2-14。

表4-2-14　各批次产品本月发生的费用

批别	直接材料	直接人工	制造费用
442#		12 000	8 000
512#	82 000	42 000	29 000

512#批次乙零件完工数量少,按计划成本结转,每件计划成本为直接材料205元,直接人工125元,制造费用95元,合计425元。

3.5月份的成本资料

512#批次乙零件全部完工,5月份发生的直接人工费用为10 000元,制造费用为8 900元。

要求:

1.计算4月份442#批次甲零件完工产品成本(表4-2-15)。

2.计算4月份512#批次乙零件完工产品成本(表4-2-16)。

3.计算5月份512#批次乙零件全部完工产品实际总成本和单位成本(表4-2-17)。

表4-2-15 产品成本计算单

产品批号:442#　　　　　　　　购货单位:白云公司　　　　　　　　投产日期:3月
产品名称:甲零件　　　批量:500件　完工:500件　　　　　　　　完工日期:4月

项目	直接材料	直接人工	制造费用	合计
月初在产品费用				
本月生产费用				
生产费用合计				
完工产品成本				
完工产品单位成本				

表4-2-16 产品成本计算单

产品批号:512#　　　　　　　　购货单位:大宇公司　　　　　　　　投产日期:4月
产品名称:乙零件　　　批量:400件　完工:20件　　　　　　　　　完工日期:5月

项目	直接材料	直接人工	制造费用	合计
本月生产费用				
单台计划成本				
完工20件产品成本				
月末在产品成本				

表4-2-17 产品成本计算单

产品批号:512#　　　　　　　　购货单位:大宇公司　　　　　　　　投产日期:4月
产品名称:乙零件　　　批量:400台　完工:380件　　　　　　　　　完工日期:5月

项目	直接材料	直接人工	制造费用	合计
月初在产品费用				
本月生产费用				
生产费用合计				
完工380件产品成本				
完工产品单位成本				

任务三　简化分批法

工作任务

资料:明源公司小批量生产多种电子零件,产量批数多,为了简化成本计算工作,采用简化的分批法计算产品成本。该企业的直接材料费用为直接计入费用,直接人工费用采用计时工资制度为间接计入费用。该企业 2020 年 6 月份各批产品的情况如下:

4408 批号甲零件 90 件,4 月投产,本月完工。

4517 批号乙零件 80 件,5 月投产,本月完工 50 件。

4409 批号甲零件 120 件,5 月投产,尚未完工。

4601 批号丙零件 100 件,6 月投产,尚未完工。

该企业设立的"基本生产成本二级账"见表 4-3-1。

表 4-3-1　基本生产成本二级账

（各批产品总成本）

2020 年		凭证号数	摘要	（借）方分析项目				
月	日			直接材料	生产工时	直接人工	制造费用	合计
5	31	略	余额	123 550	39 780	35 404	111 383	270 337
6	30		本月发生	40 750	58 420	52 976	163 577	257 303
6	30		累计	164 300	98 200	88 380	274 960	527 640

该企业设立的各批次产品成本明细账见表 4-3-2—表 4-3-5。

表 4-3-2　基本生产成本明细账

明细科目 <u>4408#（甲零件）</u>

2020 年		凭证号数	摘要	（借）方分析项目				
月	日			直接材料	生产工时	直接人工	制造费用	合计
4	30	略	本月发生	31 220	11 220			
5	31		本月发生	18 980	7 590			
6	30		本月发生	12 930	14 220			

表 4-3-3　基本生产成本明细账

明细科目 4517#（乙零件）

2020 年		凭证号数	摘要	（借）方分析项目				
月	日			直接材料	生产工时	直接人工	制造费用	合计
5	31	略	本月发生	38 400	8 620			

2020 年		凭证号数	摘要	（借）方分析项目				
月	日			直接材料	生产工时	直接人工	制造费用	合计
6	30		本月发生		15 880			

表 4-3-4　**基本生产成本明细账**

明细科目 4409#（甲零件）

2020 年		凭证号数	摘要	（借）方分析项目				
月	日			直接材料	生产工时	直接人工	制造费用	合计
5	31	略	本月发生	34 950	12 350			
6	30		本月发生	15 450	15 110			

表 4-3-5　**基本生产成本明细账**

明细科目 4601#（丙零件）

2020 年		凭证号数	摘要	（借）方分析项目				
月	日			直接材料	生产工时	直接人工	制造费用	合计
6	30	略	本月发生	12 370	13 210			

4517 批次乙零件月末在产品定额工时为 8 560 h。

要求：运用简化分批法计算各批次产品成本，填制成本计算单，编制记账凭证并登记基本生产成本二级账和明细账。

知 识 链 接

通过对一般分批法计算产品成本的学习可知，在小批、单件生产的企业或车间中，各产品成本明细账中不仅归集了各批产品所耗用的直接计入费用（直接材料），而且当月发生的间接计入费用（除直接材料以外的费用）也全部计入了各受益对象的产品成本明细账中，而不管产品成本明细账中的产品是否已经全部完工，只要有在产品，就要计算出各批在产品成本。如果同一月份投产的产品批数很多，有几十批甚至上百批，且月末未完工的批数较多，在这种情况下，各项间接计入费用如果仍按当月分配（即将当月发生的间接计入费用全部分配到各批产品），费用分配的核算工作将非常繁重。为了简化核算工作，在这类企业或车间中可采用一种简化的分批法，即累计间接计入费用分配法。

一、简化分批法的概念和特点

（一）简化分批的概念

简化分批法就是对间接计入费用采用累计分配率进行分配，以减少成本计算工作量的方法。即将每月发生的制造费用和直接人工费用等间接计入费用,不再按月在各批产品之间进行分配,而是将这些间接计入费用累计起来,待某批产品完工时,将间接计入费用采用一定的方法分配给完工批次的产品。这种方法又称为"累计间接计入费用分配法"或"不分批计算在产品成本的分批法"。

简化分批法适用于投产批次众多,而每月完工批次较少的企业。

(二)简化分批法的特点

1.必须设置"基本生产成本"二级账

采用简化的分批法,在按照产品批次设置产品基本成本明细账的同时,必须按生产单位设置产品基本生产成本二级账。

产品基本生产成本明细账按月登记各批产品的直接计入费用(如直接材料费用)和生产工时。各月发生的间接计入费用(如直接人工费用和制造费用)不按月在各批产品之间进行分配,而是按成本项目登记在基本生产成本二级账中。

2.不分批次计算在产品成本

将完工产品负担的间接计入费用转入各完工产品基本生产成本明细账以后,基本生产成本二级账反映全部批次月末在产品的成本。各批次未完工产品的基本生产成本明细账上只反映累计直接计入费用和累计工时,不反映各批次在产品成本。

3.通过计算累计间接计入费用分配率来分配间接计入费用

简化分批法将间接计入费用在各批次产品之间的分配与完工产品和在产品之间的分配一次完成,大大简化了成本计算的工作。间接计入费用的分配,是利用计算出来的累计间接计入费用分配率进行的。其计算公式为:

$$全部产品某项累计间接计入费用分配率 = \frac{全部产品期初结存该项间接计入费用 + 全部产品本月发生该项间接计入费用}{全部产品期初累计工时 + 全部产品本月发生工时}$$

某批完工产品应分配的某项间接计入费用=该批完工产品累计工时×全部产品该项累计间接计入费用分配率

二、简化分批法的成本计算程序

(一)设置"基本生产成本"明细账与"基本生产成本"二级账

采用简化分批法,应按照产品批次设置基本生产成本明细账,同时按全部产品设置基本生产成本二级账。产品在完工前,"基本生产成本"明细账只登记直接材料费用和生产工时,"基本生产成本"二级账归集企业投产的所有批次产品累计发生的各项费用以及累计的生产工时。只有在某批产品完工时,才通过累计间接计入费用分配率计算该批产品应该负担的制造费用和直接人工费用等间接计入费用,并在完工批次产品的"基本生产成本"明细账中登记,计算出该批完工产品的成本。

(二)登记各批次产品发生的生产费用和生产工时

对各批次产品发生的直接计入费用和生产工时,平行计入"基本生产成本"二级账和各批产品的"基本生产成本"明细账;各批次产品发生的间接计入费用计入"基本生产成本"二级账。

（三）计算完工产品成本

某批次产品当月完工,要根据基本生产成本二级账中的累计间接计入费用和累计总工时,计算各项累计间接计入费用的分配率,并据以计算该批次完工产品应负担的间接计入费用。该批次产品的直接计入费用加上分配的间接计入费用,既为完工产品的总成本。

（四）结转完工产品成本

基本生产成本二级账中完工产品的直接材料费用、生产工时和各项间接计入费用,应根据各批次产品成本明细账中完工产品的直接材料费用、生产工时和各项间接计入费用汇总登记;本月完工产品的各项间接计入费用,可以根据完工产品累计生产工时分别乘以相应的费用累计分配率计算登记;基本生产成本二级账中月末在产品的直接材料费用、生产工时和各项间接计入费用,可以根据累计的直接材料费用、生产工时和各项间接计入费用减去本月完工产品的直接材料费用、生产工时和各项间接计入费用,计算登记。在各批次产品成本明细账中,对没有完工产品的月份,只登记直接材料费用(一般只有直接材料费用是直接计入费用)和生产工时。对有完工产品(包括全部完工或批次内部分完工)的月份,可以根据基本生产成本二级账登记各项间接计入费用的累计分配率和完工产品的各项累计成本费用和累计工时。

在产品成本计算过程中,成本会计人员需要根据企业生产的实际情况,通达权变、与时俱进,灵活应用成本计算方法,正确计算产品成本,在满足企业成本管理需要的同时,提高工作效率。

任务实施

在表4-3-1中,5月31日余额是5月末在产品的生产工时和各项费用。本月发生的直接材料费用和生产工时,应根据本月材料费用分配表、生产工时记录,在各批次产品基本生产成本明细账中平行登记;本月发生的各项间接计入费用,应根据各项费用分配表汇总登记。根据企业"基本生产成本"二级账中累计登记的各项间接计入费用和生产工时,计算全部产品累计间接计入费用分配率。

全部产品累计间接计入费用分配率计算为:

直接人工费用累计分配率＝88 380÷98 200＝0.9

制造费用累计分配率＝274 960÷98 200＝2.8

计算本月完工产品成本,编制"产品成本计算单"。各批次"产品成本计算单"见表4-3-6—表4-3-9。

表4-3-6 产品成本计算单

产品批号:4408#　　　　　　产品名称:甲零件　　　　　　投产日期:4月12日

订货单位:环宇公司　　产品批量:90件　　完工日期:6月28日　　完工数量:90件

月	日	摘要	直接材料	生产工时	直接人工	制造费用	合计
4	30	本月发生	31 220	11 220			
5	31	本月发生	18 980	7 590			

续表

月	日	摘要	直接材料	生产工时	直接人工	制造费用	合计
6	30	本月发生	12 930	14 220			
6	30	累计数及累计间接计入费用分配率	63 130	33 030	0.9	2.8	
6	30	本月完工产品成本	63 130	33 030	29 727	92 484	185 341
6	30	完工产品单位成本	701.44		330.3	1 027.6	2 059.34

本月完工 4408 批次甲零件直接人工费用＝33 030×0.9＝29 727(元)

本月完工 4408 批次甲零件制造费用＝33 030×2.8＝92 484(元)

表 4-3-7　产品成本计算单

产品批号:4517#　　　　　　　产品名称:乙零件　　　　　　　投产日期:5 月 2 日

订货单位:远航公司　　　　产品批量:80 件　　　完工日期:6 月 30 日　　　完工数量:50 件

月	日	摘要	直接材料	生产工时	直接人工	制造费用	合计
5	31	本月发生	38 400	8 620			
6	30	本月发生		15 880			
6	30	累计数及累计间接费用分配率	38 400	24 500	0.9	2.8	
6	30	本月完工产品(50 件)成本	24 000	15 940	14 346	44 632	82 978
6	30	完工产品单位成本	480		286.92	892.64	1 659.56
6	30	在产品	14 400	8 560			

本月完工的 4517 批次乙零件各项成本费用计算为:

直接材料费用分配率＝38 400÷(50+30)＝480

完工 4517#乙零件直接材料费用＝480×50＝24 000(元)

完工 4517#乙零件直接人工费用＝(24 500−8 560)×0.9＝14 346(元)

完工 4517#乙零件制造费用＝(24 500−8 560)×2.8＝44 632(元)

表 4-3-8　产品成本计算单

产品批号:4409#　　　　　　　产品名称:甲零件　　　　　　　投产日期:5 月 20 日

订货单位:新阳公司　　　　产品批件:120 件　　　完工日期:　　　完工数量:　件

月	日	摘要	直接材料	生产工时	直接人工	制造费用	合计
5	31	本月发生	34 950	12 350			
6	30	本月发生	15 450	15 110			

表 4-3-9　产品成本计算单

产品批号:4601#　　　　　　　　　产品名称:丙零件　　　　　　　　投产日期:6 月 13 日

订货单位:闽钢公司　　　　　　产品批件:100 件　　完工日期:　　　　完工数量:　　件

月	日	摘要	直接材料	生产工时	直接人工	制造费用	合计
6	30	本月发生	12370	13210			

根据完工产品成本计算单,编制"完工产品成本汇总表"。"完工产品成本汇总表"见表 4-3-10。

表 4-3-10　完工产品成本汇总表

2020 年 6 月　　　　　　　　　　　　　　　　　　　　　　　　　　　单位:元

成本项目	甲零件(90 件)		乙零件(50 件)		合计
	总成本	单位成本	总成本	单位成本	
直接材料	63 130	701.44	24 000	480	87 130
直接人工	29 727	330.3	14 346	286.92	44 073
制造费用	92 484	1 027.6	44 632	892.64	137 116
合计	185 341	2 059.34	82 978	1 659.56	268 319

根据"完工产品成本汇总表"编制记账凭证:

借:库存商品——甲零件　　　　　　　　　185 341

　　　　　　——乙零件　　　　　　　　　 82 978

　贷:基本生产成本——4408#　　　　　　 185 341

　　　　　　　　　——4517#　　　　　　　82 978

根据"产品成本计算单""完工产品成本汇总表"和记账凭证,登记"基本生产成本明细账"和"基本生产成本二级账"。"基本生产成本明细账"和"基本生产成本二级账"见表 4-3-11—表 4-3-15。

表 4-3-11　基本生产成本明细账

明细科目 4408#(甲零件)

2020 年		凭证号数	摘要	(借)方分析项目				
月	日			直接材料	生产工时	直接人工	制造费用	合计
4	30	略	本月发生	31 220	11 220			
5	31	″	本月发生	18 980	7 590			
6	30	″	本月发生	12 930	14 220			
6	30	″	结转完工产品成本	63 130	33 030	29 727	92 484	185 341

表 4-3-12　基本生产成本明细账

明细科目 4517#（乙零件）

2020 年		凭证号数	摘要	（借）方分析项目				
月	日			直接材料	生产工时	直接人工	制造费用	合计
5	31	略	本月发生	38 400	8 620			
6	30	"	本月发生		15 880			
6	30	"	结转完工产品成本	24 000	15 940	14 346	44 632	82 978

表 4-3-13　基本生产成本明细账

明细科目 4409#（甲零件）

2020 年		凭证号数	摘要	（借）方分析项目				
月	日			直接材料	生产工时	直接人工	制造费用	合计
5	31	略	本月发生	34 950	12 350			
6	30	"	本月发生	15 450	15 110			

表 4-3-14　基本生产成本明细账

明细科目 4601#（丙零件）

2020 年		凭证号数	摘要	（借）方分析项目				
月	日			直接材料	生产工时	直接人工	制造费用	合计
6	30	略	本月发生	12 370	13 210			

　　4409 批次甲零件和 4601 批次丙零件本月没有完工产品，明细账中只需要登记本月发生的直接材料费用和生产工时，不分配间接计入费用。

　　根据登记完毕的各批次产品"基本生产成本明细账"，将完工产品的直接材料费用、生产工时和间接计入费用汇总计入"基本生产成本二级账"。

表 4-3-15　基本生产成本二级账

（各批产品总成本）

2020 年		摘要	（借）方分析项目				
月	日		直接材料	生产工时	直接人工	制造费用	合计
5	31	余额	123 550	39 780	35 404	111 383	270 337
6	30	本月发生	40 750	58 420	52 976	163 577	257 303
6	30	累计	164 300	98 200	88 380	274 960	527 640

续表

2020 年		摘要	(借)方分析项目				
月	日		直接材料	生产工时	直接人工	制造费用	合计
6	30	全部产品累计间接费用分配率			0.9	2.8	
6	30	结转本月完工产品成本	87 130	48 970	44 073	137 116	268 319
6	30	在产品成本	77 170	49 230	44 307	137 844	259 321

基本生产成本二级账中完工产品的直接材料费用和生产工时,应根据各批产品成本明细账中完工产品的直接材料费用和生产工时汇总填制:

本月完工产品直接材料费用=63 130+24 000=87 130(元)

本月完工产品生产工时=33 030+15 940=48 970(h)

基本生产成本二级账中本月完工产品的各项间接计入费用,可以根据完工产品生产工时分别乘以相应的费用累计分配率计算,也可以根据各批产品成本明细账中完工产品的各项间接计入费用汇总填制:

本月完工产品直接人工费用=48 970×0.9=44 073(元)

本月完工产品制造费用=48 970×2.8=137 116(元)

基本生产成本二级账中月末在产品的直接材料费用、生产工时和间接计入费用,可以根据累计的直接材料费用、生产工时、各项间接计入费用减去本月完工产品的直接材料费用、生产工时和各项间接计入费用计算填制:

月末在产品的直接材料费用=164 300-87 130=77 170(元)

月末在产品的生产工时=98 200-48 970=49 230(h)

月末在产品的直接人工费用=88 380-44 073=44 307(元)

月末在产品的制造费用=274 960-137 116=137 844(元)

简化分批法与一般分批法的区别在于:各产品之间分配间接计入费用的工作和完工产品与在产品之间分配费用的工作,都是利用累计间接费用分配率,在产品完工时合在一起进行的。就是说,各项间接计入费用累计分配率,既是在各批完工产品之间分配各项费用的依据,也是在完工批次与月末在产品批次之间,以及某批产品的完工产品与月末在产品之间分配各项费用的依据。成本计算工作中的横向分配工作和纵向分配工作,在有完工产品时,根据同一费用分配率一次完成。

📝 **边学边练**

边学边练
答案及解析

1.(单选题)简化分批法之所以简化,是由于(　　　)。

A.不计算在产品成本

B.不分批计算在产品成本

C.采用累计的间接计入费用分配率分配生产费用

D.在产品完工以前不登记产品成本明细账

2.(多选题)采用简化分批法,在某批产品完工以前,该批产品的成本明细账上只需按月登记(   )。

　　A.直接费用　　　　　　　　　　　　B.间接计入费用

　　C.生产工时数　　　　　　　　　　　D.全部产品累计间接费用分配率

夯实基础

一、判断题

1.采用简化分批法,必须设立产品基本生产成本二级账。　　　　　　　　　　　(   )

2.采用简化分批法计算产品成本,在各批产品完工以前,对发生的间接计入费用,只以总数的形式反映在产品基本生产成本二级账中。　　　　　　　　　　　　　　　　(   )

二、单项选择题

1.采用简化分批法,各批产品完工产品与在产品之间间接计入费用的分配都是依据(   )进行的。

　　A.全部产品累计间接计入费用分配率　　B.全部产品累计生产工时

　　C.全部产品累计直接材料费用分配率　　D.全部产品间接费用分配率

2.下列情况中不宜采用简化分批法的是(   )。

　　A.同一月份投产批数很多　　　　　　B.各月间接计入费用水平相差不多

　　C.各月间接计入费用水平相差较多　　D.月末未完工产品批数较多

3.下列方法中,必须设置基本生产成本二级账的是(   )。

　　A.简化分批法　　　　　　　　　　　B.简化品种法

　　C.分类法　　　　　　　　　　　　　D.定额法

三、多项选择题

1.采用简化分批法,各月(   )。

　　A.只计算完工产品成本　　　　　　　B.只对完工产品分配间接计入费用

　　C.不分配计算在产品成本　　　　　　D.不在完工产品与在产品之间分配费用

2.简化分批法下,基本生产成本二级账中应登记的内容是(   )。

　　A.本月发生的直接材料费用　　　　　B.本月发生的各项间接计入费用

　　C.月末在产品的直接材料费用　　　　D.月末在产品的间接计入费用

　　E.月末在产品的累计工时

小试牛刀

资料:某加工厂属于小批生产企业,采用简化分批法计算产品成本。2020年4月份生产情况如下:

(1)月初在产品成本:

直接材料:101批号14 720元;202批号23 200元;302批号16 280元。

直接人工 38 250 元,制造费用 42 850 元。

在产品耗用累计工时:101 批号 1 800 h;202 批号 590 h;302 批号 960 h。

(2)本月的生产情况、发生的工时和直接材料见表 4-3-16。

表 4-3-16　本月的生产情况、发生的工时和直接材料

产品名称	批号	批量/件	投产日期	完工日期	本月发生工时	本月发生直接材料
甲	101	100	2 月	4 月	450	4 250
乙	202	50	3 月	5 月	810	6 710
丙	302	40	3 月	6 月	1 640	35 340

(3)本月发生的各项间接费用为直接人工 52 700 元,制造费用 41 300 元。

(4)本月 202#(乙)产品完工 30 件,完工产品材料定额成本为 18 000 元,定额工时为 950 h。

要求:根据上述资料,登记基本生产成本二级账和产品成本明细账;计算完工产品成本(表 4-3-17—表 4-3-24)。

表 4-3-17　产品成本计算单

产品批号:　　　　　　　　　　产品名称:　　　　　　　　　投产日期:　年　月
产品批量:　　　　　　　　　　完工数量:　　　　　　　　　完工日期:　年　月

月	日	摘要	直接材料	生产工时	直接人工	制造费用	合计

表 4-3-18　产品成本计算单

产品批号:　　　　　　　　　　产品名称:　　　　　　　　　投产日期:　年　月
产品批量:　　　　　　　　　　完工数量:　　　　　　　　　完工日期:　年　月

月	日	摘要	直接材料	生产工时	直接人工	制造费用	合计

表 4-3-19　产品成本计算单

产品批号：　　　　　　　　　产品名称：　　　　　　　　投产日期：　年　月

产品批量：　　　　　　　　　完工数量：　　　　　　　　完工日期：　年　月

月	日	摘要	直接材料	生产工时	直接人工	制造费用	合计

表 4-3-20　基本生产成本二级账

2020 年		摘要	（借）方分析项目				
月	日		直接材料	生产工时	直接人工	制造费用	合计

表 4-3-21　基本生产成本明细账

明细科目_____

2020 年		摘要	（借）方分析项目				
月	日		直接材料	生产工时	直接人工	制造费用	合计

表 4-3-22　**基本生产成本明细账**

明细科目_____

2020 年		摘要	（借）方分析项目				
月	日		直接材料	生产工时	直接人工	制造费用	合计

表 4-3-23　**基本生产成本明细账**

明细科目_____

2020 年		摘要	（借）方分析项目				
月	日		直接材料	生产工时	直接人工	制造费用	合计

表 4-3-24　**完工产品成本汇总表**

2020 年 4 月

单位:元

成本项目	甲产品（　件）		乙产品（　件）		合计
	总成本	单位成本	总成本	单位成本	
直接材料					
直接人工					
制造费用					
合计					

项目五

核算产品成本的辅助方法

学习目标

1. 了解分类法、定额法的特点、适用范围及工作流程。
2. 能正确计算各类产品、联产品、副产品的成本。
3. 能对相关业务进行正确的账务处理。
4. 践行创新、协调、绿色、开放、共享的发展理念。

思政小课堂

熠熠生辉姐妹花——天然钻石与人造钻石

戴比尔斯联合矿业有限公司创立于 1888 年,是全球最大、历史最悠久的钻石矿业公司。戴比尔斯用上百年的时间,通过垄断矿产、营销宣传等手段塑造了钻石的市场地位,也塑造了企业在钻石市场上的领军地位。"钻石恒久远,一颗永流传"这句如钻石般闪亮的经典广告语,更是将稀有昂贵的钻石赋予爱情的含义,打造成爱情的信物、求婚的法器,引导消费理念的同时有效地抑制了钻石的二手市场,进而长期维持钻石市场供不应求的状态。

其实,钻石除了用来制造华美首饰,也被广泛应用于矿产、航天、原子能、计算机等领域,是重要的工业材料。中华人民共和国成立之初,我国钻石全部从苏联进口,但后来苏联不再对我国出口钻石,并撤走了所有技术专家。面对困境,我国科研人员自力更生,艰苦奋斗,历经 4 年于 1959 年由郑州磨料磨具磨削研究所(简称"三磨所")攻克技术难关,制造出中国第一颗人造钻石。两年后,"三磨所"又研发出我国第一台制钻石的设备——六面顶压机。改革开放后,一部分工人、技术人员从"三磨所"离职,将相关技术经验带到了河南各地,并在后续发展中实现了宝石级人造钻石技术的突破,河南成为我国超硬材料产业基地。据统计,中国人造钻石产量最高时占世界总产量的80%以上,连续10多年高居世界第一。我国人造钻石凭借在质量、净度、颜色、切工(即4C标准)等方面与天然钻石一模一样、培育周期短、生产成本低的优势,在钻石市场取得一席之地。2020年,人造钻石的市场渗透率提升到了6%,预计未来将保持15%左右的年均增速。随着世界钻石矿源日渐枯竭,人造钻石的竞争优势日益凸显,人造钻石将逐步取代天然钻石已成为不少业内人士的共识。

思考:我国人造钻石产业以什么发展理念独辟蹊径走出钻石短缺的困境并发展壮大的?

二十大精神

构建人类命运共同体是世界各国人民前途所在。万物并育而不相害,道并行而不相悖。只有各国行天下之大道,和睦相处、合作共赢,繁荣才能持久,安全才有保障。中国坚持合作共赢,推动建设一个共同繁荣的世界;坚持交流互鉴,推动建设一个开放包容的世界;坚持绿色低碳,推动建设一个清洁美丽的世界。

任务一　分类法的基本认知

工作任务

资料:康士利食品有限公司是一家专业食品生产企业。该公司主要产品包括面包(经典大面包、手撕面包、老面包等)、饼干(各种口味的苏打饼干、夹心饼干、粗粮饼干等)、蛋糕(戚风蛋糕、芝士蛋糕、各类尺寸的生日蛋糕)、酥饼(鲜花饼、红豆酥等)和各种口味的酸奶。该企业产品所需要的各种原材料按配料比例使用。

要求:根据该企业的生产特点,请选择合适的成本计算方法计算产品成本。

知识链接

一、分类法的特点和适用范围

分类法是将企业生产的产品分为若干类别,以各产品类别作为成本计算对象,归集生产费用,计算各类别产品成本,再按一定的方法在类内各种产品之间进行分配,以计算出各种产品或各规格产品成本的一种方法。

(一)分类法的特点

①以产品类别作为成本计算对象,设置各类产品成本明细账。分类法以产品类别作为成

本计算对象,并据以设置产品成本明细账归集生产费用和计算各类产品成本。首先,要根据产品所用原材料和工艺技术过程的不同,将产品划分为若干类,按照产品的类别开设成本明细账,按类归集产品的生产费用,计算各类产品成本;其次,选择合理的分配标准,在各类产品的各种产品之间分配费用,计算每类产品内各种产品的成本。

②成本计算期应视产品生产类型及管理要求而定。如果是大量大批生产,根据管理要求,应结合品种法或分步法进行成本计算,每月月末定期计算各类产品成本;如果是小批单件生产,可结合分批法,没有跨月陆续完工的,成本计算期和生产周期一致,有跨月陆续完工的,月末需计算各类完工产品的成本和在产品的成本。

③月末生产费用需要在完工产品和在产品之间进行分配。在分类法下,只要月末既有完工产品,又有在产品时,就需要将累计的生产费用在各类完工产品与在产品之间进行分配。

(二)分类法适用范围

分类法是在产品品种、规格繁多,但可以按照一定标准分类的情况下,为了简化计算工作而采用的一种成本计算方法。

分类法计算产品产本流程图

二、分类法的工作流程

(一)合理进行产品分类,按照产品类别设置基本生产成本明细账归集成本费用

按照产品的性质、使用原料、工艺流程等特点,将产品划分为若干大类,以各类产品作为成本计算对象,开设基本生产成本明细账,归集分配各项生产费用。

(二)计算各类产品的成本

将费用在各类产品间进行归集和分配,根据产品的生产特点和管理要求,采用品种法、分批法或分步法,计算出各类产品的完工产品成本和在产品成本。能够分清类别耗用的生产费用,属于直接计入费用,直接计入该类别产品基本生产成本明细账;不能够分清类别耗用的生产费用,属于间接计入费用,需要分配计入该类别产品基本生产成本明细账。

(三)计算类内各种产品或各规格产品成本

将各类完工产品的成本按照一定的标准在类内各种产品或各规格产品间进行分配,计算出各种产品或各规格产品的总成本和单位产品成本。同类别产品内的各种产品之间分配成本的标准可以采用定额消耗量或定额费用,也可以采用质量、售价等,还可以采用系数法。

任务实施

康士利食品有限公司生产的产品品种繁多,如果直接采用品种法计算产品成本,就需要设置数十个基本生产成本明细账来归集分配产品生产费用,成本会计人员工作量大,计算烦琐。为了减轻会计人员的工作量,简化产品成本核算工作,根据企业生产产品耗用的材料和工艺特点,先将产品分成几大类,然后采用品种法计算各类产品成本,再采用系数法将各类产品的生产费用分配给类内每种产品。在对产品分类时注意分类不要过细,也不要过粗,合理分类,既可以简化成本核算工作,又使成本计算结果较为准确客观。

边学边练
答案及解析

1.(单选题)采用分类法计算产品成本适用于( )。

　　A.品种、规格繁多的产品

　　B.可以按照一定标准分类的产品

　　C.只适用于大批大量生产的产品

　　D.品种、规格繁多,而且可以按照一定标准分类的产品

2.(多选题)分类法的特点是( )。

　　A.按照产品类别归集费用、计算成本

　　B.同一类产品内不同品种产品的成本采用一定的分配方法分配确定

　　C.同类产品内不同品种的成本应按实际成本计算

　　D.适应特定的生产组织形式

任务二　分类法计算产品成本

工作任务

　　资料:星光造纸厂是一家生产各类纸张的企业,主要生产打印纸、新闻纸和包装纸三大类产品。其中生产的打印纸包括 A3、A4、8K、16K、32K 五种型号,五种型号的产品耗用的原材料和工艺过程比较接近,可以合并为一类产品;该大类产品采用月末在产品成本按年初固定成本计算,6 月份有关成本计算资料见表 5-2-1—表 5-2-3。

表 5-2-1　各种产品定额资料

产品	材料消耗定额/t	工时消耗定额/h
A3	15	9.6
A4	12	8.8
8K	10	8
16K	9	7.6
32K	8	7.2

表 5-2-2　甲类产品实际产量

2020 年 6 月 30 日　　　　　　　　　　　　　　　　　单位:件

产量	产品				
	A3	A4	8K	16K	32K
本月生产总量	2 160	2 600	5 040	3 900	3 250
月末完工产量	2 000	2 400	4 800	3 600	3 000
月末在产品	160	200	240	300	250

表 5-2-3　月初在产品成本和本月生产费用

单位:元

摘要	直接材料	直接人工	制造费用	合计
月初在产品成本	20 000	30 000	18 800	68 800
本月生产费用	146 880	383 040	255 360	785 280

要求:

1.根据资料,计算打印纸类产品成本,并采用系数法计算类内各种产品成本。

2.根据计算结果,编制成本计算单、记账凭证,并登记"基本生产成本"明细账。

知识链接

分类法是建立在基本的成本计算方法之上的,其大类产品成本的计算可以根据企业的生产特点和管理要求选择品种法、分批法和分步法。分类法核算的核心是类内各种产品或各规格产品成本的分配,常用的分配方法有系数分配法和定额比例法两种。

一、系数分配法的含义及计算程序

系数分配法是指计算出各类产品总成本后,按照系数分配类内各种产品成本的方法。

系数分配法的成本计算程序如下:

1.确定标准产品

在同类产品中选择一种产量大、生产稳定或规格折中的产品作为标准产品,把这种产品的单位分配标准数据确定为系数 1。

2.计算各种产品单位系数

同类的其他产品的单位分配标准数据与标准产品的单位分配标准数据相比,计算其他产品的单位系数。

$$某种产品的单位系数 = \frac{同类各种产品的单位分配标准定额(或售价)}{类内标准产品的单位分配标准定额(或售价)}$$

3.计算类内产品的总系数

$$类内产品总系数 = \sum(类内某产品实际产量 \times 该产品的单位系数)$$

4.计算类内每种产品的成本

$$系数分配率 = \frac{该类完工产品的费用总额}{类内产品总系数}$$

$$类内某种产品的成本 = 该种产品的总系数 \times 系数分配率$$

注意:各类产品成本按照成本项目分别归集,类内各种产品应以各成本项目的单位分配标准数据分别确定单位系数和系数分配率,计算出各种产品的成本项目总额,将成本项目汇总后,计算出各种产品的完工总成本。

二、定额比例法

如果企业产品各项消耗定额资料比较健全,数据准确,则企业可以采用定额比例法分配同类别类内各种产品成本。通常,类内各种产品的直接材料费用可以按照各种产品定额消耗量或定额费用进行分配,其他费用可以采用各种产品的定额工时进行分配。

任务实施

1.按照各类产品开设成本明细账,并归集和分配各类产品费用,计算各类产品的完工产品成本和在产品成本。打印纸类产品成本计算单见表5-2-4。

表5-2-4 产品成本计算单

产品名称:打印纸类 2020 年 6 月 30 日

项目	直接材料	直接人工	制造费用	合计
月初在产品成本	20 000	30 000	18 800	68 800
本月生产费用	146 880	383 040	255 360	785 280
成本费用合计	166 880	413 040	274 160	854 080
本月完工产品成本	146 880	383 040	255 360	785 280
月末在产品成本	20 000	30 000	18 800	68 800

2.根据材料消耗定额和工时消耗定额计算类内产品单位系数,根据产量和单位系数计算总系数。"各种产品系数计算表"见表5-2-5。

表5-2-5 各种产品系数计算表

产品	本月完工产品产量(1)	材料消耗定额/元(2)	材料系数(3)	材料总系数(4)=(1)×(3)	工时消耗定额(h)(5)	工时系数(6)	工时总系数(7)=(1)×(6)
A3	2 000	15	1.5	3 000	9.6	1.2	2 400
A4	2 400	12	1.2	2 880	8.8	1.1	2 640
8K	4 800	10	1	4 800	8	1	4 800
16K	3 600	9	0.9	3 240	7.6	0.95	3 420
32K	3 000	8	0.8	2 400	7.2	0.9	2 700
合计				16 320			15 960

3.分配类内各种产品的成本。"类内各种产品成本计算表"见表5-2-6。

表5-2-6　类内各种产品成本计算表

产品	完工产品产量/件	总系数		总成本				单位成本
		直接材料	工时	直接材料（分配率：9）	直接人工（分配率：24）	制造费用（分配率：16）	成本合计	
A3	2 000	3 000	2 400	27 000	57 600	38 400	123 000	61.5
A4	2 400	2 880	2 640	25 920	63 360	42 240	131 520	54.8
8K	4 800	4 800	4 800	43 200	115 200	76 800	235 200	49
16K	3 600	3 240	3 420	29 160	82 080	54 720	165 960	46.1
32K	3 000	2 400	2 700	21 600	64 800	43 200	129 600	43.2
合计		16 320	15 960	146 880	383 040	255 360	785 280	

直接材料费用分配率＝146 880÷16 320＝9

A3产品的直接材料费用＝3 000×9＝27 000（元）

直接人工费用分配率＝383 040÷15 960＝24

A3产品的直接人工费用＝2 400×24＝57 600（元）

制造费用分配率＝255 360÷15 960＝16

A3产品的制造费用＝2 400×16＝38 400（元）

4.根据成本计算单，填制记账凭证：

借：库存商品——A3　　　　　　　　　　123 000

　　　　——A4　　　　　　　　　　131 520

　　　　——8K　　　　　　　　　　235 200

　　　　——16K　　　　　　　　　　165 960

　　　　——32K　　　　　　　　　　129 600

　　贷：基本生产成本——打印纸类　　　　　　785 280

5.根据成本计算单和会计凭证，登记基本生产成本明细账。"基本生产成本明细账——打印纸类"见表5-2-7。

表5-2-7　基本生产成本明细账

明细科目打印纸类

2020年		摘要	借方	贷方	余额	（借）方分析项目		
月	日					直接材料	直接人工	制造费用
5	31	月末在产品成本			68 800	20 000	30 000	18 800
6	30	本月生产费用	785 280		854 080	146 880	383 040	255 360
"	"	月末费用合计			854 080	166 880	413 040	274 160
"	"	本月完工产品成本		785 280	68 800	146 880	383 040	255 360
"	"	月末在产品成本			68 800	20 000	30 000	18 800

 边学边练

边学边练
答案及解析

资料:华洁公司根据产品的工艺特点和原材料耗用情况,在计算产品成本时将生产的A、B、C三种产品合并为甲类产品,采用分类法计算成本。类内产品成本直接材料按系数分配法分配,A产品为标准产品。2020年5月甲类产品月初的直接材料费用为42 000元,本月直接材料费用为458 000元,本月有关的产量及定额资料见表5-2-8。

表5-2-8 产量及定额资料

2020年5月

产品名称	实际产量/件	材料消耗定额/元
A	9 600	20
B	7 200	18
C	8 000	24

要求:

1.计算各种产品的直接材料费用系数和总系数。

2.采用系数分配法分配甲类产品直接材料费用(表5-2-9)。

表5-2-9 直接材料费用分配表

产品名称	产量/件	原材料消耗定额	系数	原材料总系数	分配率	直接材料费用
A						
B						
C						

夯实基础

一、判断题

1.只要产品品种、规格繁多,就可以采用分类法计算其成本。 ( )

2.分类法计算产品成本,需在产品类别内选择一种生产稳定、产量不大、规格适中的产品作为标准产品,按照有关定额资料将其系数确定为1。 ( )

二、单项选择题

1.采用分类法计算同类产品内不同产品的成本时,对类内产品发生的各项费用,( )。

A.只有直接费用才能直接计入各种产品成本

B.只有间接费用才需分配计入各种产品成本

C.无论直接费用,还是间接费用,都应采用一定的方法分配计入各种产品成本

D.直接费用应直接计入各种产品成本,间接费用需分配计入各种产品成本

2.采用分类法计算产品成本的目的是(　　)。

A.准确计算各类产品的实际成本　　　　　B.简化每种产品成本的计算工作量

C.正确计算每种产品的实际成本　　　　　D.简化每类产品成本的计算工作量

3.采用分类法计算产品成本,应将产品按照一定的标准划分为不同的(　　),按成本项目计算完工产品的总成本。

A.品种　　　　　　B.规格　　　　　　C.类别　　　　　　D.批次

三、多项选择题

1.采用分类法,可将(　　)等方面相同或相似的产品归为一类。

A.产品结构和耗用材料　　　　　　B.产品生产工艺技术过程

C.产品性质和用途　　　　　　　　D.产品售价

2.确定类内不同规格、型号产品系数的依据有(　　)等。

A.产品定额消耗量　　　　　　　　B.产品定额费用

C.产品生产工时　　　　　　　　　D.产品售价

E.产品体积、面积、质量、长度等

小试牛刀

1.资料:湖光公司生产的产品品种、规格繁多,其中甲、乙、丙 3 种产品耗用的原材料和工艺过程比较接近,划分为 M 类产品进行成本计算,该类产品中甲产品为标准产品,有关产品产量、分配标准和成本资料等见表 5-2-10—表 5-2-12。

表 5-2-10　单位产品直接材料消耗等额和计划单价

产品类别	产品品种	直接材料名称	消耗定额/kg	计划单价/元
M 类	甲产品	112#	80	1.00
		223#	60	2.50
		412#	40	2.00
	乙产品	112#	60	1.00
		223#	40	2.50
		412#	30	2.00
	丙产品	112#	50	1.00
		223#	60	2.50
		412#	35	2.00

表 5-2-11　产量和定额工时资料

产品类别	产品品种	计量单位	产量	单位产品工时定额
M 类	甲产品	件	500	110
	乙产品	件	400	165
	丙产品	件	120	154

表 5-2-12 乙类产品成本计算单

单位:元

摘要	直接材料	直接人工	制造费用	合计
月初在产品成本	3 140	2 850	5 380	11 370
本月生产费用	403 080	119 330	107 007	629 417
费用合计	406 220	122 180	112 387	640 787
完工产品成本	391 560	119 192	107 780	618 532
月末在产品成本	14 660	2 988	4 607	22 255

2.要求:根据资料,运用系数分配法,分配计算 M 类产品中各种产品的完工成本,填制表 5-2-13、表 5-2-14。

表 5-2-13 系数计算表

产品类别	产品品种	单位产品直接材料费用				直接材料费用系数	定额工时系数
		直接材料名称或编号	消耗定额/kg	计划单价/元	定额成本/元		
M 类产品	甲产品	112#	80	1.00			
		223#	60	2.50			
		412#	40	2.00			
		小计					
	乙产品	112#	60	1.00			
		223#	40	2.50			
		412#	30	2.00			
		小计					
	丙产品	112#	50	1.00			
		223#	60	2.50			
		412#	35	2.00			
		小计					

表 5-2-14 M 类各种完工产品成本计算表

项目	产量	直接材料单位系数	直接材料总系数	定额工时单位系数	定额工时总系数	应分配的费用				单位成本
						直接材料	直接人工	制造费用	合计	
分配率										
甲产品										

续表

| 项目 | 产量 | 直接材料单位系数 | 直接材料总系数 | 定额工时单位系数 | 定额工时总系数 | 应分配的费用 | | | | 单位成本 |
						直接材料	直接人工	制造费用	合计	
乙产品										
丙产品										
合计										

任务三　计算联产品、副产品成本

工作任务 1

资料1:立达公司在同一生产过程中生产出 A、B、C 三种联产品,共发生费用 550 000 元。其中,生产的联产品 A 与 B 可直接销售,联产品 C 要追加 130 000 元继续加工费用后才可以销售。2020 年 11 月,A、B、C 三种联产品产量分别为 10 t、15 t、25 t,三种联产品市场价格分别为 20 000 元/t、10 000 元/t、30 000 元/t。

资料2:德旺公司在生产主要产品丁产品的同时,附带生产出 D 副产品,D 副产品分离后需进一步加工后才能出售。2020 年 9 月共发生联合成本 155 000 元,其中:直接材料 77 500 元,直接人工 31 000 元,制造费用 46 500 元。D 副产品进一步加工发生直接人工费 2 000 元,制造费用 2 500 元。本月生产丁产品 1 000 kg,D 副产品 200 kg,D 副产品的市场售价 150 元/kg,单位税金和利润 50 元。

要求:

1.根据资料1,采用产量分配法分配公司生产 A、B、C 三种联产品的联合成本,并计算三种联产品的生产成本。

2.根据资料1,采用系数分配法分配公司生产 A、B、C 三种联产品的联合成本,并计算三种联产品的生产成本。

3.根据资料1,采用售价分配法分配公司生产 A、B、C 三种联产品的联合成本,并计算三种联产品的生产成本。

4.根据资料2,按 D 副产品既要负担专属成本,又要负担分离前联合成本的方法计算丁产品成本和 D 副产品成本。

一、计算联产品的成本

(一)联产品的特点

联产品是指用同一种原料,经过同一个生产过程,生产出两种或两种以上的不同性质和用途的产品,这些产品在经济上有不同性质和用途,都属于企业生产的主要产品,如肥皂厂生产的肥皂和甘油,糖厂生产的白糖和冰糖。联产品的主要特点如下:

①都是企业的主要产品,是企业生产活动的主要目标。

②销售价格较高,对企业收入有较大贡献。

③同样的原料,经过同一个生产过程。

(二)计算联产品的成本

企业的原材料,经过同一生产过程以后,从中分离出各种联产品。而联产品分离这个点称为分离点。分离点前发生的成本称为联合成本或共同成本,分离以后有的可直接销售,有的需要进一步加工后再销售。

联产品从原料投入到产品销售要经过3个阶段:分离前、分离时和分离后。分离前在联合生产过程发生的费用汇总后确定联合成本。联产品分离时的分离点或分裂点是最关键的,它是联合生产过程的结束。在分离点必须采用可行的分配办法,将联合成本分配于各联产品。分离后,不需进一步加工即可销售或结转的联产品,其成本就是分配的联产品成本;分离后如需进一步加工的,继续加工费用为直接计入费用的可直接计入,为间接计入费用的应在相关的产品间分配计入。联产品的成本计算通常分为分离前的联合成本核算和分立后的加工成本核算两个部分。

(1)分离前联合成本的归集与分配

联产品在分离点前产生的联合成本无法区分其受益对象,只能按照所有联产品确定为成本核算对象开设产品成本明细账归集,然后在分离点将其归集的联合成本采用适当的方法在各种联产品之间进行分配。

联合成本的分配可采用产量分配法、系数分配法、销价分配法。这几种方法,企业可根据实际情况选用。

①产量分配法。联产品在同一过程中分离时,各种联产品产量会形成一定的比例,可以采用产量分配法分配联合成本。

②系数分配法。系数分配法以产量为基础,各种产品都与标准产品折算一个系数,按标准产量分配联合成本。

③销价分配法。不同的联产品,销售价格会有不同。在一般情况下,高销价与高成本是相配合的。企业可以按照各种联产品分离点销售价格比例分配联合产品成本。销价分配法从另一个侧面来弥补产量分配法的不足。

(2)分离后加工成本的归集与分配

联产品分离后产生的进一步加工成本,应当根据其加工生产的特点和成本管理要求,确定适当的成本计算对象开设基本生产成本明细账,归集其分离后产生的加工费用,以便求出该种产品的生产成本。

二、计算副产品的成本

(一)副产品的特点

副产品是指在生产主要产品过程中附带生产出的非主要产品。副产品的主要特点如下:

①副产品是企业的次要产品,不是企业生产活动的主要目标。

②销售价格较低,销售收入大大低于主产品,在企业总销售收入中的比重很小。

主副产品的区分并不是绝对的,甚至可以相互转化。

原来的副产品,由于新的用途而提高售价,就可能从副产品上升为主产品。例如,焦炭与煤气就取决于企业的生产目标,以生产煤气为主的企业,煤气为主产品,焦炭为副产品;以生产焦炭为主的企业,则反之。

(二)计算副产品的成本

副产品是次要产品,对企业的收入和利润都影响甚微,通常按照一定计价方法确定副产品的生产成本,然后从联合成本中扣除,副产品成本计算的关键是副产品的计价。

①副产品的成本为0。当副产品价值极微时,假定其分配的联合成本为0,联合成本全部由主产品负担。

②副产品只负担继续加工成本。联合成本归主产品,副产品只负担继续加工的成本。

③副产品作价扣除。把副产品的销售价格扣除继续加工成本、销售费用、销售税金及合理利润后作为副产品扣除成本,再从联合成本中扣除。

副产品扣除成本=单位售价-(继续加工单位成本+单位销售费用+单位销售税金+合理的单位利润)

④联合成本在主副产品间分配。如果副产品在企业销售额中能占据一定的比例,可以按照联产品的分配办法来分配联合成本,使副产品占少量成本,这种方法相对准确。副产品所分配的联合成本加上继续加工成本就是副产品的成本。

任务实施

【任务1-1】

采用产量分配法分配3种联产品的联合成本。"联合成本分配表"见表5-3-1。

表5-3-1 联合成本分配表(产量分配法)

产品	产量/t	分配率	联合成本分配
A	10		110 000
B	15		165 000
C	25		275 000
合计	50	11 000	550 000

A、B 可直接销售,A、B 产品分配的联合成本就是 A、B 产品的生产成本。联产品 C 要追加 130 000 元继续加工费用后才可以销售,C 产品的生产成本为 405 000 元。C 产品生产成本 = 275 000+130 000 = 405 000(元)。

【任务1-2】

假定 A 产品为标准产品,以产品的单位售价为标准确定系数,采用系数分配法分配联合成本。"联合成本分配表"见表 5-3-2。

表 5-3-2 联合成本分配表(系数分配法)

产品	产量/t	单位售价/(元·t⁻¹)	系数	总系数	分配率	联合成本分配
A	10	20 000	1	10		100 000
B	15	10 000	0.5	7.5		75 000
C	25	30 000	1.5	37.5		375 000
合计				55	10 000	550 000

A 产品生产成本为 100 000 元,B 产品成本为 75 000 元,C 产品成本为 505 000 元。

【任务1-3】

采用售价分配法分配 3 种联产品的联合成本。"联合成本分配表"见表 5-3-3。

表 5-3-3 联合成本分配表(销价分配法)

产品	产量/t	单位售价/(元·t⁻¹)	销售收入	分配比率	联合成本分配
A	10	20 000	200 000		100 000
B	15	10 000	150 000		75 000
C	25	30 000	750 000		375 000
合计			1 100 000	0.5	550 000

A 产品生产成本为 100 000 元,B 产品成本为 75 000 元,C 产品成本为 505 000 元。

【任务1-4】

根据资料,按 D 副产品既要负担专属成本,又要负担分离前联合成本的方法计算丁产品成本和 D 副产品成本,计算结果见表 5-3-4 和表 5-3-5。

表 5-3-4 主产品成本计算单

产品:丁产品 2020 年 9 月 金额:元

项目	直接材料	直接人工	制造费用	合计
生产费用合计	77 500	31 000	46 500	155 000
结转副产品负担的联合成本	7 750	3 100	4 650	15 500
本月完工丁产品的生产成本	69 750	27 900	41 850	139 500
单位成本	69.75	27.90	41.85	139.50

副产品应负担的联合成本 = 200×(150−50)−(2 000+2 500) = 15 500(元)

对副产品应负担的联合总成本,可以按分离前的联合成本的成本项目构成情况按比例分配给副产品的各成本项目。

D 副产品负担的生产费用比例 = 15 500÷155 000 = 0.1

D 副产品负担的直接材料费用 = 77 500×0.1 = 7 750(元)

D 副产品负担的直接人工费用 = 31 000×0.1 = 3 100(元)

D 副产品负担的制造费用 = 46 500×0.1 = 4 650(元)

表 5-3-5　副产品成本计算单

产品:D 副产品　　　　　　　　　　2020 年 9 月　　　　　　　　　　金额:元

项目	直接材料	直接人工	制造费用	合计
分摊的联合成本	7 750	3 100	4 650	15 500
可归属的成本		2 000	2 500	4 500
D 副产品总成本	7 750	5 100	7 150	20 000
单位成本	38.75	25.50	35.75	100

边学边练

1.(判断题)对价值较低又不需要进一步加工的副产品,一般可不分担联合成本。

2.(判断题)联产品成本计算中不能使用分类法。

边学边练
答案及解析

夯实基础

一、判断题

1.联产品是生产过程中生产出来的主要产品以及附带生产出来的非主要产品。　　(　　)

2.副产品是在企业辅助生产过程中生产出来的产品。　　　　　　　　　　　　(　　)

3.联产品是用同一种原材料进行加工,同时生产出的品种不同的主要产品。　　(　　)

二、单项选择题

1.联产品是指用同样的原材料,经过(　　　)的加工同时生产出的几种地位相同但用途不同的主要产品。

　　A.一道工序　　　　　　B.几道工序　　　　　　C.相同工序　　　　　　D.一道或一系列工序

2.联产品分离出来时的生产步骤称为(　　　)。

　　A.加工工序　　　　　　B.分离点　　　　　　　C.生产程序　　　　　　D.生产工艺

3.炼油厂生产出来的(　　　)是副产品。

　　A.煤油　　　　　　　　B.汽油　　　　　　　　C.渣油　　　　　　　　D.柴油

三、多项选择题

1.组成联产品的成本有(　　　)。

A.联合成本　　　　　B.可归属成本　　　　C.制造成本　　　　D.销售成本

2.联产品成本的计算要分( )3个部分进行。

A.联产品分离点前成本计算　　　　B.分离点的联合成本的分配

C.分离点后加工成本的计算　　　　D.车间发生的间接费用

3.分离点联合成本的分配方法通常有( )。

A.销售收入比例分配法　　　　B.产量分配法

C.系数分配法　　　　　　　　D.耗用量比例分配法

小试牛刀

资料:欣欣公司生产甲、乙、丙、丁4种联产品,其产量、售价和成本资料见表5-3-6、表5-3-7。

表 5-3-6 联产品产量、售价表

产品名称	产量/kg	单位售价/元
甲产品	1 800	10
乙产品	600	12
丙产品	900	8
丁产品	300	14

表 5-3-7 联产品成本资料

项目	直接材料	直接人工	制造费用	合计
分离前的联合成本	23 400	5 620	1 724	30 744
各成本项目占总成本的比重/%	76.1	18.3	5.6	100
分离后甲产品加工成本	750	220	330	1 300

要求:根据上述资料分别运用产量分配法、系数分配法和售价分配法分配联产品成本(表5-3-8—表5-3-10)。

表 5-3-8 联合成本分配表(产量分配法)

产品	产量/kg	分配率	联合成本分配金额	单位成本
合计				

表 5-3-9　联合成本分配表（系数法）

产品	产量/kg	单位售价	系数	总系数	分配率	联合成本分配	单位成本
合计							

表 5-3-10　联合成本按分配表（售价分配法）

产品	产量/kg	单位售价	销售收入	分配率	联合成本分配	单位成本
合计						

任务四　定额法计算产品成本

工作任务

资料：玉玟公司生产 P 产品，各项消耗定额比较准确，2020 年 7 月份生产情况和定额资料如下：月初在产品 300 件，本月投产 P 产品 1 400 件，本月完工 1 500 件，月末在产品 200 件。原材料于生产开始时一次投入，在产品完工程度 50%。单位产品直接材料消耗定额由上月的 4.4 kg 降为 4 kg，工时定额为 3 h；材料计划单价为 5 元，材料成本差异率为 -2%，计划小时工资率为 3 元，计划小时制造费用率为 4 元。月初在产品成本及本月生产费用资料见表 5-4-1、表 5-4-2。

表 5-4-1　月初在产品成本

2020 年 7 月

单位：元

	直接材料	直接人工	制造费用
月初在产品定额成本	300×4.4×5＝6 600	300×3×50%×3＝1 350	300×3×50%×4＝1 800
定额成本差异	-90	50	60

表 5-4-2　本月发生的费用

2020 年 7 月

单位:元

	直接材料	直接人工	制造费用
产品定额成本	1 400×4×5＝28 000	（1 500＋200×50%－300×50%）× 3×3＝13 050	（1 500＋200×50%－300×50%）× 3×4＝17 400
定额成本差异	300	80	120

要求:

1.根据资料,采用定额法计算 P 产品成本,填制"P 产品成本计算单",其中定额成本差异按完工产品和在产品定额比例分配。

2.根据"P 产品成本计算单"编制记账凭证。

知 识 链 接

一、定额法的特点和适用范围

定额法是以定额成本为目标成本,以产品品种或类别作为成本核算对象,核算产品的实际费用和脱离定额的差异、计算完工产品成本的一种方法。

(一)定额法的特点

①事先制订产品的各项消耗定额和成本费用定额,作为成本控制和成本计算的依据。

②在发生生产耗费时,将符合定额的费用和发生的差异分别核算,以加强对生产费用的日常控制。差异包括定额成本差异、材料成本差异和定额变动差异。

③月末计算产品的定额成本和实际成本,为事后成本控制提供资料。产品实际成本由定额成本、定额成本差异、材料成本差异和定额变动差异 4 个部分组成。其计算公式为:

产品实际成本 = 产品定额成本 ±定额成本差异 ±材料成本差异 ±月初在产品定额变动差异

④定额法不是一种独立的核算方法,必须与品种法、分步法和分批法等基本成本核算方法结合使用。

(二)适用范围

定额法主要适用于产品已经定型、产品品种比较稳定、各项定额比较齐全准确、原始记录比较健全的大量大批生产企业。该方法将产品成本核算和成本控制结合起来,在产品成本的核算过程中,就可以反映实际发生的成本费用与定额的差异,有利于成本的日常控制。

二、定额法的工作流程

(一)确定成本核算对象和成本核算的基本方法,设置成本费用账户

按照企业生产工艺特点和管理要求,确定成本核算对象和成本核算的基本方法。按成本核算对象设置产品成本明细账,明细账专栏内各成本项目包括"定额成本""定额成本差异""定额变动差异"等。

（二）计算产品定额成本，编制产品定额成本计算表

根据消耗定额和费用定额，按照成本核算对象和规定的成本项目，计算产品定额成本，编制产品定额成本计算表。

（三）汇总定额成本和定额成本差异

在生产费用发生时，将实际费用分为定额成本和定额成本差异两个部分，分别编制凭证，予以汇总。

（四）在完工产品与在产品成本之间分配归集的各项费用和定额成本差异

按确定的成本计算基本方法，汇集各项费用和定额成本差异，按一定标准在完工产品与在产品成本之间进行分配。

（五）根据定额成本和各种差异，调整计算完工产品实际成本

将本月完工产品的定额成本加减各种差异，调整计算完工产品实际成本。

三、计算产品成本

（一）计算定额成本

定额成本是企业在一定时期以产品生产耗费的消耗定额和计划价格为基础确定的目标成本。定额成本包括零部件定额成本和产品定额成本，通常由财会、生产等部门共同制订。

计算定额成本，首先必须制订产品的材料消耗定额、动力的消耗定额、人工工时定额、材料计划单价、人工的计划工资率或计件工资单价以及制造费用计划费用率等，然后据此计算产品的各项费用定额和产品的单位定额成本。计算定额成本的有关公式如下：

直接材料定额成本 = 产品材料消耗定额 × 材料计划单位成本

直接人工定额成本 = 产品生产工时定额 × 计划小时工资率

制造费用定额成本 = 产品生产工时定额 × 计划小时费用率

（二）计算定额成本差异

定额成本差异是指企业实际发生的费用脱离定额的差异。计算定额成本差异需要按成本项目分别进行。其主要包括直接材料费用定额成本差异、直接人工费用定额成本差异、制造费用定额成本差异。

1.直接材料费用定额成本差异

直接材料费用定额成本差异是指实际产量按现行定额计算的耗用量与实际耗用量的差异，即数量差异。在实际工作中，领用的材料属于限额内的部分，应填制限额领料单；超过限额的部分，即超过定额的差异，应填制超限额领料单，分别进行核算。计算公式为：

直接材料费用定额成本差异 = 材料计划价格费用 − 材料定额成本费用

= 实际消耗量 × 材料计划单价 − 定额消耗量 × 材料计划单价

= （实际消耗量 − 定额消耗量）× 材料计划单价

计算直接材料费用定额成本差异通常有限额法、切割法和盘存法等方法。

2.直接人工费用定额成本差异

计算直接人工费用脱离定额的差异因采用工资的形式不同而有所区别。

在计件工资制下,生产工人的工资属于直接计入费用,其脱离定额差异的计算与直接材料费用脱离定额差异的计算相似。计算公式为:

直接人工费用定额成本差异 = 产品实际生产工人工资 − 产品定额生产工人工资

= (单位产品工人实际工资 − 单位产品工人定额工资) × 实际产量

在计时工资制下,工资定额差异只有在月末实际生产工人工资总额确定后才能计算,平时只对工时进行考核。计算公式为:

直接人工费用定额成本差异 = 产品实际生产工人工资 − 产品定额生产工人工资

= 产品实际产量的实际生产工时 × 实际小时工资率 − 产品实际产量的定额生产工时 × 计划小时工资率

$$实际小时工资率 = \frac{实际生产工人工资总额}{实际生产工时总数}$$

$$计划小时工资率 = \frac{计划产量的定额生产工人工资总额}{计划产量的定额生产工时总数}$$

3.制造费用定额成本差异

制造费用是间接计入费用,其脱离定额的差异不能在平时按照产品直接计算,只有在月末按照以下公式计算:

某产品制造费用定额成本差异 = 该产品实际制造费用 − (该产品实际产量的定额工时 × 计划小时制造费用率)

(三)计算材料成本差异

定额法下,材料的日常核算一般按计划成本进行,直接材料费用定额成本和直接材料费用定额差异都是按材料的计划单位成本计算。月末计算产品实际成本时,必须计算产品应负担的材料成本差异。计算公式为:

某产品应分配材料成本差异 = (该产品材料定额成本 ± 材料定额差异) × 材料成本差异率

= 该产品材料实际消耗量 × 材料计划单价 × 材料成本差异率

(四)计算定额变动差异

定额变动差异是指由修订消耗定额或生产耗费的计划价格而产生的新旧定额之间的差额。它表明了企业生产技术提高和生产组织改善对定额的影响程度,是定额本身变动的结果,与生产费用支出的节约与超支无关。定额变动差异只有在发生定额变动时才核算,不需要经常核算。定额变动差异是与某一种产品联系的,一般可以直接计入该产品成本。

定额成本的修订一般在年初、季初或月初进行,当月投产产品定额费用,都按新定额计算。如果有月初在产品,其成本是按原定额计算的,必须将其定额成本按新定额调整后,才能与本月投产产品的定额成本相加。定额变动差异的计算应按成本项目分别计算,计算公式为:

月初在产品定额变动差异 = (新定额 − 旧定额) × 月初在产品中定额变动的在产品数量

为了简化核算工作,可按以下公式计算:

月初在产品定额变动差异 = 按旧定额计算的月初在产品费用 × (1 − 定额变动系数)

$$定额变动系数 = \frac{按新定额计算的单位产品费用}{按旧定额计算的单位产品费用}$$

如果消耗定额下降,则减少了定额成本,增加了定额变动差异,此时,应从月初在产品定额费用中扣除该项差异,加入本月产品成本中;如果消耗定额上升,则增加了定额成本,减少了定额变动差异,此时,应从月初在产品定额费用中加上该项差异,而在本月产品成本中扣除。

月末,为了计算完工产品的实际成本,定额成本、定额成本差异、定额变动差异和材料成本差异,多数采用定额比例法在完工产品与在产品之间进行分配。如果各种差异数额不大,或者差异虽然大,但月末在产品的数量比较稳定,也可以采用按定额成本计算在产品成本的方法,将全部差异计入完工产品成本,月末在产品不负担差异。

任务实施

根据资料,采用定额法计算 P 产品成本。"P 产品成本计算单"见表 5-4-3。

表 5-4-3　P 产品成本计算单

2020 年 7 月　　　　　　　　　　　　　　　　　　　　完工产量:1 400 件

项目			直接材料	直接人工	制造费用	合计
月初在产品	定额成本	(1)	6 600	1 350	1 800	9 750
	定额成本差异	(2)	−90	50	60	20
月初在产品定额变动	定额成本调整	(3)	−600			−600
	定额变动差异	(4)	600			600
本月生产费用	定额成本	(5)	28 000	13 050	17 400	58 450
	定额成本差异	(6)	300	80	120	500
	材料成本差异	(7)	−566			−566
生产成本合计	定额成本(8)=(1)+(3)+(5)		34 000	14 400	19 200	67 600
	定额成本差异(9)=(2)+(6)		210	130	180	520
	材料成本差异	(10)	−566			−566
	定额变动差异	(11)	600			600
定额成本差异分配率		(12)	0.62%	0.90%	0.94%	—
完工产品成本	定额成本	(13)	30 000	13 500	18 000	61 500
	定额成本差异(14)=(12)×(13)		186	122	169	477
	材料成本差异	(15)	−566			−566
	定额变动差异	(16)	600			600
	实际成本(17)=(13)+(14)+(15)+(16)		30 220	13 622	18 169	62 011
月末在产品成本	定额成本	(18)	4 000	900	1 200	6 100
	定额成本差异	(19)	24	8	11	43

1.填制月初在产品

月初在产品成本根据期初在产品成本资料填制,见表 5-4-1。

2.填制月初在产品定额变动

月初在产品定额变动资料根据 P 产品月初在产品定额变动差异的计算资料填制。其中,定额成本调整数,是用来调整按旧定额计算的月初在产品定额成本的,定额降低时为负数,定额提高时为正数;定额变动差异数,是应该由本月产品成本负担的月初在产品定额变动的差异,定额降低时为正数,定额提高时为负数。

月初在产品定额成本调整=300×(4-4.4)×5=-600(元)

月初在产品定额变动差异=600(元)

根据计算结果,编制记账凭证:

借:基本生产成本——P产品(直接材料定额变动差异)

　　　　　　　　　　　　　　　　　　　　　600

　　贷:基本生产成本——P产品(直接材料定额成本)　600

3.填制本月生产费用

本月生产费用中的定额成本、定额成本差异根据企业的资料填制,见表5-4-2。

根据表5-4-2,编制记账凭证:

借:基本生产成本——P产品(直接材料定额成本)28 000

　　　　　　　——P产品(直接材料定额差异)　300

　　贷:原材料　　　　　　　　　　　　　　28 300

借:基本生产成本——P产品(直接人工定额成本)13 050

　　　　　　　——P产品(直接人工定额差异)　80

　　贷:应付职工薪酬　　　　　　　　　　　13 130

借:基本生产成本——P产品(制造费用定额成本)17 400

　　　　　　　——P产品(制造费用定额成本差异)120

　　贷:制造费用　　　　　　　　　　　　　17 520

材料成本差异根据表5-4-3中(5)和(6)的数据及材料成本差异率计算填制。

材料成本差异=(28 000+300)×(-2%)=-566(元)

借:材料成本差异　　　　　　　　　　　　566

　　贷:基本生产成本——P产品(材料成本差异)　566

4.填制生产费用合计

(1)计算定额成本

直接材料定额成本=6 600-600+28 000=34 000(元)

直接人工定额成本=1 350+13 050=14 400(元)

制造费用定额成本=1 800+17 400=19 200(元)

(2)计算定额成本差异

直接材料定额成本差异=-90+300=210(元)

直接人工定额成本差异=50+80=130(元)

制造费用定额成本差异=60+120=180(元)

5.填制定额成本差异分配率

由于定额成本差异按完工产品和在产品定额比例分配,所以要计算定额成本差异分配率,并据以计算完工产品和月末在产品应负担的差异额。

直接材料定额成本差异分配率＝210÷34 000×100%＝0.62%

直接人工定额成本差异分配率＝130÷14 400×100%＝0.90%

制造费用定额成本差异分配率＝180÷19 200×100%＝0.94%

6.填制完工产品定额成本

完工产品定额成本,根据完工产品产量和单位定额成本计算登记;月末在产品的定额成本,可以综合考虑该种在产品的数量乘以费用定额计算登记,也可以按倒挤的方法计算登记。

(1)计算完工产品定额成本

直接材料＝1 500×4×5＝30 000(元)

直接人工＝1 500×3×3＝13 500(元)

制造费用＝1 500×3×4＝18 000(元)

(2)计算完工产品定额成本差异

直接材料定额成本差异＝30 000×0.62%＝186(元)

直接人工定额成本差异＝13 500×0.90%＝122(元)

制造费用定额成本差异＝18 000×0.94%＝169(元)

7.填制完工产品实际成本

直接材料成本＝30 000+186-566+600＝30 220(元)

直接人工成本＝13 500+122＝13 622(元)

制造费用成本＝18 000+169＝18 169(元)

8.填制月末在产品成本

(1)计算月末在产品成本定额成本

直接材料定额成本＝34 000-30 000＝4 000(元)

直接人工定额成本＝14 400-13 500＝900(元)

制造费用定额成本＝19 200-18 000＝1 200(元)

(2)计算月末在产的定额成本差异

直接材料定额成本差异＝210-186＝24(元)

直接人工定额成本差异＝130-122＝8(元)

制造费用定额成本差异＝180-169＝11(元)

根据表5-4-3,编制记账凭证:

借:库存商品——P产品　　　　　　　　　　　　　62 011

　　贷:基本生产成本——P产品(定额成本)　　　　　61 500

　　　　　　——P产品(定额成本差异)　　　　　477

　　　　　　——P产品(材料成本差异)　　　　　566

　　　　　　——P产品(直接材料定额变动差异)600

边学边练

资料:某公司材料单位定额成本每件 40 元,7 月将材料单位定额成本调整为 35 元。月初在产品 100 件,本月投产 1 000 件,本月产品 1 100 件全部完工,实际发生材料费用 35 700 元。

边学边练
答案及解析

要求:采用定额法计算完工产品直接材料实际成本。

夯实基础

一、判断题

1.定额法的成本差异包括脱离定额差异、定额变动差异和材料成本差异,这些差异的计算都是以产品的定额成本为基础的。　　　　　　　　　　　　　　　　　　　　　　　(　　)

2.定额成本是根据产品的现行消耗定额和材料计划单位成本或计划小时费用计算的。
　　　　　　　　　　　　　　　　　　　　　　　　　　　　　　　　　　(　　)

3.定额变动差异是指由修订消耗定额或生产耗费的计划单价而产生的新旧定额之间的差异额。　　　　　　　　　　　　　　　　　　　　　　　　　　　　　　　　(　　)

二、单项选择题

1.直接材料定额差异是(　　　)。

　A.数量差异　　　　　　　　　　　　B.一种定额变动差异

　C.价格差异　　　　　　　　　　　　D.原材料成本差异

2.成本计算定额法的适用范围(　　　)。

　A.与产品的生产类型直接相关　　　　B.与产品的生产类型无关

　C.与成本管理制度的健全与否相关　　D.与产品的定额成本无关

3.(　　　)的定额差异与制造费用的定额差异,两者的计算方法基本相同。

　A.直接材料　　　　　　　　　　　　B.计件形式生产工人工资

　C.自制半成品　　　　　　　　　　　D.计时形式生产工人工资

三、多项选择题

1.定额法的主要优点有(　　　)。

　A.有利于加强成本控制,对成本定期进行分析

　B.有利于提高成本的定额管理和计划管理水平

　C.有利于在完工产品和月末在产品之间进行费用分配

　D.成本计算工作量比较小

　E.计算成本时,可以独立应用

2.采用定额法计算产品成本,产品的实际成本由(　　　)等几项内容组成。

　A.定额成本　　　　B.定额差异　　　　C.材料成本差异

　D.本月定额　　　　E.定额变动差异

小试牛刀

资料:惠民农机有限责任公司主要生产 E 产品,2020 年 3 月份生产情况和定额资料如下:

月初在产品 30 件,本月投产 E 产品 200 件,本月完工 210 件,月末在产品 20 件,月末在产品完工程度为 50%,材料于生产开始时一次投入。本月直接材料单位消耗定额由 6 kg 降为5.5 kg,工时定额为 8 h,计划小时工资率为 20 元,计划小时制造费用率为 60 元,材料计划单位成本为 10 元,材料成本差异率为−2%,月初在产品的成本资料见表 5-4-4。

表 5-4-4　月初在产品成本

2020 年 3 月　　　　　　　　　　　　　　　　　　　　　　　单位:元

	直接材料	直接人工	制造费用
月初在产品定额成本	1 800	2 400	7 200
定额成本差异	−50	50	20

本月发生的费用资料见表 5-4-5。

表 5-4-5　本月发生的费用

2020 年 3 月　　　　　　　　　　　　　　　　　　　　　　　单位:元

	直接材料	直接人工	制造费用
产品定额成本	11 000	32 800	98 400
定额成本差异	300	240	370

要求:

1.根据资料,采用定额法计算 E 产品成本,填制"E 产品成本计算单"。

2.根据"E 产品成本计算单",编制记账凭证。

表 5-4-6　E 产品成本计算单

2020 年 3 月　　　　　　　　　　　　　　　　　　　　　　　完工产量:　　件

项目			直接材料	直接人工	制造费用	合计
月初在产品	定额成本	（1）				
	定额成本差异	（2）				
月初在产品定额变动	定额成本调整	（3）				
	定额变动差异	（4）				
本月生产费用	定额成本	（5）				
	定额成本差异	（6）				
	材料成本差异	（7）				
生产成本合计	定额成本	（8）				
	定额成本差异	（9）				
	材料成本差异	（10）				
	定额变动差异	（11）				

项目		直接材料	直接人工	制造费用	合计
定额成本差异分配率	（12）				
完工产品成本	定额成本 （13）				
	定额成本差异 （14）				
	材料成本差异 （15）				
	定额变动差异 （16）				
	实际成本 （17）				
月末在产品成本	定额成本 （18）				
	定额成本差异 （19）				

参考文献

［1］贾成海.成本会计［M］.北京:北京邮电大学出版社,2013.

［2］于北方,刘爱荣.新编成本会计实训［M］.5 版.大连:大连理工大学出版社,2012.

［3］段昌军,陈代堂.成本会计综合实训［M］.北京:中国商业出版社,2018.

［4］财政部会计资格评价中心.初级会计实务［M］.北京:经济科学出版社,2018.